Rot-grüne Lebenslügen

1. Auflage Juli 2005
2. Auflage September 2005

Lektorat: Dr. Renate Oettinger
Umschlaggestaltung: ZERO Werbeagentur, München
Satz und Layout: Agentur Pegasus, Zella-Mehlis

ISBN 3-938516-12-7

Gerne senden wir Ihnen unser Verlagsverzeichnis
Kopp Verlag
Graf-Wolfegg-Str. 71
D-72108 Rottenburg
E-Mail: info@kopp-verlag.de
Tel.: (0 74 72) 98 06-0
Fax: (0 74 72) 98 06-11

Unser Buchprogramm finden Sie auch im Internet unter:
http://www.kopp-verlag.de

Torsten Mann

Rot-grüne Lebenslügen

Wie die 68er Deutschland an die Wand gefahren haben

JOCHEN KOPP VERLAG

»Die größte Kunst besteht darin, den Widerstand des Feindes ohne Kampf zu brechen: Zersetzt alles, was im Lande des Gegners gut ist; verwickelt die Vertreter der herrschenden Schichten in verbrecherische Unternehmungen; unterhöhlt auch sonst ihre Stellung und ihr Ansehen; gebt sie der öffentlichen Schande ihrer Mitbürger preis; nutzt die Arbeit der niedrigsten und abscheulichsten Menschen; stört mit allen Mitteln die Tätigkeit der Regierungen; verbreitet Uneinigkeit und Streit unter den Bürgern des feindlichen Landes; hetzt die Jungen gegen die Alten; zerstört mit allen Mitteln die Ausrüstung, die Versorgung, die Ordnung der feindlichen Streitkräfte; entwertet alte Überlieferungen und Götter; seid großzügig mit Angeboten und Geschenken und Nachrichten, um Komplizen zu kaufen; bringt überall geheime Kundschafter unter.«[1]

Sun Tzu, chinesischer Stratege und
Philosoph, 4. Jh. v. Chr.

Inhalt

1. Einleitung

Nach sieben Jahren rot-grüner Regierung will Bundeskanzler Gerhard Schröder angesichts der Wahlschlappe in Nordrhein-Westfalen völlig überraschend vorzeitige Bundestagswahlen abhalten. Egal, ob dies nun grundgesetzeskonform ist oder nicht, notfalls wird das Gesetz zurechtgebogen oder ein Vorwand konstruiert. Nach sieben Jahren Amtszeit ist die rot-grüne Regierung genauso bankrott wie der bundesdeutsche Finanzhaushalt. Die Staatskassen sind geplündert, die Sozialsysteme liegen am Boden, die »reformierten« Schulen und Universitäten sind am Ende, und die Wirtschaft steckt in einer tiefen Krise. Angesichts immer größerer Haushaltslöcher und des dadurch drohenden Totalzusammenbruchs liegt es nahe, daß sich der Kanzler noch rechtzeitig aus der Regierungsverantwortung ziehen und in die Opposition zurückgehen will. Sollen andere den Karren aus dem Dreck ziehen und die ungenießbare Suppe auslöffeln, welche die roten Genossen zusammen mit ihren grünen Bündnispartnern sieben Jahre lang gekocht und dem Bürger eingebrockt haben. Aus der Opposition heraus läßt sich freilich viel leichter Agitation und Klassenkampf betreiben als im Zentrum der Regierungsverantwortung, und SPD-Parteigenosse Müntefering weist bereits den Weg. Kanzler Schröder mag nicht mehr und schmeißt vorzeitig das Amt hin – wie ein kleines Kind sein Spielzeug, wenn es nicht so funktioniert wie gewünscht. Wie sehr unterscheidet sich Schröders Führungsstil doch von dem eines Helmut Schmidt, der sich, von Dienstpflicht und Verantwortungsbewußtein geprägt, seinerzeit noch als *»leitender Angestellter Deutschlands«* bezeichnet hatte.[2]

Doch warum hat Rot-Grün so versagt wie noch keine deutsche Bundesregierung zuvor? Und was waren eigentlich die Absichten, mit denen Rot-Grün im Bundestagswahlkampf 1998 antrat, um Helmut Kohl zu entthronen? Ein Versprechen von Gerhard Schröder vor der Wahl war die Senkung der Arbeitslosenzahlen, doch diese sind im Jahr 2005 höher als je zuvor. Auch sonst kann diese Regierung keinerlei Erfolge aufweisen, zumindest nicht, wenn es darum geht, den Wohlstand und die Lebensqualität in Deutschland anzuheben. Doch war dies denn jemals Ziel der rot-grünen Regierungsmannschaft? Hatten die rot-grünen Minister das Wohl des Volkes im Sinn, als sie 1998 zur Bundestagswahl und 2002 zur Wiederwahl antraten? Oder ging es vielmehr darum, die alten marxistischen Ziele der 68er-Bewegung zu verwirklichen, die sich – politisch verblendet – nicht im mindesten um das Wohlergehen des deutschen Volkes und der deutschen Nation kümmerte?

Tatsache ist, daß der Großteil des rot-grünen Kabinetts aus den Reihen der Studentenrevolte von 1968 stammt, mehrere Minister waren ehemalige APO-Mitglieder oder solidarisierten sich später mit den Zielen dieser Bewegung. Schröder zögerte auch nicht, einen langjährigen Mitarbeiter der Staatssicherheit der DDR in ein Minsteramt zu berufen, obwohl dessen Geschichte längst bekannt war. Überhaupt fehlt vielen rot-grünen Ministern die für ihr Amt eigentlich zu erwartende und notwendige Distanz zum ehemaligen SED-Staat im Osten. Nicht nur Schröder und Fischer wollten selbst bis zum Fall der Mauer keine Wiedervereinigung des geteilten Deutschlands, statt dessen sollten 20 Millionen Deutsche weiterhin unter einer kommunistischen Diktatur leben. Als dann die Einheit plötzlich da war, spiegelten sich Ratlosigkeit bis Entsetzen in ihren Gesichtern und Kommentaren, von Freude keine Spur.[3]

Zu verstehen ist diese fragwürdige Haltung und die sich daraus ergebende Politik nur, wenn man zurückgeht bis zu den politischen Wurzeln der rot-grünen Regierungsmannschaft und zum Ursprung der 68er-Bewegung, bis hin zur »Kritischen Theorie« der Frankfurter Schule also, die in den 1960er Jahren an westdeutschen Hochschulen die berühmt-berüchtigte Studentenrevolte losgetreten hat. Erst ein Ausflug in die Geschichte läßt die Zusammenhänge einer Entwicklung erkennen, unter deren Auswirkungen das deutsche

Volk im Jahr 2005 zu leiden hat. Auch gibt er Auskunft über die wahre politische Gesinnung so mancher Verantwortungsträger in Politik, Bildung, Justiz und Medien, die sich zwar damit rühmen, ehemalige »68er« zu sein, die es aber zumeist unterlassen, offen auszusprechen, was die tatsächlichen Ziele dieser Bewegung waren – vielleicht wissen sie es oftmals selbst nicht. Doch ungeachtet der Tatsache, ob ein ehemaliger »68er« sich darüber bewußt ist oder nicht, welche Zwecke die Studentenrevolte letztlich verfolgte, weist ihn die Identifikation mit dieser Bewegung als ungeeignet für eine verantwortungsbeladene Position in Politik und Gesellschaft aus. Denn weiß es die betreffende Person und hält weiter an diesen Zielen fest, dann betreibt sie eine vorsätzliche Sabotage an der bundesdeutschen Gesellschaftsordnung, und weiß sie es nicht, dann muß man ihr eine grundlegende politische Inkompetenz unterstellen. Beides verträgt sich nicht mit einem Amt oder einer gesellschaftlich relevanten Position.

2. Die wilden 68er und ihre Ziele

Die Frankfurter Schule – nicht »Made in Germany«

Schon kurz nach der russischen Oktoberrevolution im Jahre 1918 versuchte ihr Initiator, Vladimir Iljitsch Lenin, auch den Rest der freien Welt unter das Diktat der kommunistischen Sowjetregierung zu zwingen. Dies erwies sich jedoch als ein schwieriges Unterfangen: In Deutschland beispielsweise scheiterte 1919 ein blutiger Aufstand der gerade erst gegründeten KPD unter Führung von Karl Liebknecht und Rosa Luxemburg. Und auch in den folgenden Jahren sollte es hier nicht gelingen, die Revolution loszutreten, da die kommunistische Ideologie in der breiten Bevölkerung schlicht keinerlei Resonanz fand. Führende marxistische Theoretiker, darunter der Gründer der italienischen KP, Antonio Gramsci, und der ungarische Philosoph und Agent der Komintern, Georg Lukacs, erkannten daraufhin, daß der klassisch-marxistische Weg zur Revolution über die Aufwiegelung der Arbeiterklasse wohl nicht funktionieren würde. Lukacs erklärte: »*Ich sah die revolutionäre Zerstörung der Gesellschaft als die eine und einzige Lösung. (…) Ein weltweiter Umsturz der Werte kann nicht ohne die Vernichtung der alten Werte und die Schaffung neuer durch die Revolutionäre erfolgen.*«[4] Lukacs setzte seine Ideen der Zersetzung aller bürgerlichen Werte als stellvertretender Kulturkommissar im ungarischen Terrorregime von Bela Kun erstmals in die Tat um und führte beispielsweise an ungarischen Schulen ein radikales Programm zur Sexualerziehung ein. Kinder wurden im Unterricht über freie Liebe und die archaische Natur der bürgerlichen Familienmoral, die Überholtheit der Monogamie sowie die Bedeutungslosigkeit der Religion »aufgeklärt«, die den Menschen aller Freuden beraube. Insbesondere die Frauen wurden aufgerufen, gegen die konservative Sexualmoral zu rebellieren. Damit zielte Lukacs ganz bewußt darauf ab, die Familie als Keimzelle einer jeden nationalen Kultur zu zerstören. Um die Zersetzungsarbeit auf das bis dahin konservative Deutschland auszuweiten, gründete Lukacs unter Mitarbeit zahlreicher Mitglieder der KPD an der Frankfurter Universität 1923 ein Institut für Marxismus, das dem Marx-Engels-Institut in Moskau nachempfunden war und über Mittelsmänner eng mit diesem in Verbindung stand. Dazu zählten Hendryk Grossmann und Richard Sorge, der im Oktober 1924 an das Moskauer Institut ging und sich im Zweiten Weltkrieg als »Stalins bester Mann« und »Jahrhundertspion« in Japan betätigte, wofür er später den Titel »Held der Sowjetunion« verliehen bekam, sowie mit einem Denkmal für seine Verdienste um den Sieg des Bolschewismus geehrt wurde.[5]

Um die kommunistische Stoßrichtung des Frankfurter Instituts zu verschleiern, entschied man sich jedoch bald für eine Umbenennung und wählte den unverfänglicheren Namen »Institut für Sozialforschung«, später auch bekannt als »Frankfurter Schule«. Erster Direktor wurde Carl Grünberg, der zuvor während seiner Wiener Lehrtätigkeit zum »Vater des Austromarxismus« geworden war und als erster Marxist gilt, der in Deutschland einen Lehrstuhl an einer Universität innehatte.[6] Später übernahm der Marxist Max Horkheimer die Leitung des Instituts. Auch er war davon überzeugt, daß allein mit der Arbeiterklasse keine Revolution zu machen sei, was den falschen Eindruck verstärkte, die Frankfurter Schule vertrete eine von Moskau unabhängige politische Richtung, einen revisionistischen Marxismus oder Neomarxismus.[7] Ungeachtet dessen waren alle bedeutenden Mitarbeiter und Doktoranden Horkheimers bis in die 1930er Jahre hinein Mitglieder oder Sympathisanten der KPD. Unter Horkheimer wurde auch bald eine ideologische Brücke zu Sigmund Freuds Psychoanalyse geschlagen, was der Frankfurter Schule einen zusätzlichen wissenschaftlichen Anschein verlieh.[8] Etwa zur selben Zeit stießen der Musikkritiker Theodor Adorno, der Psychologe Erich Fromm und der Soziologe Wilhelm Reich zu Horkheimers Kreis.

Aufgrund der kommunistischen Ausrichtung und nicht zuletzt wegen der Tatsache, daß fast alle Mitarbeiter des Instituts aus jüdischen Familien stammten, die dem Mittelstand oder dem oberen Mittelstand angehörten, wurde die Frankfurter Schule schon bald nach der Machtergreifung der Nationalsozialisten wegen »staatsfeindlicher Umtriebe« geschlossen und schließlich beschlagnahmt. Doch schon 1931 hatte Horkheimer auf Anraten Adornos ein Zweiginstitut in Genf eingerichtet und das gesamte Institutskapital nach Holland überführt, so daß die kommunistische Subversion trotz Schließung der Frankfurter Zentrale im Ausland fortgesetzt werden konnte.[9] Anschließend emigrierten alle führenden Vertreter der Frankfurter Schule, darunter auch Herbert Marcuse, in die USA, wo die Zersetzungsarbeit, finanziert von der US-Hochfinanz, ab 1934 unter der Bezeichnung *»Institute of Social Research«* an der Columbia University weiterging. Jedoch wurde von nun an peinlich darauf geachtet, daß Begriffe wie »Marxismus« oder »Kommunismus« in der Öffentlichkeit nicht mehr mit Horkheimers Gruppe in Verbindung gebracht wurden, so daß der wahre Charakter des Frankfurter Instituts völlig in den Hintergrund trat und der Erfolg der Subversion nicht gefährdet wurde.[10]

Nach dem Zweiten Weltkrieg kehrte Horkheimers Gruppe in das entnazifizierte Deutschland zurück, wo das Institut wieder lose der Frankfurter Universität angegliedert wurde. Durch das Fehlen geistiger Alternativen konnte die Frankfurter Schule von nun an ungehindert die neu heranwachsende akademische Jugend mit der im amerikanischen Exil ausgearbeiteten »Kritischen Theorie« vergiften und so entscheidenden Einfluß auf die gesellschaftliche Entwicklung der ganzen westlichen Welt ausüben. Das Leitmotiv hieß: Kritisieren bis zur Zersetzung.

Bekanntlich ist die Öffentlichkeit grundsätzlich nicht in der Lage, aus sich selbst heraus zu erkennen, welch' Geistes Kind eine Bewegung ist, wenn es ihr nicht lautstark vermittelt wird, und obwohl so bekannte Personen wie der Historiker

Golo Mann mehrfach klarstellten, die Gesinnung der Frankfurter Schule sei nichts anderes als ein *»Marxismus für feine Leute«*, konnte Horkheimers Institut ungehindert den Niedergang der westlichen Kultur einleiten.[11]

Totale gesellschaftliche Zersetzung durch die Kritische Theorie

»Gleich zu sein unter Gleichen,
das läßt sich schwer erreichen:
Du müßtest ohne Verdrießen,
wie der Schlechteste zu sein dich entschließen.«[12]
J. W. v. Goethe

Die marxistische Kritische Theorie richtet sich trotz ihrer wissenschaftlichen Verkleidung in unverhohlen destruktiver Weise gegen alle wesentlichen Elemente der westlichen Kultur, die traditionell von christlich-konservativen Werten geprägt waren und sind. Hierzu gehören neben einer marktwirtschaftlichen Grundausrichtung der Gesellschaft jene Tugenden und Ideale, die sich im Verlauf der Generationen als gesunde und lebensfähige Konventionen menschlichen Zusammenlebens herausgebildet haben. Dazu zählen die patriarchale Familie, der Respekt vor Hierarchie und Autorität, Aufrichtigkeit, Moral, Sitte, Loyalität und Treue, nationaler Patriotismus, die Ehrung von Tradition und Geschichte sowie das Selbstverständnis als Individuum, Teil eines größeren Ganzen zu sein und diesem zu dienen, im kleinen der Familie, im großen der Nation.

So stellte die Frankfurter Schule, unterstützt durch die pseudowissenschaftlichen Theorien der marxistisch vereinnahmten Psychoanalyse, die absurde Behauptung auf, die traditionelle Familie und der damit verbundene Respekt vor den Eltern sei Grundlage des Faschismus, der nur überwunden werden könne, wenn man den Menschen aus der Unterdrückung durch eben diese Familienstruktur befreie. Grundsätzlich, so heißt es, seien alle Individuen gut und gleich, die Verschiedenheit der Menschen ergebe sich erst durch die Unterdrükkung, welche die traditionelle Gesellschaft auf das Individuum ausübe. Die Familie als Institution und als Keimzelle dieser Gesellschaftsordnung müsse folglich abgeschafft werden, um eine bessere und gerechtere Welt aufzubauen. Zu erreichen sei dies durch die *»Befreiung der Sexualität«*, also durch eine hemmungslose Sexualisierung des Alltagslebens. Eine von Liebe und Verantwortung *»befreite«* Sexualität bedürfe keines Zusammenlebens in verbindlichen Partnerschaften mehr, die Ehe, und in der Folge die Familie, in der die Frau vom patriarchalen Mann ohnehin nur unterdrückt werde, sei somit überflüssig. Einer der Protagonisten der Frankfurter Schule, Herbert Marcuse, rief in seinem Machwerk *Eros und Zivilisation*, diesem Geist entsprechend, nicht nur zu schrankenlosem Sex, sondern auch zu ungezügeltem Rauschgiftkonsum auf. Mit dem Bekenntnis zum Lustprinzip anstelle der bisherigen kulturellen Ordnung – er sprach von der *»großen Verweigerung«* – könne man eine Welt der *»polymorphen Perversität«* schaffen. Die Abschaffung aller Autorität und Unterordnung, das Ende der *»Repression«*, schlichtweg das Ende aller Begrenzungen war das propagierte Ziel, das die traditionellen staatlichen und gesellschaftlichen Verhältnisse nicht nur reformieren, sondern vollständig hinwegfegen sollte.

Und so verneint die Kritische Theorie grundsätzlich alle mit der bürgerlichen Gesellschaftsordnung verbundenen Werte und strebt allgemeinverbindlich nach ihrer Auflösung. Alle Bindungen und Verpflichtungen, jedes Pflicht- und Dienstbewußtsein mache den Menschen unfrei, erst durch seine Emanzipation von diesen Bindungen lasse sich ein besseres Leben erreichen. Erst wenn alle Menschen gleich seien und gleich wenig Besitz hätten, sei das von Menschenhand geschaffene Paradies auf Erden zu verwirklichen.

Lautete der Schlachtruf zur allgemeinen Gleichmacherei bei Marx noch *»Proletarier aller Länder, vereinigt euch!«*, so lautete derselbe Appell in der neomarxistischen Abart der Frankfurter Schule von nun an *»Intellektuelle aller Institutionen, emanzipiert euch!«*[13] Anstelle der Arbeiterklasse sei von nun an die akademische Elite jene progressive Klasse, deren Vertreter durch Beeinflussung und Erziehung den breiten Volksmassen das »richtige Bewußtsein« für eine bessere Gesellschaftsordnung beibringen sollten. Diese neue revolutionäre Klasse sollte eine Kulturrevolution in Gang setzen, in der das traditionelle Denken und Streben der breiten Bevölkerung mit all seinen Werten und Idealen erst in den Schmutz gezogen und dann flächendeckend durch revolutionäre Verhaltensweisen ersetzt werden würde, woraus eine neue egalitäre Gesellschaft entstehe. Die »Massen« sollten dazu gebracht werden, »das Richtige« zu wollen und das Richtige, d. h. das Progressiv-Kommunistische, vom Falschen, d. h. vom Traditionell-Bürgerlichen, zu unterscheiden. Kurz gesagt, sollte das von christlichen Werten geprägte Bewußtsein des Volkes durch ein materialistisch-marxistisches Denken ersetzt werden. All jene Werte galt es abzuschaffen, die die grundlegende Bedingung dafür darstellen, daß eine familiäre oder nationale Gemeinschaft lebensfähig ist. Die neue Elite sollte also nicht dem Volk dienen und den Willen des Volkes ausführen, sondern dem Volk einen neuen Willen anerziehen.

Daß auf die Abschaffung verbindlicher Werte nur das gesellschaftliche Chaos folgen konnte, spielte keine Rolle. Schließlich bemühte sich die Kritische Theorie niemals darum, ihre Thesen oder ihre Forderungen an der Wirklichkeit zu überprüfen, also den Beweis zu erbringen, daß sie ein funktionsfähiges Konzept sei, mit dem sich die Wahrheit beschreiben oder verstehen läßt. Statt sie als Wissenschaft zu bezeichnen, wäre die Umschreibung als materialistisches Glaubensbekenntnis treffender. Die sogenannte »Wissenschaft« der Kritischen Theorie betreibt Wahrheitsfindung nicht durch Betrachtung und Analyse der Wirklichkeit, sondern lediglich durch sogenannte »Konsensbildung«. Nicht das, was anhand der Realität als wahr erkannt wird, zählt, sondern das, worauf man sich in Gruppendiskussionen »demokratisch« einigen kann. Das Konzept der Kritischen Theorie versperrt somit den Zugang zur naturwissenschaftlichen, politischen und kulturellen Wirklichkeit und verengt dadurch den geistigen Horizont und das Bewußtsein ihrer Theoretiker, die sich so zwangsläufig in phantastischen Utopien verfangen, die in der Realität keinerlei Lebensfähigkeit zeigen. Begriffe wie Objektivität und Verantwortung spielen in der Kritischen Theorie keine Rolle. Genau wie ihr ideologischer Stammvater, der sowjetische Marxismus, ist die Kritische Theorie somit allein am egalitären Wunschdenken orientiert. Vereinfacht ausgedrückt zählt für die Verfechter der Kritischen Theorie nicht das, was ist, sondern das, was sie sich aufgrund ihres verzerrten Weltbildes wünschen.

Der Siegeszug der Kritischen Theorie führte seit den 1960er Jahren nicht nur in Deutschland, sondern in allen westlichen Staaten, die von der Denkweise der Kritischen Theorie infiziert wurden, zu einem fortschreitenden Verfall der Werte und zu wachsender sittlicher Dekadenz, zur Zersetzung aller gesellschaftlichen Institutionen, zu Kulturpessimismus und Politikverdrossenheit.

Betrachtet man die politische Herkunft der Frankfurter Schule, deren Protagonisten allesamt dem Umfeld der KPD entstammten, einer Partei also, die Deutschland seit jeher in eine Sowjetrepublik umwandeln wollte, dann wird unmißverständlich deutlich, daß die Ursache für die Entwicklung der Kritischen Theorie nicht etwa gesellschaftliche Mißstände waren, die es zu verbessern galt, sondern daß sie schlicht und ergreifend dem Kommunismus den Weg ebnen sollte. Die Kritische Theorie war von Beginn an eine Waffe der psychologischen Kriegführung des Sowjetblocks gegen die westlichen Nationen, die von den Agenten Moskaus eifrig eingesetzt wurde und der eine führungslose westliche Jugend schutzlos zum Opfer fiel.

Mobilisierung einer neuen revolutionären Klasse

Aufgehetzt durch die Protagonisten der Frankfurter Schule bildete sich in den 1960er Jahren eine Studentenbewegung, die sich daran machte, jene Kulturrevolution in Gang zu setzen, welche die Vertreter der Kritischen Theorie gefordert hatten. Das Ziel war, die bürgerlich-marktwirtschaftliche Nachkriegsordnung der Bundesrepublik in einen *»antifaschistischen«* Sozialismus umzuwandeln. Man brachte den Studenten, welche die zukünftige Elite der Nation bilden sollten, bei, sich von den Repressionen der traditionell bürgerlichen Lebensweise zu befreien und langfristig eine *»Gesellschaftsveränderung«* zu bewirken, die versprach, den Menschen im marxistischen Sinne frei zu machen. Marcuses Forderungen nach der *»großen Verweigerung«*, nach freiem Sex und zügellosem Rauschgiftkonsum wurden in den entstehenden Kommunen der Hippie-Bewegung hemmungslos ausgelebt und forderten schon dort ihre ersten Opfer. Der Autor Rolf Kosiek beschreibt den damals so modernen Lebenstil und betont darin alle Merkmale der *»Befreiung«*, wie sie die Kritische Theorie vorgegeben hatte: *»Vor allem bei den Mitläufern waren der weitgehende Mangel der sonst bei Kulturvölkern üblichen Hygiene, fehlende geistige Disziplin und Selbstbeherrschung, sinkende Leistungsbereitschaft, Nähe zu Drogen und Neigung zu sexuellen Ausschweifungen festzustellen; Ordnung, Harmonie und Verantwortungsbereitschaft waren verpönt, phrasenhaftes, mit Schlagwörtern durchsetztes Geschwätz ohne ausreichende Wissensgrundlage wurde vorherrschend; lautstarkes Brüllen sollte Andersdenkende von vornherein ›erledigen‹ und legte damit Zeugnis ab für die so von den Marxisten verstandene ›befreiende Toleranz‹, die nicht für Andersdenkende galt.«*[14]

Politisch organisierten sich die aufgewiegelten Studenten rund um den Sozialistischen Deutschen Studentenbund (SDS), von dem sich die SPD bereits 1961 getrennt hatte, und bildeten das, was von ihren Rädelsführern die Außerparlamentarische Opposition (APO) genannt wurde, mittlerweile auch geläufig als 68er-Bewegung. Anders als mittlerweile oft behauptet wird, interessierte sich damals keiner ihrer Protagonisten explizit für die deutsche Vergangenheit, so daß von einer Aufarbeitung des Dritten Reiches durch die 68er-Bewegung keine Rede sein kann. Nicht die deutsche Vergangenheit brachte die Studenten auf die Straße, auch war die APO keine Reaktion auf die seit 1966 regierende Große Koalition aus CDU und SPD unter Bundeskanzler Kurt Georg Kiesinger und die von dieser Regierung geplante Notstandsgesetzgebung. *Die Zeit* schreibt hierzu: *»Die 68er waren zwar schnell fertig mit dem Wort, wenn sie die Generation der Herrschenden als Nazigeneration diffamierten, aber an einer ernsthaften Auseinandersetzung mit der Vergangenheit waren sie nicht interessiert und haben dafür auch nichts geleistet. Ideologisch nährten sie sich aus den anarchistischen und kommunistischen Kritiken an der bürgerlichen und kapitalistischen Gesellschaft, die zwangsläufig in den Faschismus führe, oder aus den nicht sehr konkreten Utopien einer radikalen Veränderung der Politik. Es ist bezeichnend, daß in dem Interview, das der Studentenführer Rudi Dutschke 1968 mit Günter Gaus im Deutschen Fernsehen führte, von der deutschen Vergangenheit überhaupt nicht die Rede war. Die Gegenwart war verkehrt, die Vergangenheit interessierte nicht. (…) Das System der westlichen Demokratie war falsch und sollte darum mit allen Mitteln bekämpft und überwunden werden. Die 68er haben gegen ein Phantom gekämpft, als sie wähnten, den Staat der Bundesrepublik auf dem Weg in den Faschismus zu sehen, und dabei diesen Staat bewußt so stark herausforderten und bekämpften, daß er oft in die Versuchung geriet, sein legitimes Gewaltmonopol mit aller Gewalt zu verteidigen.«*[15]

Die APO war auch kein rein deutsches Phänomen: Überall wo die Agitatoren der Kritischen Theorie die Studenten ideologisch vergiftet hatten, stand eine rebellierende Jugend auf, um die Revolution loszutreten und das gesamte westliche Gesellschaftssystem abzuschaffen.

Getreu dem Motto Che Guevaras, *»die Pflicht jedes Revolutionärs«* sei es, *»die Revolution zu machen«*, gingen damals allerorts Studenten auf die Straße, in Deutschland genau wie in England, in Belgien, in den USA oder in Frankreich, und machten sich daran, jegliche Autorität in ihrer Position zu untergraben und zu stürzen, vom Familienvater bis zur demokratisch gewählten Regierung. Nicht weniger als die Weltrevolution war das erklärte Ziel der 68er-Bewegung, ihre Vorbilder waren Marx, Lenin, Mao, Ho Chi Minh und Che Guevara, und sie solidarisierte sich lautstark mit den marxistischen Rebellengruppen in der Dritten Welt, vor allem mit den kommunistischen Vietcong in Vietnam. Bei vielen Demonstrationen Ende der 1960er Jahre wurde immer wieder die Parole *»Ho-Ho-Ho-Chi-Minh«* skandiert und dazu die Flagge Nordvietnams zur Schau getragen. Die Sympathien für das von der Sowjetunion und China unterstützte kommunistische Regime in Nordvietnam gingen so weit, daß die Hippies der 68er-Bewegung Flohmärkte und Basare veranstalteten, um Geld zu sammeln, das für die Waffenkäufe des Vietcong gespendet wurde. Manche erwarben sogar Schmuckstücke, die aus dem Metall über Vietnam abgeschossener US-Kampfflugzeuge gefertigt worden waren.

Während die Rebellion in Deutschland auf Schüler und Studenten beschränkt blieb, solidarisierten sich in Frankreich die Gewerkschaften mit der Studentenbewegung, was schwere Unruhen, Straßenkämpfe und Massenstreiks auslöste, die beinahe zum Einsatz des französischen Militärs und zum Sturz der Regierung geführt hätten.

Es waren also weder die Vergangenheit des Dritten Reichs noch die Notstandsgesetzgebung der Großen Koalition und auch nicht die Publikationen des Springer-Verlages, die die Studenten in Deutschland damals auf die Straße brachten – wenn auch solche Legenden immer noch im Umlauf sind –, sondern es war das kommunistische Agentennetzwerk Moskaus, das die Initialzündung zum Aufstand der 68er gab. Gerade die Agitation gegen den Springer-Verlag war ursprünglich eine Idee aus Ostberlin. Schon am 21. April 1966 hatte der DDR-Staatschef Walter Ulbricht auf dem 20. Jahrestag der Zwangsvereinigung von SPD und KPD öffentlich zur Kampagne gegen Springer aufgerufen: *»Von besonderer Bedeutung ist, die Zeitungskonzerne wie den Springer-Konzern und andere unter Kontrolle zu nehmen und damit der Hetze des kalten Krieges und der Kriegshetze einen Riegel vorzuschieben. (...) Es ist notwendig, die Macht der Herren solcher Meinungsmonopole wie des Springer-Konzerns zu beseitigen.«*[16] Dieser Aufruf wurde von allen linken Medien in Westdeutschland aufgegriffen und schließlich von den aufgehetzten Studenten in die Tat umgesetzt, als diese mit Parolen wie *»Enteignet Springer«*, *»Zerschlagt Springer«* oder gar *»Tötet Springer«* durch die Straßen randalierten. Nicht selten kam es dabei zu Ausschreitungen, Gewaltakten und schwerwiegenden Rechtsverletzungen.

Die Auflösung der APO

Als sich abzeichnete, daß die *»werktätigen Massen«* nicht auf den utopischen Irrsinn der Kritischen Theorie hereinfielen und sich nicht dem Aufstand der Studenten anschließen würden, also auf diese Weise das marktwirtschaftliche westliche Gesellschaftssystem nicht zu stürzen war, kam es in der zweiten Jahreshälfte 1968 zu ersten Auflösungserscheinungen innerhalb des SDS, der den Kern der Außerparlamentarischen Opposition darstellte. Zahlreiche neue Splittergruppen entstanden, die untereinander in Wettstreit und Konkurrenz traten, so daß nach außen hin kaum noch revolutionäre Aktivitäten möglich waren. Im Frühjahr 1970 löste sich der SDS schließlich ganz auf. Seine Mitglieder verteilten sich in der DKP und in zahllosen weiteren kommunistischen Verbänden, den sogenannten K-Gruppen (darunter KBW, KPD-AO, KPD-ML). Viele versuchten auch, die etablierten Parteien, vor allem die SPD und die FDP, durch Eintritt und Unterwanderung zum neuen Werkzeug der Gesellschaftsveränderung zu machen. Allein die SPD bekam auf diese Weise etwa 250 000 neue Mitglieder, so daß die 68er zum bestimmenden Faktor unter den Jungsozialisten und später in der gesamten Partei wurden und die Veteranen der alten Arbeiterschaft mehr und mehr an den Rand drängten. Auch in der zahlenmäßig kleineren FDP schafften es die früheren APO-Anhänger, die früher national-liberal ausgerichtete Partei auf einen links-liberalen Kurs umzuschwenken, der die FDP 1969 in eine Regierungskoalition mit der SPD führte. Ein weiterer großer Teil früherer Mitglieder der 68er-Bewegung bildete den organisierten Feminismus sowie die Friedens- und Umweltschutzbewegung, aus denen dann schließlich die Partei der Grünen wurde. Manche blieben auch dem Krawall auf der Straße treu und formierten sich in der Sponti- und Autonomen-Szene. Der Rest vollzog den von Rudi Dutschke, dem »Lenin des SDS«, geforderten Marsch durch die Institutionen und versuchte, durch eine Karriere vor allem im Bildungswesen, in der Justiz und in den Medien die Erziehung der Massen hin zum revolutionären neuen Menschen und die schleichende marxistische Gesellschaftsveränderung zu bewerkstelligen. Ein kleiner Teil schließlich ging in den Untergrund und schloß sich kommunistischen Terrorgruppen wie der RAF oder den Revolutionären Zellen an, um mit roher Gewalt die verhaßte Bundesrepublik zu stürzen. Welchen Weg die Anhänger der Studentenrevolte nach dem Ende des SDS auch wählten, folgten sie doch stets dem Aufruf Rudi Dutschkes nach der *»Weltrevolution und der daraus entstehenden freien Gesellschaft freier Individuen«*[17].

Die kommunistischen Gruppen (K-Gruppen)

Etwa 60 000 Anhänger der Studentenrevolte schlossen sich nach dem Ende des SDS den ab 1968 zahlreich entstehenden kommunistischen Gruppen und Parteien an und setzten somit auf den klassisch-marxistischen, maoistischen oder trotzkistischen Weg in den Kommunismus. Im selben Jahr wurde infolge politischer Intervention Moskaus auch die 1956 vom Verfassungsgericht als verfassungsfeindlich verbotene KPD von alten KP-Funktionären unter dem neuen Namen DKP praktisch wiedergegründet. Deren Anhänger rekrutierten sich jedoch mehr aus der Arbeiterschaft und weniger aus den Reihen der Studentenbewegung. Im Jahr 1971 zählte das Innenministerium 392 sogenannte linksextremistische Organisationen, die größtenteils aus der APO hervorgegangen waren.

Kommunistischer Bund Westdeutschland (KBW)
Aus der im Juni 1970 vom baden-württembergischen Innenministerium verbotenen letzten aktiven Hochschulgruppe des SDS in Heidelberg wurde die »Kommunistische Gruppe/Neues Rotes Forum« (KG/NRF), die sich 1973 mit verschiedenen anderen Gruppen daran machte, den »Kommunistischen Bund Westdeutschland« (KBW) zu gründen. Der verstand sich selbst als Parteiansatz, aus dem schließlich eine neue »Kommunistische Partei Deutschlands« hervorgehen sollte. Als mit Helga Rosenbaum ein Mitglied des KBW in den Stadtrat der Stadt Heidelberg gewählt wurde, weigerte sie sich, den Schwur auf das Grundgesetz und die Landesverfassung abzulegen, und als sie es schließlich doch tat, erklärte sie öffentlich, diesen Schwur nur als *»Eintrittskarte in den bürgerlichen Gemeinderat«* zu betrachten; ihr Ziel sei es weiterhin, die ganze bürgerlich-kapitalistische Gesellschaft von innen heraus zu zerstören.[18] Der KBW löste sich 1985 auf, mehrere seiner Mitglieder stiegen später, zumeist bei den Grünen, noch bis in höchste Staatsämter auf.

Kommunistischer Bund (KB)
Reste der sich auflösenden Gruppen »Sozialistisches Arbeiter- und Lehrlingszentrum« (SALZ) und »Kommunistischer Arbeiterbund/Marxisten-Leninisten« gründeten im Jahre 1970 in Hamburg den »Kommunistischen Bund« (KB). Zu den Grün-

dungsmitgliedern des KB gehörten mehrere Personen, die sich später den Grünen zuwandten und mit dieser Partei bis in den Bundestag aufstiegen. Nach der Wende im Ostblock spaltete sich der KB in zwei Fraktionen; die eine plädierte dafür, den Aufbau der SED-Nachfolgepartei PDS zu unterstützen, während der andere Teil dazu aufrief, die deutsche Einheit zu verhindern, um keinen wiedervereinigten deutschen Nationalstaat zuzulassen, und an seiner Stelle eine multikulturelle Gesellschaft zu errichten.[19]

Kommunistische Partei Deutschlands/Marxisten-Leninisten (KPD-ML)

Die ML-Bewegung begann 1969 mit einem Flugblatt, das, versehen mit einem Hammer-und-Sichel-Emblem, dazu aufforderte, Karate und die Schriften von Mao Tse-Tung zu studieren. Beides sei wohl nützlich für die Revolution. Damit verbunden war die Abkehr vom neomarxistischen Konzept der Kritischen Theorie zurück zum klassischen Kommunismus. Die Werke jener »Genossen« sollten studiert werden, die in den vergangenen 150 Jahren die proletarische Revolution erfolgreich geführt hatten: Marx, Engels, Stalin und Mao.[20] War die Partei anfangs maoistisch geprägt, so richtete sie sich später an der KP Albaniens aus, von der sie offiziell als »Bruderpartei« anerkannt wurde. Die KPD-ML löste sich 1986 auf.

Hier einige weitere Beispiele von K-Gruppen, die aus der APO hervorgegangen sind:

- Gruppe Internationale Marxisten (GIM) – 1969 bis 1986, trotzkistisch ausgerichtet.
- Vereinigte Sozialistische Partei (VSP) – 1986 bis Mitte 1990er Jahre, ging aus der Vereinigung von KPD/ML mit der GIM hervor.
- Kommunistische Partei Deutschlands (Maoisten) (KPD [M]) – 1970 bis 1980, maoistisch orientiert, Selbstauflösung 1980.
- Kommunistischer Arbeiterbund Deutschlands (KABD) – 1972 bis 1982, maoistisch geprägt.

- Marxistisch-Leninistische Partei Deutschlands (MLPD) – seit 1982, aus dem KABD hervorgegangen, anfangs mehr, in der Gegenwart eher verhalten stalinistisch geprägte Partei.
- Arbeiterbund für den Wiederaufbau der KPD (KPD/AB) – seit 1973.
- »Gegen die Strömung«, Organisation für den Aufbau der Revolutionären Kommunistischen Partei – seit 1974, stalinistisch geprägt.
- Marxistische Gruppe (MG) – 1970er bis 1980er Jahre, der Neuen Linken zugerechnete Organisation, vor allem an verschiedenen Universitäten aktiv. Selbstauflösung 1991 wird vom Verfassungschutz bezweifelt.
- Bund Sozialistischer Arbeiter (BSA) – 1971 bis 1997, trotzkistische Partei.
- Bund Westdeutscher Kommunisten (BWK) – im September 1980 aus einer Abspaltung vom KBW hervorgegangen, im März 1995 Selbstauflösung als Partei.

Viele Mitglieder dieser K-Gruppen, die selbst keinen nennenswerten Einfluß auf die deutsche Politik ausüben konnten, fanden während der 1980er Jahre bei den Grünen eine neue politische Heimat, wohl in der Absicht, daß sich die kommunistische Gesellschaftsveränderung unter dem Deckmantel dieser Partei leichter bewerkstelligen ließe und mehr Chancen auf Erfolg haben würde; andere schlossen sich ab 1990 der SED-Nachfolgepartei PDS an.

Die Sponti- und Autonomen-Szene

Jene APO-Anhänger, die sich vom Straßenkampf nicht lossagen wollten, bildeten nach der Auflösung der 68er-Bewegung das, was man in den 1970er Jahren in Berlin und vor allem in Frankfurt am Main die Spontis nannte. Die Spontis hielten die Spontantität der Massen für das revolutionäre Element der Geschichte und grenzten sich damit von den dogmatischen und streng organisierten K-Gruppen der APO ab. Statt fester Parteistruktur und Theorieschulung setzten die Spontis auf die Wirkung spontaner Aktionen in der Öffentlichkeit, die einen die Massen mitreißenden Charakter haben sollten. Vor allem in Frankfurt am Main sorgten die Spontis mit spektakulären Hausbesetzungen im Westend-Viertel für Aufsehen. Bei ihren »spontanen« Aktionen scheuten die Spontis auch nicht die Auseinandersetzung mit der Polizei, oft suchten sie sogar regelrecht die gewaltsame Konfrontation, und so kam es nicht selten zu regelrechten Straßenschlachten mit Schwerverletzten sowohl auf Seiten der Demonstranten als auch unter den eingesetzten Polizisten.

Eine dieser gewalttätigen und paramilitärisch organisierten Banden war die Frankfurter Gruppe »Revolutionärer Kampf«, die aus der sogenannten »Betriebsprojektgruppe« hervorgegangen war und die von Joschka Fischer angeführt wurde. Neben Fischer hatte der »Revolutionäre Kampf« ein weiteres prominentes Mitglied, nämlich Daniel Cohn-Bendit, der als einer der Protagonisten des Aufstands in Frankreich unter seinen Genossen den Ruf eines »Revolutionsführers« genoß und eine gewisse internationale Berühmtheit erlangt hatte. Der später in den Terrorismus abgetauchte Hans-Joachim Klein sagte über die Straßenschlachten während seiner Zeit im »Revolutionären Kampf«: *»Da haben wir hingehauen wie die Kesselflicker.«*[21] Doch die Spontis setzten nicht nur auf den Straßenkampf, um den kommunistischen Umsturz zu erreichen; noch unter dem Titel »Betriebsprojektgruppe« hatte sich der harte Kern des »Revolutionären Kampfs« das Ziel gesetzt, die Arbeiterschaft bei Opel für die Revolution zu begeistern. Christian Schmidt faßt die Motive, mit denen sich die Mitglieder des »Revolutionären Kampfs«, darunter Joschka Fischer, bei Opel anstellen ließen, mit den folgenden Worten zusammen: *»In ihrem revolutionären Endziel immerhin unterschied sich diese ganz spezielle linksradikale Sekte von ihrer Konkurrenz mit dem großen K dann doch. Auch wenn* *man in die erste Opel-Betriebszeitung schrieb: ›Natürlich sind wir Kommunisten‹, so wollte man doch keinesfalls die Revolution machen, um anschließend getreu der Maxime Lenins die Diktatur des Proletariats mit all den dazugehörigen Schikanen zu errichten. Auch an der Verbesserung der Arbeitsbedingungen und an höheren Löhnen, wie es die kreuzbraven Gewerkschafter forderten, war diesen Revolutionären nicht gelegen. Sie wollten viel, viel mehr, nämlich, wie man ganz entschieden diffus verkündete: ›Wir wollen alles!‹ Das klang schwerstradikal, aber was bedeutete es genau? Man erklärte es so: ›Greifen wir die Manöver an, mit denen die Abwiegler aller Lager alles ablehnen, was wirklich sagt: ‚Dieses Leben ist Mist, wir wollen ein anderes!' Um dahin zu kommen, muß der jetzige Laden erst einmal ganz und gar umgekrempelt werden. Das heißt: Wir wollen, daß dieser Laden nicht mehr läuft! Nur so kann unser Programm wirklich werden; eine Gesellschaft, die die unsere ist, ohne die jetzige Unterdrückung, ohne die Scheißarbeit, ohne alles, was jetzt nur besteht, um uns auszubeuten. Genau das bedeutet: Wir wollen alles!‹ Noch genauer aber bedeutete das, man wollte gar nichts: weder einen Staat noch eine Arbeit, nur erst einmal die Revolution. Danach könne man ja weitersehen. Ein interessanter Standpunkt, bei dem man gespannt sein durfte, was die Arbeiterklasse wohl von ihm halten würde.«*[22] Die Arbeiterklasse hielt nichts davon! Das angestrebte Ziel, die Opel-Arbeiter zum Aufstand aufzuwiegeln, schlug fehl, auch die Aufrufe zur Sabotage der Produktion verhallten ungehört. Und so beschränkte man sich wieder auf die Hausbesetzungen und die Prügeleien mit der Polizei. Im Lauf der Zeit folgte auf die Sponti-Bewegung die Autonomen-Szene, die den Straßenkampf bis heute fortsetzte. So kam es vom 3. bis zum 6. August 1995 unter dem Begriff »Chaostage« z. B. zu einem linksextremen Großangriff auf die Stadt Hannover, bei dem die Polizei, wie es hieß, *»um nicht zu provozieren«*, nicht durchgreifen durfte, was zu einer Bilanz von fast 200 teilweise Schwerverletzten und einem Sachschaden in Millionenhöhe führte. Hätte die Polizei den Befehl erhalten, den Ausschreitungen beizeiten ein Ende zu machen, wäre der Schaden sicherlich wesentlich geringer ausgefallen.

Die terroristische Stadtguerilla (RAF)

Auch der kommunistische Terror, der Deutschland und ganz Europa vor allem in den 1970er Jahren erschütterte, wäre ohne die Studentenrevolte nicht denkbar gewesen. Der harte Kern der bekanntesten deutschen Terrorbande, der RAF, rekrutierte sich direkt aus Mitgliedern der APO; dies trifft auf Andreas Baader und Gudrun Ensslin ebenso zu wie auf Ulrike Meinhof.

Im April 1968 nahm der »bewaffnete Widerstand« der »Stadtguerilla« gegen die Bundesrepublik mit zwei Brandanschlägen auf Frankfurter Kaufhäuser seinen Anfang. Die Studentin Gudrun Ensslin und ihr Freund Andreas Baader wurden von der Polizei festgenommen und gaben an, mit den Anschlägen gegen die Gleichgültigkeit protestieren zu wollen, mit der die deutsche Öffentlichkeit den Vietnamkrieg hinnehme. Schon während des Gerichtsprozesses gegen die Brandstifter ergriff Ulrike Meinhof in ihrer Funktion als Journalistin der Zeitschrift *konkret*, dem Zentralorgan der 68er-Bewegung, Partei für die Terroristen und zeigte Verständnis für den Anschlag gegen den »Konsumterror«. Andreas Baader wurde zu drei Jahren Gefängnis verurteilt, konnte jedoch während einer Ausführung aus dem Gefängnis in Berlin-Tegel gewaltsam befreit werden. An der Befreiung, bei der ein Mensch schwer verletzt wurde, nahmen Ulrike Meinhof und Baaders Anwalt Horst Mahler teil. Anschließend ging die Baader-Meinhof-Bande in den Untergrund, um sich in einem palästinensischen Trainingscamp von kommunistischen Geheimdienstoffizieren zu Terroristen ausbilden zu lassen.

Nach ihrer Rückkehr in die Bundesrepublik versuchten die Terroristen der RAF, maßgeblich unterstützt durch das Ministerium für Staatssicherheit der DDR, mit einer Serie von Morden und Sprengstoffanschlägen die gewaltsame Destabilisierung des bundesdeutschen Staates. Vor allem Einrichtungen der US-Armee und des Axel-Springer-Konzerns sowie Führungspersonen der deutschen Wirtschaft, der Politik und der Justiz wurden zum Ziel des kommunistischen Terrors, der auch nicht aufhörte, als mit Andreas Baader, Gudrun Ensslin, Ulrike Meinhof, Holger Meins und Jan-Carl Raspe im Juni 1972 die führenden Köpfe der RAF festgenommen werden konnten. Andreas Baader, Jan-Carl Raspe und Gudrun Ensslin wurden im April 1977 zu lebenslangen Haftstrafen verurteilt, die mitangeklagte Ulrike Meinhof hatte sich schon im Mai 1976 in ihrer Zelle erhängt. Holger Meins war bereits im November 1974 an den Folgen eines Hungerstreiks gestorben.

Trotz schärfster Bewachung gelang es den Führern der RAF, ihre Befehle an die weiterhin im Untergrund agierenden Terroristen zu schmuggeln. Mittlerweile weiß man, daß dieser Informationsweg über die Anwälte lief, die Mitteilungen in den Prozeßakten versteckten, die von keinem Polizisten kontrolliert werden durften. Da bis heute nicht bekannt ist, welche Anwälte daran beteiligt waren, erfolgte gegen sie bis jetzt keine Strafverfolgung.

Nach einer Reihe von Verbrechen erreichte die Terrorwelle im »Deutschen Herbst« 1977 mit der Entführung des Arbeitgeberpräsidenten Hanns-Martin Schleyer und der darauffolgenden Entführung der Lufthansa-Maschine »Landshut« nach Mogadischu schließlich ihren Höhepunkt. Die Luftpiraten erreichten ihr Ziel, die Freilassung der inhaftierten Terroristen zu erzwingen, jedoch nicht, da es einer Spezialeinheit des Bundesgrenzschutzes gelang, die Maschine zu stürmen und die Geiseln zu befreien. Daraufhin verübten Andreas Baader, Gudrun Ensslin und Jan-Carl Raspe in ihren Zellen Selbstmord. Einen Tag später wurde im Kofferraum eines Autos im Elsaß die Leiche Hanns-Martin Schleyers gefunden. Der linksradikale deutsche Terror blieb zwar weiterhin aktiv, erreichte jedoch nie mehr die Ausmaße der 1970er Jahre.

Die Grünen

Jene Vertreter der 68er-Bewegung, die sich in den 1970er Jahren dem aus den Resten der APO hervorgehenden Feminismus, dem Umweltschutz bzw. der Anti-Atomkraftbewegung oder der Friedensbewegung verschrieben hatten, sammelten sich schließlich 1980 in der sogenannten »Anti-Parteien-Partei« der Ex-Sozialdemokratin Petra Kelly, bei den Grünen. Auch zahlreiche Aktivisten aus den Reihen der politisch eher erfolglosen K-Gruppen fanden dort schnell ein neues Betätigungsfeld und prägten die stark linkslastige Ausrichtung der neuen Partei, was ihr den Spitznamen »Melonenpartei« verlieh – außen grün, innen rot. Die spätere grüne Bundestagsvizepräsidentin Antje Vollmer beispielsweise war ein ehemaliges Mitglied der KPD-AO und der »Liga gegen den Imperialismus«. Auch Reinhard Bütikofer, der es bis zum Parteivorsitzenden der Grünen brachte, hat in den »Kommunistischen Hochschulgruppen« (KHG) und im KBW eine einschlägig linksradikale Vergangenheit hinter sich. Beide Gruppen wurden im Verfassungsschutzbericht des Jahres 1978 als verfassungsfeindlich bezeichnet.[23]

Im Jahr 1985 gelangte eine Analyse des Verfassungsschutzes zu dem Schluß, bei den Grünen entstammten dem linksextremen Umfeld:

- ein Zehntel der 94 Mitglieder der Landesvorstände;
- knapp ein Achtel aller 35 Landtagsabgeordneten;
- ein Drittel der 27 Bundestagsabgeordneten;
- die Hälfte der elf Bundesvorständler;
- über die Hälfte der sieben Europaparlamentarier.[24]

Selbst dem heutigen Innenminister Otto Schily kam manche Gründungsveranstaltung der Grünen damals *»wie ein DKP-Parteitag«* vor.[25] Auch die Spontis erkannten rasch, daß die Grünen eine weitaus geeignetere Plattform für ihre revolutionären Ambitionen sein würden, als die Straße, und so machten sich einige ihrer Aktivisten daran, angeführt von Joschka

Fischer und Daniel Cohn-Bendit, als Politiker Karriere zu machen.

Dem linken Publikum entsprach das Parteiprogramm der Grünen. Man setzte sich für die Legalisierung der Abtreibung ein, für die Stillegung aller Atomanlagen und die Abschaffung der Militärblöcke NATO und Warschauer Pakt. Zumindest die letzten beiden Punkten waren deckungsgleich mit den außenpolitischen Ambitionen des Kreml, der nicht nur ein Ende der NATO forderte, sondern auch ein Europa wünschte, das sich nicht selbst mit billigem Atomstrom versorgen konnte, sondern von den Energieimporten aus Nahost und der Sowjetunion abhängig war.

Auch die grüne Kampagne gegen den NATO-Doppelbeschluß, bei dem die Nachrüstung der NATO und die Aufstellung der berühmten Atomraketen vom Typ Pershing-2 entschieden wurden, lag im Interesse der Moskauer Kremlführung. Selbst die Wiedervereinigung war den Grünen zuwider, denn sogar als Moskau das Regime in der DDR schon fallen gelassen hatte, plakatierten die Grünen noch *»Alle reden von Deutschland. Wir reden vom Klima«* und gaben damit unmißverständlich zu verstehen, daß ihnen eine utopische Umweltpolitik wichtiger war als nationale deutsche Interessen.[26]

Der lange linke Marsch durch die Institutionen

Revolution, so sagte APO-Führer Rudi Dutschke, sei nicht eine Sache von Tagen, wo geschossen wird und Auseinandersetzungen stattfinden, Revolution sei vielmehr ein langer Marsch und ein lang andauernder Prozeß um die Schaffung von neuen Menschen, und an diesem Kampf seien alle Revolutionäre der 68er-Bewegung beteiligt, wo immer sie sich auch befinden mögen. Getreu den Dogmen der Frankfurter Schule und in Anlehnung an Maos »Langen Marsch« rief er die Bewegung dazu auf, innerhalb des politischen und gesellschaftlichen Systems der Bundesrepublik Karriere zu machen, um die Institutionen von innen heraus revolutionär umzukrempeln und schließlich ganz abzuschaffen.

Die Regierung Willy Brandt, die linken Umtrieben sonst sehr tolerant gegenüberstand, reagierte darauf in weiser Voraussicht mit dem sogenannten Radikalenerlaß. Dieser Erlaß sah vor, Bewerber um eine Position im öffentlichen Dienst vor der Anstellung auf ihre Verfassungstreue zu überprüfen. Hatte ein Bewerber eine Vergangenheit in einer extremistischen Organisationen, so wurde ihm die Anstellung verwehrt, wodurch eine massenhafte Unterwanderung des staatlichen Systems vor allem durch die kommunistischen Hochschulabsolventen der 68er-Bewegung verhindert werden sollte. In dem Erlaß hieß es: *»Ein Bewerber, der verfassungsfeindliche Aktivitäten entwickelt, wird nicht in den öffentlichen Dienst eingestellt. Gehört ein Bewerber einer Organisation an, die verfassungsfeindliche Ziele verfolgt, so begründet diese Mitgliedschaft Zweifel daran, ob er jederzeit für die freiheitliche demokratische Grundordnung eintreten wird. Diese Zweifel rechtfertigen in der Regel eine Ablehnung des Anstellungsantrages.«*[27]

Doch auch Brandts Radikalenerlaß konnte nicht verhindern, daß in den folgenden Jahren massenhaft links indoktrinierte Studenten Karriere in den Medien, im Bildungswesen und auch in der Politik machen konnten. Selbst den öffentlichen Dienst frei von kommunistischen Sympathisanten zu halten gelang nicht, da nicht jedem 68er-Revolutionär eine umstürzlerische Gesinnung oder eine Mitgliedschaft in einer verfassungsfeindlichen Gruppierung nachgewiesen werden konnte.

Zwar waren die radikalsten Rebellen bald von der Bildfläche verschwunden – auf Dutschke z. B. wurde ein Anschlag verübt, von dem er sich nie wieder vollständig erholte, andere saßen im Gefängnis oder starben an einer Überdosis Rauschgift –, aber die Gesinnung von '68 veränderte auch weiterhin die Gesellschaft, nicht nur in der Bundesrepublik Deutschland, sondern in der ganzen westlichen Welt.

Das Heer der Revolutionäre saß bald in Lehrerzimmern und Kindergärten, in Volkshochschulen und Universitäten, um die nachwachsende Elite politisch auf Linie zu bringen, besetzte Richterstühle und Anwaltskanzleien, um die Justiz umzukrempeln, und saß in den Redaktionen der Massenmedien, welche die öffentliche Meinung der Gesellschaft vorgeben bzw. zu bilden versuchen. Selbst so mancher Theologiestudent hatte während der späten 1960er Jahre heimlich mit Marx und Mao sympathisiert, so daß auch die Reihen der Kirche vom neuen revolutionären Geist nicht mehr sicher waren und nach und nach ihre traditionell konservative Ausrichtung einbüßten.

Schon lange vor 1998 war Deutschland vom Geist der Kritischen Theorie durchsetzt, mit der Bundestagswahl 1998 jedoch erreichte der Siegeszug der 68er-Revolutionäre seinen Höhepunkt. Die 68er hatten die so oft beschimpfte und bekämpfte Generation ihrer Väter abgelöst und endgültig in die politische Bedeutungslosigkeit getrieben. Nun stand dem marxistisch beeinflußten Umbau der Republik nichts mehr im Wege, und sofort machten sich die siegreichen 68er daran, auch die letzten verbliebenen traditionellen Werte einzuebnen und an ihrer Stelle ein nicht funktionierendes utopisches Gesellschaftskonzept zu installieren, das den Notwendigkeiten der Realität nicht gerecht wird. Kein Wunder also, daß die Bilanz der 1998 an die Macht gekommenen rot-grünen Regierungskoalition in jeder Hinsicht nur negativ ausfallen kann.

3. Die wilden 68er an der Macht

Bundeskanzler Gerhard Schröder

Gerhard Fritz Kurt Schröder wurde am 7. April 1944 in Mossenberg-Wöhren, einem heutigen Stadtteil von Blomberg (Lippe), geboren. Er besuchte von 1951 bis 1958 die Volksschule und machte anschließend bis 1961 eine Lehre zum Einzelhandelskaufmann in einem Gemischtwarenhandel in Lemgo. Von 1961 bis 1963 arbeitete Schröder als Bauhilfsarbeiter und kaufmännischer Angestellter in Göttingen. Von der Wehrpflicht als einziger Sohn eines im Zweiten Weltkrieg Gefallenen befreit, holte er zwischen 1962 und 1964 in der Abendschule die mittlere Reife und anschließend bis 1966 das Abitur nach. Daraufhin studierte er Jura in Göttingen und wurde 1976 als Rechtsanwalt zugelassen.

Schröder verweist heute zwar gerne darauf, daß er in den 1960er Jahren nicht Mitglied der APO und somit im engeren Sinne auch kein 68er war, obwohl ihm Schriften der Frankfurter Schule durchaus bekannt waren. Jedoch engagierte er sich während der 1970er Jahre in den aus der APO hervorgegangenen Kreisen und machte sich schon bald dadurch einen Namen als »linker« Anwalt, daß er vorwiegend linksradikale Demonstranten, homosexuelle Pfarrer oder Terroristen der RAF verteidigte. Dies brachte ihm im niedersächsischen Wahlkampf 1978 von seinen Gegnern bei der CDU sogar den Vorwurf ein, er betätige sich *»immer deutlicher als Verfassungsgegner«*, wogegen Schröder mit einer einstweiligen Verfügung wegen Rufschädigung vorging.[28]

Bereits in seiner Staatsexamensarbeit 1971 hatte er sich mit einem für die 68er-Bewegung so schwerwiegenden Thema wie dem Radikalenerlaß der Brandt-Regierung auseinandergesetzt. Mit dem Ergebnis, daß die Zugehörigkeit zu einer radikalen, wenn auch nicht verbotenen, Gruppierung keinen Ausschluß aus dem öffentlichen Dienst rechtfertige.[29] Faktisch bedeutet dies, daß Schröder die damals vorwiegende Gefahr einer marxistischen Unterwanderung des gesellschaftlichen Systems entweder nicht sah oder aufgrund seiner eigenen politischen Überzeugung sogar befürwortete, denn in jenem Jahrzehnt bekannte sich Schröder mit den Worten *»Ja, ich bin Marxist«* noch öffentlich zum Marxismus.[30]

Schröder als Vorsitzender der Jusos

Seine politische Karriere begann Schröder bereits 1963 mit dem Eintritt in die SPD. Während seiner Studienzeit stieß er 1966 zu den Jungsozialisten (Jusos), die ihn 1971 im Bezirk Hannover zu ihrem Vorsitzenden wählten. Hatten die Jusos der frühen 1960er Jahre noch einen strikt antikommunistischen und auf die deutsche Wiedervereinigung ausgerichteten Kurs verfolgt, so waren die Jusos der 1970er Jahre bereits von den Resten der 68er-Bewegung unterwandert, was zur Folge hatte, daß die Bewegung in verschiedene Flügel gespalten war, von denen die meisten zwar unterschiedliche, aber doch handfest marxistische Theorien vertraten, wie der Kapitalismus, d. h. die bundesdeutsche Marktwirtschaft, idealerweise überwunden werden könnte. Als 1978 der bisherige Bundesvorstand der Jusos, Klaus-Uwe Benneter, der zuvor mit Schröders Unterstützung gewählt worden war, aus der Partei ausgeschlossen wurde, weil er laut über Bündnisse mit der kommunistischen Partei DKP nachgedacht hatte, brauchten die Jusos auf Bundesebene einen neuen Vorsitzenden. Schröder trat als gemeinsamer Kandidat des Stamokap-Lagers, dem der Vorgänger Benneter angehört hatte, und der sogenannten Anti-Revisionisten auf dem Bundeskongreß der Jusos in Hofheim bei Frankfurt zur Wahl an, die er schließlich im zweiten Wahlgang auch erfolgreich für sich entscheiden konnte.

Das pro-kommunistische Stamokap-Lager unterschied sich von den Anti-Revisionisten in ihrem angestrebten Ergebnis nicht wesentlich. Abgeleitet wurde die Bezeichnung »Stamokap« von dem Begriff »staatsmonopolitischer Kapitalismus«. Ansgar Graw beschreibt das pro-kommunistische Konzept dieser Juso-Fraktion in seinem Buch *Gerhard Schröder – Der Weg nach oben* mit den Worten: *»Der Staat ist Agent des monopolistischen Kapitals! Also müßten Sozialisten lediglich die Macht übernehmen, um mit staatssozialistischen Monopolen alles zum Besseren zu wenden. Erforderlich dazu sei ein Bündnis aller von diesen Monopolisten ›objektiv abhängigen Schichten‹. ›Kleinbürgerliche Zwischenschichten‹, so das Stamokap-Weltbild, müßten für diese Strategie noch gewonnen werden, um schließlich eine ›sozialistische Demokratie‹ zu entwickeln. Deren Merkmale sollten das ›gesellschaftliche Eigentum an Produktionsmitteln‹ und die ›Ausübung der Staatsmacht durch die arbeitende Bevölkerung‹ sein. Mit dem parlamentarischen System hatte diese Theorie nicht mehr viel gemein. Darum hatte der damalige Juso-Chef Johano Strasser in seiner Auseinandersetzung mit dem Stamokap-Flügel schon 1973 gefragt, wo denn der inhaltliche Unterschied zu den Positionen der orthodox-kommunistischen DKP bestehe.«*[31]

Die politische Vorstellung der Anti-Revisionisten, zu denen Schröder ursprünglich zählte, erklärt Graw wie folgt: *»Die Fraktion der Antirevisionisten, auch ›Hannoveraner‹ genannt, entwickelte sich im Juso-Bezirk Hannover und war – im Gegensatz zu den äußerst orthodoxen Stamokaps – geprägt von den antiautoritären Ideen der ›Neuen Linken‹. (...) Die Antirevis waren die ›Spontis‹ innerhalb der Jusos und verfochten das Ziel der ›Selbstorganisation‹ und ›Selbstmobilisierung‹. Schrittweise Reformen könnten kein gesellschaftspolitisches Ziel sein, sondern ›allenfalls als Mittel des politischen Kampfes angesehen‹ werden. Zu ihrer Bewertung sei die Frage entscheidend, ob sie den ›sozialistischen Kampf an der Basis‹ erleichterten oder ob sie ihn ›ersetzten durch Akte der Gesetzgebung von oben, während die Massen passiv in der Rolle politischer Konsumenten verharren‹. Nach ihrer Vorstellung sollte die ›Entfaltung der Basismacht der Lohnabhängigen‹*

zur ›Krise des Systems‹ und damit zur ›Übernahme der Produktionsmittel‹ durch eben diese Lohnabhängigen führen. Die Macht der Arbeiter, organisiert in anderer Form als den ›reformistischen‹ Gewerkschaften, müsse sich in einem solchen Ausmaß entfalten, so beschrieb Wolfgang Krause die Position der Antirevisionisten, ›daß sich die Krisenreaktion der Unternehmer zu einer tödlichen Waffe gegen sie kehrt – und zwar in der Form, daß die Arbeiter schließlich die vom Kapital stillgelegte Produktion selbst übernehmen. Denn das und nichts anderes bedeutet Sozialismus!‹«[32] Graws treffende Schlußfolgerung hieraus lautet: *»Ob Stamokap oder Antirevis, im Zentrum beider Theorien stand eine ganz andere Republik.«*[33] Eine ganz andere Republik, nämlich eine marxistische Republik!

Nach dem Wechsel im Bundesvorstand der Jungsozialisten von Stamokap-Benneter zu Anti-Revisionisten-Schröder ließ der neu gewählte Vorsitzende keinen Zweifel daran, daß sich an der marxistischen Ausrichtung der vom Geist von '68 dominierten Jusos nichts ändern werde – wörtlich sagte er: *»Inhaltlich ist nix anders.«*[34]

Genau wie sein Vorgänger aus dem Stamokap-Lager zeigte sich Schröder damals davon überzeugt, *»daß man unser Wirtschaftssystem insgesamt beseitigen muß«*, und ging *»ohne jeden Abstrich davon aus, daß eine sozial gerechte Gesellschaft voraussetzt, Privateigentum an Produktionsmitteln abzuschaffen«*.[35] Das Motto lautete: *»Das Übel an der Wurzel packen – alle Großkonzerne knacken.«*[36]

Über den politischen Gegner, das Lager von CDU und CSU, äußerte sich Schröder damals kaum weniger radikal. So vertrat er öffentlich die Ansicht, ein Wahlsieg der von Franz Josef Strauß angeführten CDU/CSU würde die Bundesrepublik in einen *»autoritären Polizeistaat«* verwandeln. Wörtlich setzte er nach: *»Programmatisch hat sich die CDU in den letzten Jahren unter dem Druck der CSU in eine reaktionäre Partei mit fließenden Übergängen zum organisierten Rechtsradikalismus verwandelt.«*[37]

Entsprechend negativ fiel die Reaktion des politischen Gegners auf Schröders Wahl zum Juso-Vorsitzenden aus. Der damalige Bundestagsabgeordnete Carl-Dieter Spranger (CSU) ging so weit zu behaupten, mit Schröder habe die *»linksradikalisierte Jugendorganisation«* der SPD einen *»Exponenten prokommunistischer Politik«* zum Vorsitzenden gewählt.[38] In von der CDU geschalteten Zeitungsanzeigen hieß es später sogar: *»Der Marxist Schröder ist der Kopf der Moskau-Fraktion.«*[39]

Schröder und der Ostblock

Sympathien für die Moskauer Kremlführung muß Schröder wohl schon damals, also noch zu Breschnews Zeiten, gehegt haben. So agitierte er bei einem Besuch in Moskau z. B. gegen die von der USA geplante Einführung der Neutronenbombe und veröffentlichte am 8. Mai 1978, dem Jahrestag der deutschen Kapitulation, in der sowjetischen Zeitung *Komsomolskaja Prawda* einen Beitrag gegen die amerikanischen Aufrüstungspläne.[40] Was auf den ersten Blick als angenehm pazifistische Geste gewertet werden könnte, wirkt vor dem Hintergrund der damaligen militärischen Kräfteverteilung in Europa ganz anders. Die Neutronenbombe war von den USA als Anti-Panzerwaffe konzipiert worden, mit der die überwältigende Übermacht der sowjetischen Panzerarmeen abgewehrt werden sollte, der auf konventionellem Weg seitens des Westens schlicht nicht zu begegnen war. Im Kriegsfall wäre der Vormarsch der Roten Armee durch Europa folglich nur auf atomarem Wege aufzuhalten gewesen, was den Einsatz nuklearer Gefechtsfeldwaffen früher oder später erzwungen hätte. Im Unterschied zu herkömmlichen Kernwaffen hinterläßt die sogenannte Neutronenbombe jedoch kaum kontaminiertes Gelände und verursacht somit weitaus geringere Kollateralschäden, als durch den Einsatz herkömmlicher Kernwaffen entstehen würden. Da die geplante Neutronenbombe eine ernstzunehmende Gefahr für die sowjetischen Offensivstrategie der damaligen Tage war, setzte Moskau alle propagandistischen Mittel ein, um die Indienststellung dieser Waffe auf Seiten der NATO zu verhindern. Mit seiner Parteinahme gegen die Einführung der Neutronenbombe machte sich Schröder somit bewußt oder unbewußt zumindest in diesem Punkt zum Erfüllungsgehilfen der sowjetischen Politik.

Auch als es wenig später um den NATO-Doppelbeschluß ging, der die Aufstellung amerikanischer Marschflugkörper (BGM-109 GLCM) und Mittelstreckenraketen (Pershing 2) vorsah, womit die NATO auf die vorangegangene Stationierung sowjetischer Atomraketen (SS-20) in Osteuropa reagierte, ergriff Schröder Partei für die Moskauer Seite. Damit fiel Schröder seinem eigenen Parteigenossen Helmut Schmidt, den er eigenem Bekunden nach respektierte, in den Rücken. Denn Schmidt war es, der maßgeblich den NATO-Doppelbeschluß initiiert hatte, nachdem er als erster westlicher Staatsmann schon 1977 auf den *»eurostrategischen Überhang der Sowjets«* aufmerksam gemacht hatte. Doch statt Schmidts Position zu stärken, unterzeichnete Schröder im Februar 1981 gemeinsam mit 23 anderen Abgeordneten der Fraktion einen Aufruf, in dem eine Reduzierung des Verteidigungshaushaltes um eine Milliarde Mark zugunsten der Entwicklungshilfe gefordert wurde, was sich direkt gegen die von Schmidt befürwortete NATO-Nachrüstung richtete.[41]

Selbst als die Sowjetunion 1979 in Afghanistan einmarschierte, worauf die USA mit einem Handelsembargo reagierten, veranlaßte das Schröder nicht zu einem grundlegenden Richtungswechsel, im Gegenteil: Er bezeichnete die Einstellung von Getreidelieferungen an die UdSSR als »unmoralisch«, und sogar hochentwickelte Computer-Technologie sollte, so Schröders Forderung, trotzdem weiter an Moskau geliefert werden.[42] Die Berliner Stamokap-Fraktion der Jusos begrüßte die sowjetische Invasion gar als »brüderliche Hilfe«; nun gehe es darum, die Entspannung weiterzuführen, um ein Übergreifen der Krise auf Europa zu verhindern.[43] Die »Entspannung«

war unter Kreml-Chef Leonid Breschnew von vornherein ohnehin nur als zwischen den Supermächten geltend konzipiert worden, während in der Dritten Welt weiterhin das Konzept des Klassenkampfs und der Ausweitung des Kommunismus galt, wo nötig, auch mit Waffengewalt. Etwaige Ähnlichkeiten zwischen dem Einmarsch der Sowjets in Afghanistan und dem unerträglichen Schweigen der gegenwärtigen rot-grünen Regierungskoalition bezüglich der Situation in Tschetschenien sind sicherlich nicht zufällig.

Schröder und die RAF

Pikant vor dem Hintergrund der aktuellen Situation ist auch Schröders Rolle als Anwalt von damaligen Terroristen der RAF, namentlich von Horst Mahler, der inzwischen das Lager gewechselt zu haben vorgibt, von linksaußen nach rechtsaußen. Mahler, damals selbst RAF-Anwalt, hatte sich als Mitglied der Baader-Meinhof-Bande an einem bewaffneten Banküberfall sowie an der Befreiung des Gefangenen Andreas Baader beteiligt und war dafür zu 14 Jahren Haft verurteilt worden. Schröder übernahm Mahlers Fall 1978, und zwar von keinem geringeren als Otto Schily, der Mahler zuvor als Anwalt vor Gericht vertreten hatte. Ein weiterer prominenter RAF-Anwalt jener Tage war der jetzige Bundestagsabgeordnete der Grünen, Hans Christian Ströbele, der 1969 zusammen mit Mahler das »Sozialistische Anwaltskollektiv« gegründet hatte. Von Ströbele weiß man, daß er seinen RAF-Mandanten heimlich Prozeßunterlagen zukommen ließ, weshalb er 1982 *»wegen Unterstützung einer kriminellen Vereinigung«* zu einer Haftstrafe von zehn Monaten auf Bewährung verurteilt wurde.[44] Schröder half Mahler, der 1980 vorzeitig aus der Haft entlassen wurde, 1987 selbst wieder als Anwalt zugelassen zu werden.

Die Trennung zwischen »Anwalt der RAF«, »Sympathisant der RAF« und »Mitglied der RAF« war unter den Rechtsvertretern jener Terrorbande damals, zumindest von außen betrachtet, offenbar nicht klar zu ziehen, was auch die Tatsache beweist, daß es der inhaftierten RAF-Führung um Baader, Meinhof und Ensslin dank der Mithilfe mindestens eines ihrer Anwälte gelang, Befehle an die im Untergrund agierenden Terroristen zu schmuggeln. Welche Anwälte daran beteiligt waren, bleibt jedoch bis heute ungeklärt.

Schröder und die deutsch-deutsche Realität

Während der 1980er Jahre war Schröder ein gern gesehener Gast in der DDR, nicht zuletzt wohl deshalb, weil er in der Frage der beiden deutschen Staaten allzusehr die Position Ost-Berlins vertrat. So z. B. in der Frage der von Honecker im Oktober 1980 aufgestellten »Geraer Forderungen«, die Schröder nach einem DDR-Besuch mit in den Westen brachte und zu denen die Festlegung der innerdeutschen Grenze in der Elbe-Strommitte im Abschnitt Lauenburg-Schnackenburg, eine Schließung der Zentralen Erfassungstelle für DDR-Unrecht in Salzgitter, die Umwandlung der »Ständigen Vertretungen« von DDR und Bundesrepublik in reguläre Botschaften und schließlich eine »Anerkennung« der DDR-Staatsbürgerschaft gehörten. Ansgar Graw faßt zusammen: *»Schröder sprach sich dafür aus, die Grenzfrage von Seiten Bonns ›nicht dogmatisch‹ zu behandeln. Die Auflösung von Salzgitter bezeichnete er als einen ›möglichen Schritt‹. Die Botschaftsfrage ließ er aus. In der – wichtigen – letzten Frage verweigerte er sich der SED-Politik: Während Oskar Lafontaine zu dieser Zeit bereits für die geforderte Anerkennung der DDR-Staatsbürgerschaft plädierte, befürwortete Schröder – entsprechend der Linie von Willy Brandt – nur deren ›Respektierung‹.«*[45] Jedoch stellte Schröder selbst klar, daß zwischen »Respektierung« und »Anerkennung« lediglich der Unterschied bestehe, daß das eine die juristisch korrekte Formulierung für die politische Realität des anderen war. Im Klartext bedeutet dies also, daß es zwischen beiden Formulierungen im Prinzip keinen wesentlichen Unterschied gibt. Was die Schließung der Zentralen Erfassungsstelle für DDR-Unrecht anging, so stellten im Anschluß sämtliche SPD-regierten Bundesländer sofort alle Zahlungen an Salzgitter ein.[46]

Schröders Sympathie für das Regime in Ostberlin ging so weit, daß er nicht nur mit DDR-Funktionären auf die Weltrevolution anstieß, sondern Erich Honecker auch als einen *»zutiefst redlichen Mann«* charakterisierte, eine Fehlleistung, wie Schröder später einräumte.[47] Jedoch war das nicht die einzige, denn auch von seinen Besuchen in Kuba kam Schröder so beeindruckt zurück, daß er Fidel Castro als *»eine großartige Figur«* bezeichnete.[48] Im Wahlkampf um die Landtagswahlen in Niedersachsen 1986 hatte Castro für Schröder sogar einige Tips bereit: *»Immer in die Fabriken gehen und die Arbeiter agitieren.«* Und: *»Sie müssen alle Mißstände der CDU anlasten.«* Und: *»Reduzieren Sie die Steuern und die Miete, und Sie gewinnen.«* Und: *»Treten Sie ruhig als Antikommunist auf. Immer drauf auf Kuba. Wenn Sie verlieren, machen Sie bei uns 14 Tage Urlaub.«*[49] Nach der politischen Wende in der DDR tauchte aus den Archiven der SED sogar ein Brief auf, den Schröder nach einem Besuch in der DDR am 31. Dezember 1986 mit der Anrede *»Lieber Egon Krenz«* an ein SED-Politbüro-Mitglied verfaßt hatte. Das Schreiben lautete wie folgt: *»Für Deinen freundlichen Willkommensgruß bedanke ich mich sehr herzlich. Es war schade, daß wir uns nicht persönlich treffen konnten. Aber das läßt sich sicher bei einer anderen Gelegenheit nachholen. Die Gespräche in der DDR waren offen und informativ. Besonders war ich von Erich Honecker beeindruckt. Durchstehvermögen, das Du mir wünschst, brauche ich in diesem Wahlkampfjahr ganz bestimmt. Aber auch Du wirst für Euren Parteitag und die Volkskammerwahlen sicher viel Kraft und vor allen Dingen Gesundheit benötigen. Beides wünsche ich Dir von ganzem Herzen.«*[50] Ansgar Graw kommentiert hierzu: *»Ein peinliches Schreiben! Insbesondere die letzte Passage macht deutlich,* *welch geringe Sensibilität Schröder für den eklatanten Systemunterschied aufbrachte.«*[51]

Auch kann Schröder nicht von sich behaupten, die Wiedervereinigung Deutschlands durch seine Kontakte in den Osten Deutschlands vorangebracht oder sie auch nur angestrebt zu haben. So hatte er zum Beispiel 1986 in dem Buch *Der Herausforderer* bekundet: *»Ein Tor allerdings ist derjenige, der glaubt, Wiedervereinigung könne bedeuten, daß die DDR in der Bundesrepublik in irgendeiner Form aufgeht. Das ist es nämlich, was die Konservativen meinen, wenn sie vom Offenhalten der deutschen Frage sprechen: Das Aufgehen der DDR in der Bundesrepublik. Das ist Unsinn, das werden wir nicht erreichen, und wenn wir davon reden, dann stiften wir damit nichts als Unfrieden.«*[52] Anstelle jener Wiedervereinigung, die wenige Jahre später geschichtliche Realität werden sollte, strebte Schröder noch bis zur Wende die Konservierung der deutschen Teilung in einem gemeinsamen Friedensvertrag an. Die Wiedervereinigung sei eine »Lebenslüge« der Union.[53]

Noch am 11. Mai 1989 hörte man von Schröder im Landtag von Hannover die Worte: *»Meine Position ist die, daß ich nicht glaube, daß das Beschwören einer Wiedervereinigung eine historische Chance für uns ist. Wir haben für eine solche Form der Wiedervereinigung keine Partner. Im Osten nicht, im Westen nicht, vor allen Dingen im Westen nicht.«*[54] Sogar noch im Herbst 1989, genau am 27. September 1989, erklärte er gegenüber *Bild*: *»Nach 40 Jahren Bundesrepublik sollte man eine neue Generation in Deutschland nicht über die Chancen einer Wiedervereinigung belügen. Es gibt sie nicht!«*[55] Und am selben Tag sagte er der *Hannoverschen Zeitung*: *»Eine auf Wiedervereinigung gerichtete Politik ist reaktionär und hochgradig gefährlich.«*[56]

Als Helmut Kohl zwei Monate später dem Bundestag sein Zehn-Punkte-Programm zur Deutschland-Politik vorgelegte, welches das Ziel einer *»Wiedergewinnung der staatlichen Einheit Deutschlands«* fomulierte, und Schröder die Augen vor der politischen Realität nicht mehr verschließen konnte, wollte er den Wiedervereinigungsprozeß *»verlangsamen«*, denn das Tempo mit dem die Regierung Kohl die Einheit realisieren wolle, würde die Wiedervereinigung *»negativ belasten«*[57].

Als Schröder im Dezember 1989 mit Willy Brandt vor rund 100 000 Menschen in Magdeburg gesprochen hatte und die *»Hoffnung gespürt habe, die diese Leute in Willy Brandt und damit in uns setzten«*, sei er teilweise so gerührt gewesen, daß er richtig geheult habe, aber *»auf jeden Fall überkamen mich da auch Anwandlungen von Angst, Abwehr von so großem eruptiven Nationalismus«*[58].

Für die, gelinde formuliert, verhaltene Begeisterung der SPD-Größen zum Thema deutsche Wiedervereinigung bekam die SPD in der ersten gesamtdeutschen Bundestagswahl die Rechnung präsentiert: Der damalige Kanzlerkandidat Lafontaine wurde am 2. Dezember 1990 mit 33,5 Prozent der Stimmen abgestraft, während Helmut Kohls CDU die Ernte der Einheit einfahren konnte.[59]

Schröder als niedersächsischer Ministerpräsident

Noch bis zu seiner Wahl zum niedersächsischen Ministerpräsidenten im Jahr 1990 verteidigte der Rechtsanwalt Gerhard Schröder Personen vor Gericht, denen aufgrund des Extremistenerlasses ein Berufsverbot drohte. Hatte er 1987 die CDU-geführte niedersächsische Landesregierung noch aufgefordert, *»alle Berufsverbotsverfahren sofort einzustellen«*, so setzte er diese Forderung nach seiner Wahl konsequent selbst um und hob den Extremistenerlaß umgehend auf. Mit dem Ergebnis, daß alle Verfahren, in denen es noch keine rechtskräftige Entscheidung gab, eingestellt wurden und alle Betroffenen, die bereits rechtskräftig verurteilt worden waren, sich neu bewerben sollten.[60] Von nun an standen alle Stellen im öffentlichen Dienst in Niedersachen auch für Personen mit einschlägiger extremistischer, d. h. in der Regel linksradikaler, Vergangenheit offen.

Als weitere Maßnahmen seiner Regierung kündigte er die Verkleinerung des Verfassungschutzes auf die *»unabdingbare Stärke«* an sowie die Einführung des kommunalen Wahlrechts für Ausländer.[61]

Überhaupt plädierte er für ein Einwanderungsgesetz, das eine jährliche Einwanderung von 300 000 bis 400 000 Ausländern nach Deutschland ermöglichen sollte; dies sei jedoch keine multikulturelle Schwärmerei, sondern eine statistische Feststellung, denn unsere Gesellschaft der Zukunft werde multikulturell sein, *»ob wir das wollen oder nicht«*[62]. Schröder wollte dies offenbar, denn dieses Einbürgerungsrecht müsse sich vom Mythos des *»deutschen Blutes«* lösen, sagte er, und er befürwortete eine Gesetzgebung wie in Frankreich oder Schweden, so daß gut zwei Drittel der hier lebenden Ausländer auf Anhieb einen deutschen Paß erhalten könnten. Die sozialen Probleme, die etwa gerade in dem von ihm genannten Beispiel Frankreich mit einer solch liberalen Gesetzgebung verbunden sind, wollte er mit einem *»Maximum an Toleranz«* auf Seiten der Deutschen und einem *»Maximum an Anpassungswillen«* unter den Ausländern lösen.[63] Ein wahrhaft sehr idealistischer Ansatz, der aber leider von dem nicht vorhandenen Realitätssinn der ganzen 68er-Bewegung kündet.

Nach dem Ende des kommunistischen Ostblocks kam Schröder nicht umhin, dem Sozialismus eine Absage zu erteilen, auch wenn er ihn nach wie vor für faszinierend hält.[64] Diese Erkenntnis hielt ihn jedoch auch nach dem Ende der DDR nicht davon ab, zumindest auf Landesebene eine Zusammenarbeit mit der SED/PDS zu befürworten. Die sogenannte »Dresdner Erklärung«, abgegeben von Scharping und den SPD-Fraktionschefs aus den neuen Bundesländern, in der es hieß, eine Zusammenarbeit mit der PDS komme nicht in Frage, tat Schröder gar als *»Firlefanz«* ab. Immerhin eine konsequente Haltung, denn wieso sollte jemand, der der SED-Führung zu DDR-Zeiten so zugeneigt war wie Schröder, nach der Wende eine Kooperation mit der PDS plötzlich ablehnen?! CDU-Generalsekretär Erwin Huber veranlaßte diese Haltung zu der Aussage: *»Wer die SPD wählt, wählt Schröder. Wer Schröder wählt, wählt die Kommunisten an die Macht.«*[65]

Nachdem jedoch in den 1990er Jahren die kommunistische Bedrohung aus dem Osten weggefallen zu sein schien, verschwand auch der Kommunismus als politisches Konzept, das im Gegensatz zur marktwirtschaftlichen Gesellschaftsordnung der Bundesrepublik steht, weitgehend aus der politischen Debatte. Wahlen wurden in der zweiten Hälfte der 1990er Jahre nicht mehr mit politischen Argumenten, sondern durch eine gelungene Selbstinszenierung gewonnen. Dieses Spiel versteht Schröder wie kein Zweiter; so trat er schon 1992 in der ZDF-Serie *Der große Belheim* auf und erschien mit einem Kurzauftritt auch in der Jugendserie *Gute Zeiten, schlechte Zeiten.*[66] Schröder weiß um die Wirkung einer gekonnten Selbstdarstellung und versteht diese zu nutzen. Vielleicht ist dies der Grund, warum er auf die Frage nach seiner Lieblingsreform das Frauenwahlrecht angab.[67]

Schröder als Bundeskanzler

Als Schröder 1990 neuer niedersächsischer Ministerpräsident geworden war, wurde er gefragt, ob er sich vorstellen könne, eines Tages Kanzlerkandidat und auch Kanzler zu sein, worauf er entgegnete: *»Nein, nein! – Das liegt auf dem Level, als ob ich mir vorstellen könnte, einmal Weihnachtsmann zu sein.«*[68] Ganz anders hört sich eine Anekdote an, die in den letzten Jahren so oft in den Medien erzählt wurde, nach der Schröder eines Nachts in angeheitertem Zustand am Tor des Bundeskanzleramts rüttelte und lautstark bekundete, daß er *»da rein«* wolle. Schon zu seiner Zeit als Juso-Vorstand in Göttingen beschränkte sich Schröder angeblich auf die Lektüre des Klappentextes marxistischer Schriften, um in den endlosen Debatten über den korrekten marxistisch-leninistischen Weg mitreden zu können. Offenbar ging es ihm also schon damals weniger um die sozialistische Erlösung der

Menschheit, von der die 68er so leidenschaftlich beseelt waren, als vielmehr um sein eigenes Vorankommen und um die persönliche Karriere. Egal, ob von dem Motiv nach persönlicher Macht getrieben oder aus ideologischem Sendungsbewußtsein heraus, nach der Bundestagswahl 1998 hatte er es jedenfalls geschafft: Rot-Grün kam an die Macht, und Schröder wurde Kanzler. Und da sich sein Kabinett personell weitgehend aus der 68er-Bewegung rekrutierte, hatte ideologisch somit die marxistische Kritische Theorie den Marsch durch die Institutionen und an die Schaltstellen der Macht vollendet. Das Projekt Rot-Grün, so hieß es, werde einen Wandel in der politischen Kultur Deutschlands verkörpern, und tatsächlich zeichnet sich seither ab, daß die Erosion der traditionellen Werte, wie Familie, Marktwirtschaft und Nation, die so typisch für die Bestrebungen der 68er-Bewegung war, nun gezielt bundespolitisch fortgesetzt wird.

Abgesehen vom egalitären Umbau der Gesellschaft konnte die rot-grüne Regierung keine wesentlichen Erfolge verbuchen. Weder ist der Abbau der Arbeitslosigkeit gelungen, mit dem Schröder im Wahlkampf angetreten war, noch hat Rot-Grün den Ausstieg aus der Kernenergie geschafft, und auch außenpolitisch traf Rot-Grün mit der Abkühlung der Beziehungen zu den USA bei gleichzeitiger Annäherung an die KGB-Führungsclique im Kreml eine politische Fehlentscheidung, die nicht im Interesse Deutschlands liegen kann, wie sich künftig noch erweisen wird.

Bezüglich der Kernenergie hatte der ausgesprochene Atomkraftgegner Schröder im Anschluß an den Super-GAU im sowjetischen Kernkraftwerk Tschernobyl im April 1986 noch gesagt: *»Die Konsequenz aus Tschernobyl muß sein: Wir müssen weg von dieser gefährlichen Form der Energieversorgung. Hier steht auch die Frage, ob demokratisch gewählte Politiker gestalten wollen und gestalten können oder ob die Atomlobby in unserem Land siegen soll.«*[69] Daß aber nach siebenjähriger Amtszeit einer rot-grünen Regierung unter Führung dieses ausgemachten Kernkraftgegners noch immer Atomkraftwerke am Netz sind, muß wohl als Eingeständnis verstanden werden, daß rot-grüne Utopien den Notwendigkeiten der Realität schlicht und ergreifend nicht standhalten.

In Anbetracht der Tatsache, daß es die rot-grüne Regierung unter Schröder war, die Deutschland das erste Mal seit 1945 wieder in einen völlig unnötigen Krieg gezogen hatte – gemeint ist der Kosovo-Krieg 1999 –, wußte Schröder wohl, daß er sich die Unterstützung eines zweiten Waffengangs nicht mehr leisten konnte, wenn er wiedergewählt werden wollte. So setzte Rot-Grün vor der Bundestagswahl 2002 auf die Stimmung in der deutschen Bevölkerung, die den von den USA geplanten Krieg gegen den Irak ablehnte, und stellte sich offen gegen die Pläne der US-Regierung, was Schröder, zusammen mit seinen Versprechen zur Wiederaufbauhilfe nach der Oderflut, schließlich die Wiederwahl sicherte. Weniger die tatsächliche Ablehnung dieses Krieges als vielmehr die Mittel, welche die rot-grüne Regierung dabei wählte, sind es, die zu einer deutlichen Abkühlung der transatlantischen Beziehungen und zur Destabilisierung der NATO führten. Vor allem der Schulterschluß mit dem KGB-Offizier Wladimir Putin im Kreml, der seit Jahren einen blutigen Krieg in Tschetschenien führt und den Schröder bei anderer Gelegenheit einen *»lupenreinen Demokraten«* nannte, muß als grober Fehlgriff gewertet werden. Helmut Kohl hatte die deutschen Interessen im letzten Golfkrieg besser vertreten, ohne dabei diplomatische Spannungen zu riskieren. Aber vielleicht verhinderte der latente Anti-Amerikanismus, der den 68ern seit jeher zu eigen ist, ein sensibleres Vorgehen in dieser Frage, vor allem, da die Bush-Regierung von der Reagan-Ära geprägt ist, die schon damals vor allem in den Reihen der Grünen Hysterieausbrüche ausgelöst hatte. Wohlgemerkt, bei der letzten SPD-Regierung unter Helmut Schmidt gab es einen solchen Anti-Amerikanismus nicht, dieser ist also keine typisch sozialdemokratische Eigenschaft, sondern einzig Kennzeichen der politischen Mentalität der 68er-Bewegung.

Da Schröder wirtschaftliche Kompetenz für das A und O

der Regierungskunst hält, stellen auch die ständig steigenden Arbeitslosenzahlen dieser Regierung ein schlechtes Zeugnis aus.[70] Wenigstens gibt Schröder heute zu, daß die marxistische Verstaatlichung der Produktionsmittel, die er vor 25 Jahren bei den Jusos noch gefordert hatte, kein zweckmäßiges Mittel der Wirtschaftspolitik ist.[71] Allerdings scheint er sich noch immer nicht weit genug vom Marxismus entfernt zu haben, den er nach wie vor als interessanten philosophischen Ansatz versteht, daß es für ein funktionsfähiges Konzept zur Ankurbelung der deutschen Wirtschaft reichen würde.[72]

Ein Beispiel für die medienwirksam inszenierte wirtschaftliche Kompetenz der Schröder-Regierung ist der inzwischen in Vergessenheit geratene Fall des traditionsreichen Baukonzerns Philipp Holzmann AG in Frankfurt am Main. Das 1849 gegründete Unternehmen war 1873 am Bau des Frankfurter Opernhauses beteiligt, hatte 1877 in Basel die Wettsteinbrücke über den Rhein gebaut, 1882 den Amsterdamer Hauptbahnhof und 1883 das Empfangsgebäude des Hauptbahnhofs Frankfurt. Die Firma arbeitete 1889 am Nord-Ostsee-Kanal und 1892 am Justizpalast München. Weitere Großprojekte waren 1907 der Elbtunnel in Hamburg, 1910 die Edertalsperre und 1925 der Hindenburgdamm. Nach dem Zweiten Weltkrieg beteiligte sich die Philipp Holzmann AG am Wiederaufbau Frankfurts, war am Bau des Rhein-Main-Flughafens beteiligt und auch an der Frankfurter U-Bahn. Im Jahre 1999, dem Jahr seines 150-jährigen Bestehens, geriet Holzmann in wirtschaftliche Schwierigkeiten, dem Konzern drohte die Insolvenz, zahlreiche Arbeitsplätze standen auf dem Spiel. Doch die Schröder-Regierung machte den Fall Holzmann zur *»Chefsache«*. Mit dem Ergebnis, daß Schröder im November 1999 nach einem Gespräch mit den Banken den vor der Konzernzentrale wartenden Holzmann-Mitarbeitern zurufen konnte: *»Holzmann lebt«*, die Arbeitsplätze seien gesichert, die Bundesregierung werde zur Rettung der Firma 250 Millionen D-Mark beitragen, was von den Medien bundesweit gefeiert wurde.

Im März 2002 meldete Holzmann schließlich klammheimlich Insolvenz an – die »Chefsache« zur Rettung der Philipp Holzmann AG war gescheitert, und schuld daran seien, so Schröder, die Banken.[73]

Außenminister Joschka Fischer

»Mit Revolution verbanden wir niemals nur einen politischen Umsturz, einen anderen Staat, eine andere Macht- und Eigentumsverteilung, sondern vielmehr die Verneinung all dessen. Kein Staat, keine Macht und kein Eigentum. Und so war diese Revolution der Neuen Linken von Anfang an eine unpolitische Revolution, eine Revolution gegen die Politik, und entsprechend unwirklich (aber sehr wirksam!) fiel sie dann auch aus.«[74]
Joschka Fischer im Sponti-Magazin *Pflasterstrand*, 1979

Joschka Fischer wurde am 12. April 1948 in Gerabronn in der Nähe von Crailsheim als drittes Kind eines ungarndeutschen Schlachters geboren, der mit seiner Familie 1946 aus Budapest vertrieben worden war. Im Jahr 1965 brach Joschka Fischer das Gymnasium ab und begann eine Fotografenlehre, die er ein Jahr später ebenfalls abbrach. Im bedeutungsvollen Jahr 1968 zog Fischer nach Frankfurt am Main in eine Wohngemeinschaft des SDS und kam dort in Kontakt mit den Protagonisten der Frankfurter APO, vor allem mit dem Wortführer der Pariser Mai-Krawalle Daniel Cohn-Bendit – eine Begegnung, die Fischers linksradikale Biografie entscheidend prägen sollte. Cohn-Bendit hatte sich in der Frankfurter APO-Szene etabliert, nachdem ihm aufgrund seiner revolutionären Umtriebe zuvor die Wiedereinreise von Deutschland nach Frankreich verweigert worden war. Zusammen mit Cohn-Bendit wurde Fischer aktives Mitglied der Sponti-Gruppierung »Revolutionärer Kampf« und zum Anführer ihrer militanten Unterabteilung, der sogenannten »Putzgruppe«, die sich, vermummt und paramilitärisch organisiert, blutige Schlachten mit der Frankfurter Polizei lieferte. Auch bestanden Kontakte zu anderen linksradikalen Organisationen, wie z. B. der italienischen »Lotta Continua«, deren Frankfurter Sektion unter dem Namen und der Anschrift von Joschka Fischer firmierte.[75]

Fischer beim »Revolutionären Kampf«

Das theoretische Rüstzeug für den Kampf auf der Straße hatte sich Fischer als Gasthörer in Vorlesungen von Vertretern der Frankfurter Schule wie Adorno und Habermas sowie aus der Lektüre revolutionärer Klassiker von Marx bis Mao angeeignet und wurde darin so kundig, daß ihn Cohn-Bendit ursprünglich nicht für den Straßenkampf, sondern für die politische Schulung derjenigen einsetzen wollte, die in die Betriebe gehen und dort Agitation betreiben sollten.[76] Aber Fischer gefiel der Kampf auf der Straße offenbar besser, und so wurden die Rollen anders verteilt: Cohn-Bendit übernahm die politische Agitation, verteidigte revolutionäre Gewalt verbal in der Öffentlichkeit und neigte eher selten und *»ganz spontan«* zum revolutionären Steinewerfen, während der Putzgruppen-Kommandant Fischer seine *»Lust am Schlagen«* ausleben konnte, zu der er sich wörtlich wie folgt bekannte: *»Ich lernte, in der Gewalt zu leben, mit ihr – erfolgreich! – umzugehen und mich psychisch total darauf auszurichten … Daraus wurde dann leicht die Lust am Schlagen, ein tendenziell sadistisches Vergnügen.«*[77] Während Cohn-Bendit sich also hauptsächlich verbal im revolutionären Kampf übte (*»Wir brauchen eine Offensive der Gewalt«*[78]), führte Fischer seine Putzgruppe in die Wälder des Taunus, vielleicht auch in die Nähe des schönen Dörfchens Schloßborn, um seinen Trupp dort paramilitärisch zu drillen und auf die nächste Konfrontation mit der Polizei vorzubereiten. Christian Schmidt schreibt hierzu: *»Sonntags fuhr die Gruppe im geschlossenen Konvoi zu regel-*

rechten Manövern in den Taunus, wo Fischer mit bis zu 40 Leuten Steineschmeißen in Formation (eine Reihe tief, die nächste hoch), einen Keil bilden oder Gefangenenbefreiung in Dreiergruppen übte. Um das Ganze realistischer zu gestalten, wurde ein Teil der Truppe, der bei der Nahkampfausbildung die bösen Bullen spielen mußte, mit bereits im Kampf erbeuteten Schilden und Schlagstöcken ausgerüstet. Ab und zu fiel dieses Revolutionär-und-Gendarm-Spiel allerdings allzu wirklichkeitsnah aus: Dann blieben echte Verletzte oder Ohnmächtige auf dem Waldboden liegen und konnten für die nächsten Wochen beim noch echteren Straßenkampf nicht mehr mitmachen.«[79]

Die Veranstaltung solcher Manöver mußte Fischer mittlerweile selbst zugeben, ebenso wie die Tatsache, daß er damals Steine auf Polizisten geworfen und bei militanten Hausbesetzungen gegenüber Ordnungshütern *»kräftig hingelangt«* hat.[80] Motiviert zu diesem Geständnis wurde er jedoch erst, als Fotos auftauchten, die den damals etwa 25jährigen Joschka Fischer zeigen, wie er, gerüstet mit Motorradhelm und Handschuhen, einen Polizisten niederschlägt und auf den am Boden Liegenden eintritt.[81] Angeblich existiert auch ein früheres Foto, auf dem Fischer zu sehen sein soll, wie er im Mai 1969 durch eine zerschlagene Glastür in das Rektorat der Frankfurter Universität eindringt. Die *Junge Freiheit* schreibt hierzu: *»Anschließend brachen die Besetzer Aktenschränke auf und entnahmen Dokumente. Nach reichlichem Genuß der zur Bewirtung von Gästen vorgesehenen Alkoholika übergaben sich einige der Besetzer auf den Teppich, was die* Frankfurter Rundschau *zu der Schlagzeile veranlaßte: ›Ein Rektorat vollzukotzen ist kein revolutionärer Akt‹. Nach diesem Vandalismus entzog ein erheblicher Teil der Sympathisanten dem SDS seine Unterstützung.«*[82]

Auch wenn sich Fischer mittlerweile von der Gewalt losgesagt hat – vom Marxismus übrigens nicht –, hat er lange für diese Kehrtwendung gebraucht. Damals sprach er noch von der *»tollen Atmosphäre«, »wenn man wußte, daß es gleich* *losgeht«*, und sagte, *»Glück«* und *»Stolz«* hätten ihn erfüllt, wenn er es wieder mal den *»Schweinen ... erfolgreich gezeigt«* habe.[83] Noch 1985 beschrieb er *»die Faszination der Gewalt (...), also das Erfolgserlebnis, einen Polizisten im Zweikampf aus den Socken zu heben«*[84]. Im revolutionären Kampf gegen die Frankfurter Bauspekulation zeigte Fischer sogar eine gewisse Kreativität und reimte: *»Jeder Stein, der abgerissen, wird von uns zurückgeschmissen.«*[85] Befremdlich mutet es jedoch an, daß sich Fischer 1977 mit dem schlimmsten kommunistischen Massenmörder des 20. Jahrhunderts, mit Stalin persönlich, verglich: *»Stalin war so ein Typ wie wir, nicht nur, daß er sich als Revolutionär verstanden und gelebt hat, sondern er war im wahrsten Sinne des Wortes eben auch so ein Typ.«*[86]

Bei solchen Vergleichen darf es nicht verwundern, daß Fischers »Putzgruppe« bei der Frankfurter Polizei bald nicht nur berüchtigt, sondern regelrecht gefürchtet war. Christian Schmidt beschreibt das Maß an Gewaltbereitschaft während einer jener Straßenschlachten: *»›Die Demonstranten zeigten ein bis dahin in Frankfurt am Main nicht gekanntes Ausmaß an Aggressivität und Brutalität. Die Angriffe durch Steinwürfe und Würfe mit schweren Eisenteilen wurden teilweise so heftig geführt, daß die eingesetzten Beamten erst nach mehrmaliger Aufforderung vorgingen. Die Wurfgeschosse waren von solcher Schwere und Größe, daß Lebensgefahr bestand. Außerdem waren die Besetzer mit Latten, schweren Knüppeln, durch Schlaufen am Handgelenk befestigt, Bleirohren, die teilweise auch geschleudert wurden, bewaffnet. Sie verschossen aus sog. ‚Spatzenschleudern' Glaskugeln, die die Schutzschilde der Beamten durchschlugen.‹ Und nicht nur aus der Distanz bekamen die offensichtlich völlig überraschten Einsatzkräfte die Schlagkraft der Putzgrüppler zu spüren. Ein Zugführer berichtete von Kämpfen ›Mann gegen Mann‹, bei denen ihm durch ein ‚scharfes Schneidewerkzeug' eine Schnittwunde an der Hand zugefügt wurde: ›Es wurden mehrere Sehnen durchtrennt, so daß eine Behandlung in der Uni-Klinik erforderlich wurde.‹«*[87] Die Sonderkommandos der Polizei gestanden der

Presse daraufhin: *»Lieber gegen Zuhälter als noch einmal gegen die Politrocker. Sie wollen uns vernichten.«*[88] Der damalige Frankfurter Oberbürgermeister Arndt nannte die Demonstranten gar *»faschistoide Chaoten«*, die schlimmer seien *»als die SA und die SS in der Nazizeit«*[89]. Dieser Vergleich aber ist wahrlich unpassend, betonte der »Revolutionäre Kampf« doch selbst immer wieder seine marxistischen Motive. Er sei die *»revolutionäre Gegenmacht«* zur Frankfurter Stadtregierung und drohte damit, die ganze Stadt lahmzulegen, um damit zu *»dokumentieren, daß das Recht dieses Staates immer nur das Recht der Besitzenden meint, und daß dieses Recht in Frage gestellt und gebrochen werden muß, um der Bevölkerung zu ihrem Recht zu verhelfen«*[90]. Fischer betonte als Sprecher seiner »Putzgruppe«, es gebe in dieser Auseinandersetzung nur zwei Möglichkeiten: Entweder man entscheide sich für einen *»Reformismus, der letztendlich die Praxis des Kapitals darstellt«*, oder für das, *»was als Aktionen von Politrockern diffamiert wird, was in Wirklichkeit aber heißt: Massenwiderstand gegen die reaktionäre Gewalt gewaltsam zu organisieren«*[91]. Man beachte die Formulierung *»... gewaltsam zu organisieren«*!

Zweifellos wurde der »Revolutionäre Kampf« damals ernst genommen, in der *Frankfurter Neuen Presse* hieß es sogar, es sei *»nicht auszuschließen, daß sich nach Frankfurter Beispiel inmitten der Großstädte eine Art Nebenregierung bildet, gestern die Uni-Räte, heute die Häuserräte, morgen vielleicht die Räte der besetzten Fabriken«*[92].

Gerne wird heute behauptet, solche Aktionen seien damals ein legitimes Mittel gewesen, um damit gegen eine angeblich vorhandene Restauration des Faschismus oder eine irgendwie geartete reaktionäre Unterdrückung vorzugehen. Dabei wird aber wohlweislich verschwiegen, daß die Straßenschlachten der »Putzgruppe« während der Regierungszeit Willy Brandts stattfanden, dessen Politik man ganz sicher keine rechten oder gar rechtsextremen Ansätze nachsagen kann.

Seinen Lebensunterhalt verdiente Fischer, der nie eine richtige Berufsausbildung abgeschlossen hat, während seiner Zeit beim Revolutionären Kampf übrigens mit Gelegenheitsjobs, z. B. beim Versuch, die Opel-Arbeiter politisch auf Kurs zu bringen, weshalb er nach einem halben Jahr fristlos entlassen wurde, oder als Taxifahrer oder auch beim Buchhandel, den er, wie Christian Schmidt schreibt, auf folgende Weise betrieb: *»Zu jener Zeit lebte der junge Joschka hauptsächlich vom strategisch gut geplanten Bücherklau. Sogar Buchhandlungen in benachbarten Städten wie Darmstadt oder Wiesbaden suchte er heim. Sicher eine läßliche Jugendsünde. Wenn man nicht rund 30 Jahre später als angehender Staatsmann in der* Bild am Sonntag *tönen würde: ›Diebstahl ist nicht akzeptabel und muß geahndet werden.‹«*[93]

Fischer auf der PLO-Konferenz

Ein erster Kontakt zum internationalen Terrornetzwerk dürfte sich für Fischer wohl auf einer PLO-Konferenz in Algier ergeben haben, an der er 1969 als Delegierter teilnahm, wie die Sendung *Report* aus München am 12. Februar 2002 berichtete.[94] Fischer streitet seine Teilnahme heute zwar nicht ab, relativiert jedoch die Motive dazu mit den Worten: *»Es war eine Möglichkeit, umsonst ins Ausland zu kommen, um's mal im Klartext zu sagen. Aber politisch war es meines Erachtens eine Fehlentwicklung, war es ein falscher Schritt. Weil: Es hat sich gezeigt, daß diese Israel-Kritik eben doch im Antisemitismus endete. Doch in Terror und Gewalt endete.«*[95] Unklarheit besteht allerdings, ob Fischer die Konferenz bereits nach einer Stunde gelangweilt verlassen hat, wie sein Staatssekretär Ludger Vollmer aussagt, oder, wie andere Stimmen behaupten, ob er von Anfang bis Ende dabei war, also auch dann noch, als die Abschlußresolution gegen Israel verlesen wurde.[96] Eine pikante Frage vor allem vor dem Hintergrund dieser Konferenz, den die *Tagesschau* der ARD im Dezember 1969 wie folgt zusammenfaßte: *»Das Resultat dieser Konferenz steht* *fest, noch ehe sie richtig begonnen hat. Al Fatah wird von den arabischen Regierungen beauftragt, den Kampf gegen Israel zu führen – so lange allein, bis die Armeen einen höheren Ausbildungsstandard erreicht haben. Die Palästinenser sollen die Befreiung ihres Landes zunächst selbst in die Hand nehmen. Die Regierungen sind bereit, dafür Geld zu geben.«*[97] Tatsache ist, daß bei jenem internationalen Treffen in Algier die Solidarität mit der Palästinenserbewegung PLO auf der Tagesordnung stand. Wäre Fischer tatsächlich bis zur Verlesung der Resolution anwesend gewesen, dann müßte er sich den Vorwurf gefallen lassen, diese damals zumindest stillschweigend mitgetragen zu haben. Hat er, oder hat er nicht? Das ist eine Frage, die sich bei der Betrachtung von Fischers Vergangenheit noch öfter stellen wird.

Fischer und die RAF

Die Frage, ob er nun hat oder nicht, stellt sich beispielsweise auch in der Angelegenheit um Fischers Kontakte zu Terroristen aus dem Umfeld der RAF. Hatte er solche, oder hatte er sie nicht? Und wie stand er damals zum Terror der RAF?

Tatsache ist, daß Fischer nach den Serienmorden an Buback, Ponto und Schleyer im »Deutschen Herbst« 1977 mit sich uneins war: *»Bei den drei hohen Herren mag mir keine rechte Trauer aufkommen, das sage ich ganz offen für mich.«*[98]

Tatsache ist auch, daß sich Hans Joachim Klein, einer von Fischers Genossen in der »Putzgruppe«, der Fischer als seinen Freund und als sein politisches Vorbild bezeichnete, 1974 der Terrorgruppe »Revolutionäre Zellen« anschloß und in den Untergrund ging. Im folgenden Jahr war Klein am Überfall auf die OPEC-Minister in Wien beteiligt, bei dem drei Menschen getötet und 70 als Geiseln genommen wurden. Anführer bei diesem Anschlag war kein geringerer als der internationale Top-Terrorist und KGB-Agent Illyich Ramirez Sanchez, genannt »Carlos«. Klein selbst wurde bei dem Überfall verletzt, konnte aber entkommen, um sich anschließend von den »Revolutionären Zellen« loszusagen und erneut im Untergrund zu verschwinden. Erst 1998 konnte er in der Normandie festgenommen werden.

Auch Carlos konnte mittlerweile gefaßt werden und behauptet, seine Gruppe, die »Revolutionären Zellen«, habe Anfang der 1970er Jahre Waffen und Sprengstoff in der Wohnung von Fischer und Cohn-Bendit gelagert, was die beiden jedoch als *»völligen Quatsch«* und *»Unsinn«* bezeichnen.[99] Auch der Vorsitzende der hessischen FDP-Landtagsfraktion, Jörg-Uwe Hahn, behauptete, Fischer habe Kontakt zu den »Revolutionären Zellen« gehabt.[100] Wieder stellt sich die Frage: Hat er, oder hat er nicht?

Unbestritten ist zumindest, daß das Bekennerschreiben der »Revolutionären Zellen« nach dem Mord am hessischen Wirtschaftsminister Heinz Herbert Karry in Cohn-Bendits Magazin *Pflasterstrand* erschien. Doch auch in dieser Angelegenheit bleiben ungeklärte Fragen zurück. So heißt es nämlich, daß die Waffe, mit der Karry im Mai 1981 erschossen wurde, zuvor von Hans-Joachim Klein in Fischers Auto transportiert worden war. Fischer behauptet, Klein den Wagen lediglich gegeben zu haben, um von ihm einen neuen Motor einbauen zu lassen. Erst später habe er erfahren, daß mit dem Auto Waffen transportiert wurden, die aus einer amerikanischen Kaserne gestohlen worden waren.[101]

Anläßlich des Gerichtsverfahrens gegen Hans-Joachim Klein wegen seiner Beteiligung am Wiener OPEC-Überfall wurde Joschka Fischer im Januar 2001 als Zeuge befragt und verstrickte sich dabei in so erhebliche Widersprüche, daß wieder die Frage im Raum stehen blieb: Hat er im Jahr 1973 eine steckbrieflich gesuchte Terroristin der RAF in seiner Wohnung beherbergt, oder hat er nicht? – Das damalige RAF-Mitglied Margit Schiller behauptet ersteres nämlich in ihrer Autobiografie. Sie schreibt: *»Nachdem ich in Hamburg die Proletarische Front kennengelernt hatte, wollte ich mir auch die Gruppe Revolutionärer Kampf in Frankfurt ansehen. Als* *ich dorthin kam, lud mich Daniel Cohn-Bendit ein, in seiner Wohnung zu wohnen. Ich nahm sein Angebot an und blieb ein paar Tage dort. Er wohnte mit Joschka Fischer und anderen in einer großen Altbauwohnung. Ich frühstückte mit ihnen, und spät abends zogen wir gemeinsam durch die Kneipen.«*[102] Dazu befragt, sagte Fischer jedoch: *»Nein, mit der habe ich nie zusammengewohnt.«*[103] Er gab an, nie Terroristen bei sich aufgenommen zu haben, was er später teilweise mit der Erklärung zurücknahm, Schiller sei damals möglicherweise im selben Haus untergekommen, in dem es neben seiner Männer-WG noch mehrere Frauen-WGs gegeben habe.[104] Diese Aussage brachte Fischer mehrere Anzeigen wegen uneidlicher Falschaussage ein, die dazu führten, daß die Staatsanwaltschaft ein Ermittlungsverfahren gegen Fischer einleitete. Die Diskrepanz zwischen der Aussage Fischers im Klein-Prozeß und der Darstellung der ehemaligen Terroristin Margit Schiller in ihrem Buch begründe einen Tatverdacht, so die Behörde.[105]

Sowohl die durch diesen Prozeß ans Licht der Öffentlichkeit gekommene gewalttätige Vergangenheit Fischers als auch seine dubiosen Aussagen lösten in den folgenden Wochen eine Diskussion darüber aus, ob ein Mann mit einer solchen Vergangenheit wie Fischer als Außenminister der Bundesrepublik tragbar ist oder nicht. Dabei stand jedoch ausschließlich seine Militanz zur Debatte, nicht aber seine politische Ausrichtung, daß sich Fischer damals nämlich offen zum Marxismus bekannt hatte und am Sturz des »Schweinesystems« arbeitete, wie die marktwirtschaftliche Bundesrepublik damals genannt wurde. Offenbar ist das kein Grund zur Empörung.

Fischers Abkehr von der Gewalt

Auch wenn mittlerweile gerne erzählt wird, das Entsetzen über den *»menschenverachtenden Terror der RAF«* sei es gewesen, das Fischer und seine Genossen vom »Revolutionären Kampf« schließlich zur Einsicht und damit zur Abkehr von der Gewalt brachte, so gibt es auch hierzu eine andere Version, nämlich die der persönlichen Schuld im Zusammenhang mit zwei Demonstrationen, bei denen es zum Einsatz von Molotow-Cocktails gekommen war – mit beinahe tödlichem Ausgang.

Der erste dieser beiden Angriffe fand im September 1975 auf das spanische Generalkonsulat statt, ohne daß es hierbei zu tragischen Konsequenzen kam; es blieb weitgehend bei Sachschäden, für die Demonstranten damals ein historischer Sieg.[106] Fischer soll, wie Hessens Ministerpräsident Roland Koch unter Berufung auf eine Akte des Verfassungsschutzes behauptete, daran beteiligt gewesen sein und werde mit dem Einsatz der Molotow-Cocktails in Verbindung gebracht.[107]

Weitaus tragischer verlief die Verwendung dieser Brandbomben während der sogenannten Meinhof-Demonstration am 10. Mai 1976. Am Tag zuvor hatte sich die inhaftierte Terroristin Ulrike Meinhof in ihrer Zelle in Stuttgart-Stammheim erhängt. In den Augen vieler Radikaler jener Zeit handelte es sich jedoch um einen Mord, wenn man sich auch nicht einigen konnte, ob sie tatsächlich ermordet oder, O-Ton Fischer, *»von der Reaktion in den Tod getrieben, im wahrsten Sinne des Wortes vernichtet«* worden sei.[108] Der Tod Meinhofs löste zahlreiche linksradikale Reaktionen aus, so auch die folgenschwere Demonstration in Frankfurt, bei der ein bis heute unbekannter vermummter Demonstrant einen Molotow-Cocktail auf das Auto des 23jährigen Polizeiobermeisters Jürgen Weber warf. Dieser konnte sich nicht selbst aus dem brennenden Wagen befreien und mußte von seinen Kollegen vom Fahrersitz gezerrt werden. Bei dem Angriff erlitt er so schwere Brandverletzungen – 60 % seiner Haut waren verbrannt –, daß er einen Kollegen anflehte, er möge ihn erschießen.[109] Die Ärzte, die ihn in einer Ludwigsburger Spezialklinik behandelten, bezeichneten seine Überlebenschancen als gering, und der junge Polizist schwebte mehr als einen Monat lang in

Lebensgefahr, überlebte aber allen Prognosen zum Trotz dann doch.[110]

Wer der Werfer des Molotow-Cocktails ist, weiß man nicht. Fischer behauptet, niemals Brandsätze geworfen oder andere dazu angestiftet zu haben, jedoch wird ihm vorgeworfen, er habe, als führender Kopf der Frankfurter Sponti-Szene, am Abend zuvor in der entscheidenden Versammlung der Demonstranten, in der es um die Frage ging, ob am folgenden Tag Molotow-Cocktails eingesetzt werden sollten oder nicht, deren Einsatz befürwortet.[111] In einem Artikel der *Junge Freiheit* ließt man hierzu folgendes: *»Die Verklärung der Sache wurde so zur Sache selbst: Natürlich habe man sich mit der Polizei geprügelt, und Steine seien auch geflogen, aber nie habe er Brandsätze geworfen oder andere dazu angestiftet. Das hatte der ehemalige SDS-Funktionär und RK-Genosse Udo Riechmann offenbar noch ganz anders in Erinnerung. Im Mai 1998 gab er gegenüber Christian Schmidt, dem Autor von* Wir sind die Wahnsinnigen, *eine eidesstattliche Versicherung ab, nach der Fischer sehr wohl am 9. Mai 1976, dem Vorabend der sogenannten Meinhof-Demonstration, die Verwendung von Molotow-Cocktails befürwortet habe. (...) Jetzt hat Riechmann diese ›eidesstattliche Versicherung‹ zwar als ›nicht autorisiert‹ bezeichnet und ihre Verwendung untersagt, aus der Welt ist sie damit aber noch lange nicht.«*[112] Auch bei anderer Gelegenheit schien Fischer den Einsatz von Brandbomben befürwortet zu haben, so behauptet zumindest Elisabeth Heidenreich, die in *Panorama* von einer Diskussion über Molotow-Cocktails bei Häuserbesetzungen erzählt hat, bei der Joschka Fischer angeblich erst von seiner Meinung abgebracht werden mußte, Brandsätze seien richtig.[113] In einem Artikel des Nachrichtenmagazins *Der Spiegel* heißt es: *»Am Vorabend der Meinhof-Demonstration gab es angeblich eine Diskussion über den Einsatz der Molotow-Cocktails. Niemand hat Joschka Fischer vorgeworfen, daß er tags darauf Brandsätze geschleudert habe, niemand hat ihn für die schwere Verletzung des Polizisten verantwortlich gemacht. Aber es* *gibt verschiedene Aussagen, daß er in der Diskussion für den Einsatz von Molotow-Cocktails war.«*[114]

Diese Aussage ist nicht ganz korrekt, denn *Der Spiegel* schreibt am selben Tag, zumindest moralisch werde Fischer sehr wohl verantwortlich gemacht, und zwar von dem damals so schwer verletzten Polizeibeamten Weber. Dieser halte Fischer für die laut Eigeneinschätzung *»zentrale«* Figur der gewaltlüsternen Szene, für *»moralisch«* verantwortlich.[115]

Und auch der damalige Frankfurter Polizeipräsident Knut Müller verdächtigte u. a. Fischer der Tat. Am selben Abend noch trat er in der Nachrichtensendung des hessischen Fernsehens, der *Hessenschau*, auf, um die Bevölkerung um Mithilfe zu bitten. Christian Schmidt schreibt hierzu: *»Assistiert von Staatssekretär Werner zeigte er Ausschnitte aus Polizeivideos und Fotos von fünf ›Terroristen‹, die seiner Meinung nach nicht nur bei dem Angriff auf das spanische Generalkonsulat dabeigewesen waren, sondern auch im jüngsten Fall als besonders schwer belastet galten: zwei Studenten, ein Schlosser, ein Elektroingenieur sowie ein Mann mit Bart und Brille, aber ohne Beruf: ›der 28jährige Josef Martin Fischer‹. Damit schien der Putzgruppenkämpfer nach jahrelangen militanten Aktionen erstmals in echten Schwierigkeiten zu sein.«*[116]

Einige Verdächtige, darunter Fischer, waren festgenommen worden, jedoch konnte ihnen trotz des Aufrufes im Fernsehen nichts nachgewiesen werden, so daß die ersten sechs Festgesetzten bereits am nächsten Nachmittag wieder freigelassen werden mußten. Den Rest, darunter auch Joschka Fischer, führte man wegen dringender Verdachtsmomente dem Haftrichter vor.[117] Fischer blieb zwei Tage im Polizeigewahrsam, jedoch verliefen alle Ermittlungen schließlich aus Mangel an Beweisen im Sande, und der Mordversuch an dem Polizeibeamten Weber blieb bis heute ungeklärt.[118]

Sofort danach löste sich Fischers »Putzgruppe« auf, und er begann sein Verhältnis zur Gewalt zu überdenken.[119] Was genau bei jener Demonstration abgelaufen ist, wissen wohl nur die damals Beteiligten selbst. Auch was Fischer von der Polizei konkret vorgeworfen wurde, ist nie öffentlich bekannt geworden, allerdings soll er sich hierzu einmal wie folgt geäußert haben (Hervorhebungen von ihm selbst): *»Damals hatte uns die REPRESSION am Wickel, und es hätte nicht viel bedurft, damit wir daran endgültig kaputtgegangen wären (mit Einzelheiten kann ich hier leider nicht dienen).«*[120] Christian Schmidt stellt hierzu die interessante Frage: *»Wieso drohte er hier ›endgültig kaputtzugehen‹, wenn er ›wußte, daß es sich um eine Provokation handelte und diese Diffamierungskampagne zu nichts führen würde‹, wie er 1985 in einem von Daniel Cohn-Bendit geführten Interview lakonisch verlautbaren ließ?«*[121] In einem weiteren Text, der *»sich sehr konkret auf die Erfahrungen nach dem bewußten Montag (nach Ulrikes Tod)«* bezieht, schrieb Fischer: *»Wir Militanten in der Spontibewegung (PUTZGRÜPPLER etc.) haben dabei im wesentlichen eine ähnliche Erfahrung durchlaufen wie die Genossen der Stadtguerilla* (die RAF, Anm. d. Autors) … *Und diese IM WESEN gleichlaufende Entwicklung, diese gleichartige Verarbeitung von Unterdrückungserfahrungen und Ängsten bei Spontimilitanten und Stadtguerilla, hat uns in eine ähnliche Sackgasse abgleiten lassen, wobei mir die Unterschiede klar sind, am wichtigsten wohl der, daß keiner aufgrund unserer Aktion BISHER im Knast sitzt.«*[122] Anschließend rief er die Genossen der RAF dazu auf, *»Schluß zu machen mit diesem Todestrip, runterzukommen von ihrer ›bewaffneten Selbstisolation‹, die Bomben wegzulegen und die Steine und einen Widerstand, der ein anderes Leben meint, wieder aufzunehmen«*.[123] Man könnte sich aber auch, so Fischer, *»nicht einfach von den Genossen der Stadtguerilla distanzieren, weil wir uns dann von uns selbst distanzieren müßten, weil wir unter demselben Widerspruch leiden, zwischen Hoffnungslosigkeit und blindem Aktionismus hin- und herschwanken. Aber aus demselben Grund müssen wir die Aktionen der Genossen der Stadtguerilla entschieden angreifen, weil wir wissen und fühlen, daß sie Selbstaufgabe bedeuten, den Verzicht auf Leben, den Kampf bis zum Tod und damit Selbstvernich-*

tung.«[124] Auch wenn sich Fischer in jenen Jahren von der Gewalt lossagte, seiner politischen Überzeugung blieb er dennoch treu.

Fischers neues Betätigungsfeld – die Grünen

Wie so viele Abkömmlinge der aufgelösten APO, die gegen Ende der 1970er Jahre nicht wußten, wohin mit ihrer revolutionären Energie, fand auch Joschka Fischer seinen Weg zu den Grünen, denen er 1982 beitrat. Interessanterweise besuchte er bis zum Start seiner steilen politischen Karriere, mit der er es über den deutschen Bundestag und den Posten des hessischen Umweltministers schließlich bis zum Außenminister bringen sollte, nur eine einzige Parteiversammlung der Grünen.[125] Sein Sponti-Genosse Daniel Cohn-Bedit wurde sogar erst 1984 Mitglied bei den Grünen.[126] Wie erklärt sich dieses anfängliche Desinteresse der führenden Frankfurter Spontis an der Grünen Partei, die doch schon 1980 in Karlsruhe gegründet worden war? *Der Spiegel* kennt die Antwort: *»›Seien wir doch mal ehrlich‹, beschrieb Fischer seine ›Politik in der ersten Person‹, ›wer von uns interessiert sich denn für die Wassernotstände im Vogelsberg, für Stadtautobahnen in Frankfurt, für Atomkraftwerke irgendwo, weil er sich persönlich betroffen fühlt?‹ Das Desinteresse der Spontis an den grünen ›Ökospießern‹ – die sich im Januar 1980 in Karlsruhe ohne Fischer als Bundespartei konstituierten – änderte sich schlagartig, nachdem die Frankfurter Grünen bei der Rathauswahl ein Jahr später auf Anhieb 6,4 Prozent erobert hatten: Die frustrierten Häuptlinge der bankrotten Sponti-Bewegung begriffen, daß der Weg zur Macht durchs Grüne führte; überdies winkten Diäten und Staatsknete aus der sogenannten Wahlkampfkostenerstattung. Erst anderthalb Jahre nach der Parteigründung trat Fischer ein – dann aber mit Karacho, mitsamt seiner ›Fischer-Gang‹, wie seine Sponti-Truppe bald von den Altgrünen um die Radikal-Ökologin Jutta Ditfurth genannt* *wurde.«*[127] Fischers Spontis traten den Grünen bei, nicht um fortan grüne Politik anstelle von Revolution zu machen, sondern um die Revolution in die grüne Politik zu bringen. In den Worten der *Junge Freiheit*: *»Vor allem in Hessen hatten KBW und Frankfurter Putzgruppe eine Einheitsfront gebildet, um die Grünen zu unterlaufen.«*[128] Cohn-Bendits langjährige Lebensgefährtin Barbara Köster kommentierte das Vorgehen und die Absichten der Spontiführer, die sie persönlich kannte, 1985 mit den folgenden Worten: *»Sie machen das bei den Grünen, was sie immer gemacht haben: Es entsteht was, sie müssen den Fuß reinkriegen und dann müssen sie's übernehmen, und dann ist es kaputt, weil es keinen Inhalt mehr hat.«*[129]

Schon 1981 hatten Fischer und Cohn-Bendit, noch ohne selbst Mitglied in der neuen Partei zu sein, in Frankfurt den Arbeitskreis Realpolitik initiiert, der sich aus Sponti-Kreisen zusammensetzte und für die Grünen realpolitische Positionen formulierte. In der Folge entstand der bekannte innerparteiliche Machtkampf zwischen »Realos« (Fischers Spontis) und »Fundis« (»Öko-Fundamentalisten«), bei denen sich Fischer schließlich mit seiner Gruppe durchsetzen konnte und im Bundestagswahlkampf 1983 als Kandidat für die Grünen antrat. Erfolgreich in den Bundestag eingezogen, benahm er sich dort auch genau so, als ob er von der Straße komme, den Bundestagspräsidenten Richard Stücklen z. B. nannte er – *»mit Verlaub«* – ein *»Arschloch«*, was ihm einen kurzzeitigen Ausschluß aus dem Plenarsaal einbrachte.[130] Christian Schmidt faßt zusammen: *»Seit 1968 war Fischers wilder Haufen unterwegs, den Staat, die ›Scheißarbeit‹ und die Ausbeutung ein für allemal abzuschaffen. Auf revolutionärem Wege wollte man ›das Kapital zerschlagen‹ und ›die Welt endlich bewohnbar machen‹. In der zweiten Hälfte der Siebziger setzte man auf die Alternativbewegung, die die herrschenden Verhältnisse langsam und schleichend zersetzen sollte.«*[131]

Fischer und die deutsche Einheit

Ein unrühmliches Kapitel ist auch Fischers Verhalten in der Frage der deutschen Einheit. Der ursprüngliche NATO-Gegner Fischer wollte in jenem Punkt Flexibilität zeigen, wenn *»die Rechten«* im Gegenzug auf die *»heilige Illusion«* der deutschen Wiedervereinigung verzichten würden. Er erklärte damals: *»Im eigenen Interesse müßte man diese deutsche Karte ... ein für allemal verbrennen. Das heißt, selbst wenn eine Wiedervereinigung angeboten würde, müßte man sie ablehnen ... Denn es wird allen Beteiligten besser gehen, wenn es so bleibt, wie es ist.«*[132] Allen Beteiligten? Also auch jenen Millionen Deutschen, die im Osten des Landes in einer kommunistischen Diktatur gefangen waren, aus der es unter Androhung des Todes entlang des »Antifaschistischen Schutzwalls« kein Entrinnen gab? Noch bis 1989 hielt er an den beiden Alternativen fest: Entweder Westdeutschland bleibt in der NATO und es werde keine Wiedervereinigung geben, oder die deutsche Einheit findet statt, aber bei gleichzeitigem Austritt aus der NATO: *»Die Grundsatzentscheidung wird heißen: europäische Einigung und Westintegration oder staatliche Wiedervereinigung der beiden deutschen Staaten. Beides zusammen wird es nicht geben.«*[133] Interessanterweise entspricht Fischers Forderung exakt den Vorstellungen des Kreml, der jahrzehntelang eine deutsche Einheit nur unter der Bedingung einer Neutralität des wiedervereinigten deutschen Staates zulassen wollte, eine solche aber selbst mehrfach schon unter Chruschtschow vorschlug. Wie sowjetische Überläufer längst verraten hatten, sah die sowjetische Strategie in der deutschen Frage so aus, daß das wiedervereinigte Deutschland politisch finnlandisiert und an den Ostblock angenähert werden sollte. Langfristig ging es hierbei vor allem um den Abzug der amerikanischen Truppen und um die politische Isolierung ganz Westeuropas von den USA. Noch im Sommer 1989 machte Fischer Front gegen die deutsche Einheit: *»Ein wiedervereintes Deutschland wäre für unsere Nachbarn nicht* *akzeptabel. Das Wiedervereinigungsgebot im Grundgesetz wäre in seiner Konsequenz ein Unglück für das deutsche Volk. Ich kann mir nicht vorstellen, welchen Vorteil die Deutschen von einer Wiedervereinigung hätten!«*[134] Selbst noch bei der Bundestagswahl 1990 wollten die Grünen von der Wiedervereinigung nichts wissen und warben mit dem Slogan: *»Alle reden von Deutschland. Wir reden vom Klima.«*

Als die Wiedervereinigung dann doch kam, und anders, als Fischer sie sich vorgestellt hatte – das wiedervereinigte Deutschland blieb schließlich in der NATO –, vermeldete er im Oktober 1990 zähneknirschend: *»So werde ich jetzt also wiedervereinigt, ob es mir paßt oder nicht. Und also, pragmatisch wie unsereins nun mal geworden ist, paßt sie mir, die deutsche Einheit, weil sie mir zu passen hat.«*[135]

Fischers Verhältnis zum Marxismus in den 1990er Jahren

Gleich mehrfach stellte Fischer auch in den 1990er Jahren, d. h. zu einer Zeit, in der das realsozialistische Experiment im Ostblock längst gescheitert zu sein schien, noch klar, daß er nach wie vor an seiner marxistischen Überzeugung festhalte. Als neue Rechtfertigung hierfür nannte er die Globalisierung als die neue politische Herausforderung nach dem Ende des Kalten Krieges, die offenbar nur mit einer marxistischen Politik in sozial gerechter Weise durchgeführt werden könne. In einem Interview mit dem österreichischen Nachrichtenmagazin *Profil* vom 30. Juni 1997 sagte er: *»Ich entdecke mehr und mehr, wie sehr ich doch Marxist geblieben bin. In der Globalisierungsdiskussion fallen mir sofort die alten Fragen nach Produktionsverhältnissen und Produktivkräften ein. Von der Transformation, die das Kapitalverhältnis notwendig immer wieder herbeiführt, habe ich schon bei Marx gelesen. Und wenn ich von Kapitalverhältnissen und Produktivkräften rede, dann komme ich doch sofort über Kreuz mit nationalen Größenordnungen. Die Linke tut sich plötzlich schwer mit* *der Globalisierung, weil sie sie nicht mehr mit dem Weichzeichner des Internationalismus sieht. Das finde ich falsch. Am Weltmarkt teilzunehmen bedeutet nicht nur, Teil der Ausbeutung zu werden, sondern auch Teil des sozialen Ausgleichs. Die Linke wird um die soziale und ökologische Regulierung der Globalisierung zu kämpfen haben, und zwar nicht durch den Rückzug hinter nationalstaatliche Protektionismusmauern. In diesem Kontext ist Europa ein objektiv linkes Projekt. Daß es heute hauptsächlich ein neoliberales Projekt ist, sollte doch eher Anlaß zu linker Selbstkritik sein.«*[136] Europa und die Globalisierung als linkes Projekt? Fischer gibt sich in weiser Voraussicht nun offenbar nicht mehr mit der revolutionären Umgestaltung der Bundesrepublik zufrieden, die so lange Jahre Triebfeder der deutschen 68er-Bewegung war – schließlich ist die deutsche Politik seit dem Regierungsantritt der rot-grünen Koalition ein Jahr später ja auch fest in linker Hand, der Marsch durch die Institutionen im folgenden Jahr somit erfolgreich abgeschlossen worden. Von nun an gilt es, offenbar ganz Europa, oder besser noch die ganze Welt, marxistisch umzukrempeln, d. h. das alte kommunistische Ziel, die Nationalstaaten abzuschaffen, wäre unter dem Deckmantel der Globalisierung nun endlich gelungen. Vor diesem Hintergrund ist die Globalisierung als linkes Projekt somit gleichzusetzen mit einer schleichend und subtil durchgeführten Weltrevolution. Den Begriff der Weltrevolution im Zusammenhang mit der Globalisierung verwendet Fischer in seinem 1998 erschienenen Buch *Für einen neuen Gesellschaftsvertrag*, in dem er hemmungslos mit Marx argumentiert, auch selbst: *»Die Globalisierung ist das große Thema der Welt nach dem Ende des Kalten Krieges. Sie ist einerseits ein realer wirtschaftlicher Prozeß, andererseits aber auch eine Metapher für jene unvorhergesehene Weltrevolution, die der plötzliche Zusammenbruch des Sowjetkommunismus ausgelöst hat und deren Erklärung sich den klassischen, an den großen europäischen Revolutionen der vergangenen zweihundert Jahre entwickelten Begriffen zu entziehen scheint. Es ist erstaunlich,* *daß es nun gerade die beiden Totgesagten, nämlich Karl Marx und Friedrich Engels, sind, die mit ihrem* Kommunistischen Manifest *offensichtlich die naheliegendste Erklärung der Globalisierungsrevolution geliefert haben.«*[137]

Da mit einem Bekenntnis zum Marxismus streng genommen auch immer ein Bekenntnis zur Gewalt verbunden ist – schließlich kommt der Gewalt in der marxistischen Ideologie eine zentrale Rolle zu –, stellt sich die Frage, wie glaubwürdig Fischers angebliche Abkehr von der Gewalt in der zweiten Hälfte der 1970er Jahre eigentlich ist. Denn Pazifismus und Marxismus gleichzeitig kann es nicht geben, wenn es schon im *Kommunistischen Manifest* aus der Feder von Karl Marx und Friedrich Engels heißt: »*Die Kommunisten verschmähen es, ihre Ansichten und Absichten zu verheimlichen. Sie erklären es offen, daß ihre Zwecke nur erreicht werden können durch den gewaltsamen Umsturz aller bisherigen Gesellschaftsordnung.«*[138] Entweder hat Fischer also keine Ahnung vom Marxismus, was man ihm angesichts seiner Vergangenheit wohl eher nicht unterstellen kann, oder sein Pazifismus ist nicht mehr als ein Lippenbekenntnis. Als dritte Möglichkeit zur Erklärung der aufgezeigten Diskrepanz bliebe auch reine Inkonsequenz. Von einer theoretisch vierten Möglichkeit, nämlich jener, daß Fischer ein Pazifist im leninistischen Sinne ist, also einer, für den der Gewaltverzicht auf die Seite des kapitalistischen Lagers beschränkt bleibt, während auch eine gewaltsame linke Revolution ein Akt des Pazifismus darstellt, wollen wir an dieser Stelle einmal absehen. Halten wir an der dritten Möglichkeit fest, d. h. Fischer wäre ein inkonsequenter, quasi ein halber Marxist. Aber auch ein halber Marxist macht noch keinen Konservativen, also niemanden, der Bewährtes bewahren will. Selbiges aber hat Fischer auch niemals behauptet, ganz im Gegenteil, denn in dem bereits zitierten Interview mit dem Nachrichtenmagazin *Profil* erklärte er: »*Unsere Generation hat eine Werterevolution ausgelöst. Heute braucht es aber eine solche Werterevolution nicht mehr. Heute gibt es allenfalls eine Wertekontroverse.«*[139] Nein, Herr

Fischer, nach der »Werterevolution« Ihrer Generation gibt es heute überhaupt keine Werte mehr!

Aber Fischer scheint noch nicht am Ende mit seiner Philosophie, regelrecht angst und bange könnte es einem werden, wenn Fischer in jenem Buch wieder einmal den *»weitsichtigen«* Marx zitiert und von bevorstehenden revolutionären Veränderungen spricht: *»Alle Zeichen der Zeit sprechen für große, ja für revolutionäre Veränderungen in den beiden kommenden Jahrzehnten, während die klassischen Protagonisten von Veränderung, von Reform, ja bisweilen selbst von Revolution, die Linke also, zu ängstlichen Besitzstandswahrern und erschrockenen Verteidigern des erreichten Status quo verkümmert zu sein scheinen. Wie sagte doch dagegen ganz anders Karl Marx? ›Eine Gesellschaftsformation geht nie unter, bevor alle Produktivkräfte entwickelt sind, für die sie weit genug ist, und neue höhere Produktionsverhältnisse treten nie an die Stelle, bevor die materiellen Existenzbedingungen derselben im Schoß der alten Gesellschaft selbst ausgebrütet worden sind.‹«*[140] Kündigt Fischer mit diesem Satz etwa den bevorstehenden revolutionären Untergang der bisherigen *»Gesellschaftsformation«*, der *»alten Gesellschaft«* an? Ist die kommunistische Ideologie wirklich so tot, wie nach dem Ende der Sowjetunion allgemein geglaubt wird, oder ist sie nur scheintot und wartet geduldig auf ihre große Stunde in einer globalisierten Weltordnung?

Fischer als Außenminister

Nachdem die rot-grüne Koalition siegreich aus den Bundestagswahlen 1998 hervorgegangen war, wurde Joschka Fischer vom neuen Bundeskanzler Gerhard Schröder zum Außenminister und damit zum Vizekanzler ernannt. Dem militanten Straßenrevolutionär ohne Berufsausbildung von einst, dessen Ziel es damals war, den Staat abzuschaffen, war es gelungen, in die höchsten Spitzen der Bundesregierung aufzusteigen. Und tatsächlich gelang es ihm in den folgenden Jahren, zum – laut Umfragen – beliebtesten Politiker Deutschlands zu werden. Wie ihm das jedoch gelang, ist nicht nachzuvollziehen, und auch er selbst hat darauf keine Antwort: *»Das weiß ich nicht, da müssen Sie die Deutschen fragen.«*[141] Was würden *»die Deutschen«* wohl auf diese Frage antworten? Immerhin ist der angebliche Pazifist Fischer, der behauptet, in seinen Grundwerten derselbe geblieben zu sein, Außenminister in jener Regierung, die Deutschland zum ersten Mal seit 1945 wieder aktiv in einen unnötigen Krieg verwickelt hat. Unnötig deshalb, weil sich bald herausstellte, daß die Gründe, welche die Bundesregierung für diesen Krieg angab, nicht nur falsch, sondern vorsätzlich erlogen waren. Zudem tauchen ständig neue Einzelheiten aus der fragwürdigen Biographie Fischers oder seiner Amtsführung als Außenminister auf, die viele kritische Stimmen dazu veranlaßten, ihn zum Rücktritt aufzufordern. Eine davon war z. B. Bettina Röhl, die Tochter von Ulrike Meinhof, die Fischers Biographie kennt und ihn daher als Außenminister für untragbar hält. Jedesmal, wenn ein neuer Vorwurf gegen Fischer ins Spiel gebracht wird, löst dies stets dasselbe Verhaltensmuster bei Fischer aus: Zuerst wird alles abgestritten, dann tauchen Beweise auf, die Fischer zum Einlenken zwingen, woraufhin er versucht, sich unter Verweis auf Erinnerungslücken oder ähnliches aus der Affäre zu ziehen – bisher immer mit Erfolg. Nach dem jüngsten Fall der sogenannten Visa-Affäre hatte Fischer sogar noch die Frechheit, im Wahlkampf von Schleswig-Holstein den ehrlichen Kerl zu geben und zu behaupten: *»Ihr kennt mich: Wenn ich Mist gebaut habe, stehe ich dafür gerade. So war ich immer, und ich verspreche: So werde ich bleiben.«*[142]

Und dennoch ist Fischer einer der beliebtesten deutschen Politiker! Interessant ist, wie Fischer umgekehrt über das deutsche Volk denkt. Als im Jahr 2003 darüber debattiert wurde, ein Zentrum gegen Vertreibung in Berlin einzurichten, lehnte Fischer dies entschieden ab. Das Zentrum würde, meinte er, *»zu einer völlig falschen Debatte (führen), die da lautet: Die*

Deutschen waren auch Opfer. Damit relativiert man die historische Schuld und kommt in die unheilvolle Konfrontation einer verzerrten Geschichtswahrnehmung, die weder der Wirklichkeit entspricht noch unseren europäischen Interessen.«[143] Diese Aussage ist ein Schlag ins Gesicht all jener Deutschen, die während der Vertreibungen im Zweiten Weltkrieg Angehörige verloren haben und Opfer erbringen mußten. Umso unverständlicher, aber durchaus symptomatisch für die Ablehnung der 68er gegenüber ihrer eigenen Elterngeneration, ist diese Haltung angesichts der Tatsache, daß auch Fischers eigene Familie aus Ungarn vertrieben wurde. Die *Junge Freiheit* kommentierte dies wie folgt: *»Fischers Ablehnung des Zentrums in Berlin ist nicht überraschend, doch seine Infamie und Aggressivität übertrifft alle Erwartungen. (...) Eine Begründung, warum Deutsche keine Opfer waren, kann er natürlich nicht liefern. Er betreibt nicht einmal Rabulistik, nur tautologische Zirkelschlüsse, die die Erwiderung nicht lohnen. Fischer leugnet historische Fakten. Er will die Deutung einer der furchtbarsten Erfahrungen der Deutschen seiner eigenen, bizarren Weltsicht (die er fälschlich als ›unsere europäischen Interessen‹ ausgibt) unterordnen.«*[144] Wie erklärt sich Fischers hysterische Ablehnung eines Zentrums gegen Vertreibung, das, wie er meint, zu der Debatte führen würde, Deutsche seien auch Opfer gewesen? Die Antwort liegt auf der Hand: Wären die vertriebenen Deutschen Opfer, dann wären ihre Vertreiber Täter, und da Deutsche am Ende des Zweiten Weltkrieges nur von Kommunisten vertrieben wurden, würde die Schuld dieser Kommunisten offiziell beim Namen genannt. So etwas ist mit einem linksradikalen Weltbild jedoch unvereinbar, Kommunisten als Täter darf es nicht geben. Und hatte Fischer nicht 1977 selbst noch betont: *»Stalin war so ein Typ wie wir«*?[145]

Daß sich Fischer von seiner alten Ideologie auch als Außenminister nicht distanziert hat, zeigt nicht zuletzt auch die Berufung des früheren KBW-Funktionärs Joscha Schmierer in den Planungsstab des Auswärtigen Amtes, wo dieser zu einem anderen KBW-Funktionär stieß, dem bereits seit Regierungsantritt als Fischers persönlicher Referent dort arbeitenden Georg Dick.[146]

Joscha Schmierer hat eine ebenso interessante Karriere hinter sich wie Fischer selbst. Im bewegten Jahr 1968 war er Funktionär des SDS in Heidelberg und Redakteur der Studentenzeitung *Rotes Forum.* In diesem Blatt forderte er im Februar 1970 unter dem Titel *»Die theoretische Auseinandersetzung vorantreiben und die Reste bürgerlicher Ideologie entschieden bekämpfen – Die Kritische Theorie und die Studentenbewegung«* nichts weniger als *»eine richtige Anwendung der Organisationsprinzipien und der Ideen Maos und des Leninismus«* innerhalb des SDS und damit das Ende der *»antiautoritären Phase«* zugunsten einer Adaption des Marxismus-Leninismus.[147] Im Klartext forderte er den SDS dazu auf, die antiautoritäre 68er-Bewegung auf einen klassischen marxistisch-leninistischen Kurs zu bringen. Im Sommer desselben Jahres wurde Schmierers Heidelberger SDS-Hochschulgruppe vom baden-württembergischen Innenministerium verboten, ihre Reste schlossen sich mit anderen linken Gruppen im Jahre 1973 zum »Kommunistischen Bund Westdeutschland« (KBW) zusammen, dessen Generalsekretär Schmierer bis 1983 blieb. In dieser Funktion schickte er 1980 ein Solidaritätstelegramm an den damaligen Vorsitzenden der Kommunistischen Partei Kambodschas, Pol Pot, mit einer Gratulation für dessen heldenhaften Kampf *»gegen den US-Imperialismus«*[148]. Kurz zuvor war öffentlich bekannt geworden, daß der südostasiatische Diktator einer der größten Massenmörder des Geschichte war. Knapp zwei Millionen seiner Landsleute hatte er ermorden lassen, darunter viele Christen! Schmierers Aufstieg in das von Fischer geführte Außenministerium veranlaßte die evangelische »Hilfsaktion Märtyrerkirche« in Uhldingen am Bodensee daher zu einer Protestaktion. Nach Ansicht dieser Organisation, die sich vor allem für verfolgte Christen in kommunistischen Staaten einsetzt, ist die Beteiligung Schmierers an der deutschen Außenpolitik eine *»ungeheure*

Zumutung, die einer nachträglichen Verhöhnung der kambodschanischen Opfer des Kommunismus gleichkommt«[149].

Fischers jüngster Skandal – die Visa-Affäre

Bundeskanzler Gerhard Schröder hat die Angewohnheit, sich wenigstens von Zeit zu Zeit volksnah zu geben und tatsächlich vorhandene Probleme beim Namen zu nennen, womit es ihm immer wieder gelingt, Punkte bei den Wählern zu sammeln und über die eine oder andere politische Fehlentscheidung hinwegzutäuschen. So sagte er z. B. schon vor mehreren Jahren, auch wenn es *»manche nicht gerne hören«*, sei eine *»schonungslose Analyse«* nötig: *»Beim organisierten Autodiebstahl sind Polen nun einmal besonders aktiv, das Geschäft mit der Prostitution wird dominiert von der Russen-Mafia. Drogenkriminelle kommen besonders häufig aus Südosteuropa und Schwarzafrika.«*[150] Und bei anderer Gelegenheit ließ er verlauten: *»Es gibt immer mehr Leute aus Osteuropa, die an unserem relativen Reichtum teilhaben wollen und dabei skrupellos vorgehen.«*[151]

Vor allem jene Leute aus Osteuropa gehen skrupellos vor, um am relativen Reichtum der westlichen Marktwirtschaften teilzuhaben, die sich als Schleuser betätigen und es sich teuer bezahlen lassen, mittellose Menschen aus Osteuropa in den Westen zu schmuggeln. In Deutschland angekommen, versuchen diese dann zumeist auf mehr oder weniger illegale Weise ihr Glück, z. B. in der Schwarzarbeit. Auch fallen viele junge Frauen aus Osteuropa auf die Versprechen solch krimineller Subjekte herein, die ihnen anfangs eine sichere Zukunft zusagen, doch im Westen angekommen erwartet sie nicht selten ein Schicksal in der Prostitution, häufig unter Zwang.

Dieses Problem scheint auch Fischers Parteigenosse Trittin bekannt zu sein, wenn er schreibt: *»Die völlige Perspektivlosigkeit in ganzen Regionen hat zu Menschenhandel in einem Ausmaß geführt, wie es ihn seit dem Ende des US-amerikani-*

schen Sklavenhandels im 19. Jahrhundert wohl nicht mehr gegeben hat. UNDP geht davon aus, daß Menschenschmuggler pro Jahr vier Millionen Kunden haben und sieben Milliarden Dollar einnehmen. Die Enquete des Bundestages zur Globalisierung schätzt die jährlichen Einnahmen aus Sklaverei auf 13 Milliarden Dollar.«[152]

Doch auch wenn die rot-grüne Bundesregierung, wie diese Zitate beweisen, das Problem längst erkannt hat, sollte der Bürger deshalb nicht meinen, daß sie auch gewillt wäre, Konsequenzen zu ziehen und geeignete Maßnahmen zu ergreifen, um es zu lösen. Anstatt die illegale Einwanderung aus Osteuropa zu verhindern oder wenigstens zu erschweren, tat Joschka Fischers Außenministerium wenige Monate nach dem Regierungswechsel alles dafür, um es den kriminellen Schleuserbanden noch zu erleichtern, ihre unglücklichen Kunden nach Westeuropa zu befördern, und zwar durch die Liberalisierung der Visaregelungen an deutschen Botschaften in Osteuropa.

Zur Vorgeschichte dieses Skandals ist zu sagen, daß schon 1995 zwischen dem damaligen Bundesinnenminister Manfred Kanther (CDU), dem Außenminister Klaus Kinkel (FDP) und dem ADAC Vereinbarungen für die Einführung einer Reiseschutzversicherung mit der Bezeichnung »Carnet de Touriste« (CdT) getroffen wurden. Diese Reiseschutzversicherung sollte die Risiken des Aufenthalts ausländischer Visa-Antragsteller hinsichtlich Krankheitsbehandlung oder Rückführungskosten finanziell absichern. Bisher hatte es für die Erteilung von Visa einer Einladung aus Deutschland bedurft, deren Unterzeichner sich verpflichtete, alle eventuell anfallenden Kosten zu übernehmen. Trotz Einführung dieser Erleichterung wurden beim Antrag auf die Erteilung eines Visums sowohl der Zweck der Reise als auch die Person des Antragstellers noch immer penibel überprüft; die Visa-Abteilungen der Botschaften waren von Kinkels Außenministerium angewiesen worden, ihren Ermessungsspielraum bei der Visa-Erteilung *»so restriktiv wie möglich«* zu fassen.[153]

Erst nach dem Regierungsantritt der rot-grünen Koalition wurden die deutschen Botschaften von Fischers Außenministerium im Oktober 1999 angewiesen, bei Vorlage eines CdT *»in der Regel«* auf die Vorlage weiterer Unterlagen zu Zweck der Reise und Rückkehrbereitschaft zu verzichten. Einige Monate später wurde diese Praxis im März 2000 sogar noch weiter liberalisiert. Der Staatsminister im Außenministerium, Ludger Volmer, stellte in Berlin einen neuen Erlaß vor, den er selbst angeregt hatte und der von Außenminister Joschka Fischer unterzeichnet wurde. Darin hieß es, hinsichtlich der Visa-Vergabe sei künftig *»Im Zweifel für die Reisefreiheit«* (*»In dubio pro libertate«*) zu verfahren. Das rot-grüne Außenministerium wies die Botschaften also an, genau gegenteilig zu verfahren wie bisher. Das *Hamburger Abendblatt* beschrieb die unter Schröder – nicht unter Kohl – neu eingeführte Praxis zutreffend so: *»Augen zu und Stempel drauf, Visa im Zwei-Minuten-Takt.«*[154] Ab sofort war ein Reiseschutzpaß ein Blankoscheck für die Erlangung eines Visums. Eine Antrag könne *»nur in krassen Ausnahmefällen«* abgelehnt werden, befand Fischers Außenministerium. Auch wenn als Reiseziel tausendfach gleichlautend *»Die Bürge von Rhein«* genannt wurde, womit eine Burgenrundfahrt am Rhein gemeint war, war dies kein Grund mehr, den Antrag zu verweigern.[155]

Auch wenn eine Botschaft also begründete Zweifel an der Integrität eines Antragsstellers habe, sei ihm dennoch ein Visum zu erteilen. Vor allem an der Kiewer Botschaft stiegen die Visa-Zahlen danach drastisch an, von 149 000 im Jahr 1999 auf 211 000 im Jahr 2000 und 297 000 im Jahr 2001. Von 2001 an wurden nun auch Reiseschutzversicherungen privater Unternehmen als Konkurrenzprodukte des CdT für die Visavergabe zugelassen, was einer weiteren Liberalisierung entsprach. Und das, obwohl bereits zu diesem Zeitpunkt feststand, daß ein großer Teil der Visa von Schleusernetzwerken mißbraucht wurde. Diese Reiseschutzpässe wurden *»ganz wesentlich durch fliegende Händler«* vertrieben, wie die deutsche Botschaft in Kiew damals ins Außenministerium meldete.[156] Erst nachdem der Deutsch-Ukrainer Anatoli Barg im Februar 2004 vom Landgericht Köln wegen Schleuserkriminalität zu fünf Jahren Haft verurteilt worden war, kam der Skandal ans Licht der Öffentlichkeit. Der Richter Ulrich Höppner gewährte Barg einen Strafrabatt wegen des Fehlverhaltens des Außenministeriums, ohne das Bargs Schleusertätigkeit in jenem Ausmaß nicht möglich gewesen wäre. Höppner sprach gar von einem *»kalten Putsch der politischen Leitung des Auswärtigen Amtes gegen die bestehende Gesetzeslage«*[157]. Ähnliche Vorwürfe an das Außenministerium fanden sich auch in einem Schleuser-Urteil des Landgerichts Memmingen vom Herbst 2004. Damit war bekannt geworden, daß die liberalisierte Visavergabepraxis in Tausenden von Fällen zur illegalen Einschleusung nach Westeuropa mißbraucht worden war. Anschließend wurden die Regeln zur Visavergabe durch einen Erlaß des Staatssekretärs Jürgen Chrobog schließlich wieder verschärft. Bei Zweifeln an der Rückkehrbereitschaft der Antragsteller sollten Visa von nun an nicht mehr erteilt werden.

Außenminister Fischer äußerte sich erst im Februar 2005 zu der Affäre, er übernehme die *»politische Verantwortung«* für *»mögliche Versäumnisse und Fehler«*, hieß es.[158] Fischer mußte sich von der Opposition mittlerweile einen *»Rechtsbruch der übelsten Sorte«* vorwerfen lassen. Die Aussagen des Oberstaatsanwaltes und des Richters aus dem Kölner Schleuser-Prozeß hätten gezeigt, so der CDU-Obmann Eckart von Klaeden im eigens eingesetzten Visa-Untersuchungsausschuß, daß Schleusungen mit *»Hilfe und Kenntnis«* des Außenministeriums durchgeführt worden seien. Sowohl Richter Höppner als auch Oberstaatsanwalt Egbert Bülles warfen dem Außenministerium zudem eine massive Behinderung des Prozesses vor, sogar von Morddrohungen sei die Rede gewesen.[159]

Mittlerweile steht auch die Frage im Raum, wie das Verhalten von Innenminister Otto Schily in Sachen der erleichterten Visavergabe zu bewerten ist. Zunächst habe Schily, der im März 2000 erst aus der Zeitung von der geänderten Praxis erfahren habe, verärgert und mit massiven Bedenken reagiert. Unter anderem wegen der Befürchtung, Besuchervisa würden häufig mißbraucht, um sich Zugang zum Asylverfahren zu verschaffen. Jedoch einigten sich die beiden Minister offenbar bald darauf, die liberalisierte Visapraxis *»nicht zum Gegenstand von Grundsatzauseinandersetzungen«* werden zu lassen.[160] Für die CDU-Opposition ist dies Grund genug, die Hauptverantwortung im Visaskandal beiden Ministern, sowohl Fischer als auch Schily, anzulasten.[161]

Fischer will mittlerweile zwar über einen Rücktritt nachgedacht haben, jedoch habe er beschlossen, im Amt zu bleiben. Es seien zwar schon Minister wegen kleinerer Fehler zurückgetreten. *»Aber es sind auch wieder andere mit größeren Versäumnissen im Amt geblieben«*, sagte er.[162] Staatsminister Ludger Volmer jedoch mußte bereits zurücktreten, für Jürgen Rüttgers (CDU) nicht mehr als ein *»Bauernopfer«*[163].

Der neue CDU-Chef Volker Kauder nennt die Konsequenzen der erleichterten Visavergabe beim Namen: *»Die Öffentlichkeit soll wissen, wohin die Multikulti-Ideologie von Joschka Fischer und seinem Gehilfen Volmer inzwischen geführt hat: zu einer verantwortungslosen ›Macht die Tür auf‹-Politik, durch die Schwarzarbeiter und Zwangsprostituierte bei uns gelandet sind.«*[164] Kauder ist mit diesem Vorwurf nicht allein, ganz ähnliches schreibt die Zeitschrift *Stern*: *»Am 8. September 2001 meldet das BKA, in Kiew werde von 400 000 zu erwartenden Visa ein ›großer Teil … für die Schleusung von Illegalen genutzt‹. Nichts geschieht. Das BKA meldet im Oktober 2003 eine ›organisiert begangene Visa-Erschleichung in bislang unbekanntem Ausmaß‹. Frauen würden damit zwangsweise der Prostitution zugeführt. Null Reaktion. Die Franzosen beschweren sich am 29. Mai 2001, daß immer mehr Menschen mit erschlichenen deutschen Visa bei ihnen aufgegriffen würden. Dem AA ist es egal. 18. September 2001: Das BKA stellt fest, daß auf der Basis der Visa-Erschleichung eine ›moderne Form der Sklaverei‹ zu beobachten sei. Unverdrossen redet das Fischer-Ministerium am 29. Januar 2002 von den ›bisherigen guten Erfahrungen‹ mit dem Reiseschutzpaß.«*[165]

In einer Zeit der steigenden Arbeitslosenzahlen sorgte Fischers Außenministerium, augenscheinlich toleriert von Schilys Innenministerium, also noch dafür, daß Tausende von Schwarzarbeitern nach Deutschland einreisen konnten. Laut einer Schätzung des Experten für Schwarzarbeit, Prof. Friedrich Schneider, stieg die Zahl ukrainischer Schwarzarbeiter in den Jahren der liberalisierten Visavergabe zwischen 1998 und 2003 von 30 000 auf 70 000 bis 75 000 an.[166] Das Problem ist jedoch nicht auf Deutschland begrenzt, denn, so das BKA, auch *»Italien und Portugal sollen sich bereits über die Visa-Erteilungspraxis der deutschen Auslandsvertretungen beschwert haben«*[167]. Allein in Portugal hätten sich bis 2003 etwa 40 000 ukrainische Schwarzarbeiter verdingt, von denen etwa 30 000 mit einem Visum der deutschen Botschaft in Kiew gekommen seien.[168]

Als ob der Visaskandal in Osteuropa nicht schon schlimm genug wäre, scheint sich bereits abzuzeichnen, daß es sich dabei nur um die Spitze des Eisberges handelt. In jüngster Zeit stelle man, so das Landeskriminalamt Baden-Württemberg, *»einen starken Anstieg ... illegal einreisender Personen chinesischer Nationalität fest«*[169]. Jüngste Erleichterungen im Visaverfahren, schrieb der Staatssekretär Jürgen Chrobog in einem Brandbrief an das Bundesinnenministerium, könnten nun auch in China *»massiv ... für Visumerschleichungen mißbraucht werden«.*[170]

Und als Innenminister Otto Schily Mitte Februar 2005 in drei Ländern der Golfregion zu Besuch war, signalisierte er auch dort bereits eine schnellere Visaerteilung für *»Touristen und Geschäftsleute«*. Das Magazin *Focus* entgegnete hierzu: *»Deutsche Sicherheitsbehörden, die schon mit ihren Warnungen vor dem massiven Visa-Mißbrauch in Osteuropa nahezu unerhört blieben, raten zu mehr Bedenkzeit. Das Bundeskriminalamt (BKA) und das Bundesamt für Verfassungsschutz (BfV) sind internen Beurteilungen zufolge in Sorge, daß ausreichende Sicherheitschecks bei Reisenden und ihren Gastgebern hierzulande nicht vorgenommen werden können.«*[171]

Fischers Weggefährte Daniel Cohn-Bendit

Auch über Fischers Gesinnungsgenossen Daniel Cohn-Bendit, der seinen linksradialen Werdegang seit APO-Tagen so entscheidend beeinflußt hat, läßt sich Interessantes berichten. Eine ähnlich kuriose Gestalt wie den am 4. April 1945 in Montauban, Frankreich, geborenen Cohn-Bendit gab es wohl in der europäischen APO-Szene kein zweites Mal.

Seine Kindheit verbrachte der spätere APO-Revolutionär in seinem Geburtsort im Südwesten Frankreichs. Später kehrte er mit seinen Eltern, die als Juden zuvor vor den Nationalsozialisten hatten fliehen müssen, nach Deutschland zurück und nahm die deutsche Staatsangehörigkeit an, um damit dem Militärdienst in Frankreich zu entgehen. In Deutschland war er aufgrund seiner jüdischen Herkunft ohnehin vom Wehrdienst befreit. Nach dem Abitur kehrte er nach Frankreich zurück, um an der Universität von Nanterre bei Paris Soziologie zu studieren. Wie Christian Schmidt schreibt, wurde er dort nur durch Zufall zum Anführer der linksradikalen französischen Studenten, fiel aber sofort durch seine Geschwätzigkeit auf: *»Als 1967 der französische Minister für Jugendfragen, Misoffe, ein Schwimmbecken auf dem Campus der Uni eröffnen wollte, erzählte Cohn-Bendit ihm provokativ von den eigenen sexuellen Problemen.«*[172]

Da Cohn-Bendit offenbar schon damals ein sehr extrovertierter Mensch war, der sich gerne selbst sprechen hört, wurde der *»kindliche Unruhestifter«*, wie Christian Schmidt ihn nennt, mit seinen verrückten Reden anschließend schnell zu einer Symbolfigur der französischen Studentenbewegung. Mit Schlagsätzen wie *»Die Bewegung muß die alte Welt hinwegfegen und eine neue Welt errichten«* und *»Die französische Trikolore ist dazu da, zerrissen und in eine rote Fahne verwandelt zu werden«* traf er genau den Nerv jener Zeit und wurde einem größeren Publikum bald als »Dany le Rouge« bekannt.[173] Nach den Mai-Krawallen in Paris, bei denen die Medien für die Berichterstattung eine Symbolfigur brauchten und ihn als

Anführer darstellten, wurde ihm wegen seiner revolutionären Aktionen zeitweilig eine Wiedereinreise von Deutschland nach Frankreich verweigert. Jedoch hatte sich sogar der Pariser Polizeipräsident gegen diese Maßnahme ausgesprochen, da von Cohn-Bendit offenbar keine objektive Gefahr ausgehe. Trotzdem brachte ihm seine Ausweisung den Respekt der Frankfurter Studentenbewegung ein, denn hier galt er als gefährlicher Radikaler, der de Gaulle, so Joschka Fischer, *»fast mit gestürzt hätte«*[174]. In Frankfurt avancierte Cohn-Bendit zum Führungsmitglied in der Gruppe »Revolutionärer Kampf«, zu der auch Fischer stieß, und wurde Herausgeber des Sponti-Organs *Pflasterstrand.*

Man möchte diesen bunten Zeitgenossen, dem nachgesagt wird, er könne keine Fliege erschlagen – er würde sie statt dessen »totlabern« –, fast belächeln, wenn es da nicht eine Sache gäbe, die so gar nicht zum Lachen ist, nämlich Cohn-Bendits Verhältnis zu kleinen Kindern. Doch lassen wir ihn zu diesem Thema am besten selbst zu Wort kommen. In seinem Buch *Der große Basar* schreibt er: *»Ich hatte schon lange Lust gehabt, in einem Kindergarten zu arbeiten. Die deutsche Studentenbewegung hat ihre eigenen antiautoritären Kindergärten hervorgebracht, die von den Stadtverwaltungen mehr oder weniger unterstützt wurden. Ich habe mich dann 1972 beim Kindergarten der Frankfurter Universität beworben, der in Selbstverwaltung der Eltern ist und vom Studentenwerk und der Stadt unterstützt wird. (...)*

Die Eltern haben mich als Bezugsperson akzeptiert. Ich habe in diesem Kindergarten zwei Jahre lang gearbeitet. Dort waren Kinder zwischen zwei und fünf Jahren – eine phantastische Erfahrung. Wenn wir ein bißchen offen sind, können uns die Kinder sehr helfen, unsere eigenen Reaktionen zu verstehen. Sie haben eine große Fähigkeit zu erfassen, was bei den Großen vor sich geht. (...)

Mein ständiger Flirt mit allen Kindern nahm bald erotische Züge an. Ich konnte richtig fühlen, wie die kleinen Mädchen von fünf Jahren schon gelernt hatten, mich anzuma-

chen. Es ist kaum zu glauben. Meist war ich ziemlich entwaffnet. (...)

Konflikte mit den Eltern blieben nicht aus. Einige Kinder haben ihren Eltern oft beim Vögeln zugesehen. Eines Abends hat ein kleines Mädchen seine Freundin zu Hause besucht und sie gefragt: ›Willst du mit mir vögeln?‹ Und sie hat vom Bumsen, Vögeln usw. gesprochen. Daraufhin sind die Eltern der Freundin, praktizierende Katholiken, gekommen, um sich zu beschweren; sie waren aufs Äußerste schockiert. Es ist mir mehrmals passiert, daß einige Kinder meinen Hosenlatz geöffnet und angefangen haben, mich zu streicheln. Ich habe je nach den Umständen unterschiedlich reagiert, aber ihr Wunsch stellte mich vor Probleme. Ich habe sie gefragt: ›Warum spielt ihr nicht untereinander, warum habt ihr mich ausgewählt und nicht andere Kinder?‹ Aber wenn sie darauf bestanden, habe ich sie dennoch gestreichelt.«[175] Der *BWL-Bote* vom 26. November 2003 kommentierte dies wie folgt: *»Zeilen also, die man als Geständnis werten kann, in aller Öffentlichkeit. Ganz wie viele Vergewaltiger argumentiert auch Cohn-Bendit mit der Schuld des Opfers: ›Mein ständiger Flirt mit allen Kindern nahm bald erotische Züge an. Ich konnte richtig fühlen, wie die kleinen Mädchen von fünf Jahren schon gelernt hatten, mich anzumachen.‹ Was uns natürlich lehrt, daß nie der Täter schuld ist, sondern immer das Opfer für die Tat verantwortlich ist. Das ist wohl, was man im Strafrecht als ›Täter-Opfer-Ausgleich‹ bezeichnet.*

Hätten wir eine faire Justiz, in der alle Menschen vor dem Gesetz gleich sind, wie Art. 3 Abs. 1 GG es fordert, dann wäre schon vor vielen Jahren durch ein Gericht zu prüfen gewesen, ob hier der Tatbestand des § 176 Strafgesetzbuch (StGB) vorliegt, also der sexuelle Mißbrauch von Kindern, und wäre das Gericht zu dieser Auffassung gekommen, hätte es Cohn-Bendit zu bis zu fünf Jahren Haft oder einer Geldstrafe verurteilen müssen ...«[176]

Cohn-Bendit gelang 1994 der Einzug ins Europaparlament, und dort ist er seit 2002 Präsident der Grünen-Fraktion.

Nachdem der italienische Christdemokrat Rocco Buttiglione im August 2004 als Vizepräsident der Europäischen Kommission nominiert worden war und seine konservativen Ansichten über Homosexuelle, über Abtreibung und zur Rolle der Frau in der Gesellschaft geäußert hatte, die auf seinen christlichen Werten basierten, stieß er damit u. a. auf den heftigen Widerstand Cohn-Bendits, woraufhin Buttigliones Nominierung zurückgezogen wurde. Völlig zu Recht reagierte Buttiglione empört: *»Ein Pädophiler verjagt einen Christen aus der EU-Kommission. Mein Fall ist eine Schande für die italienische und europäische Linke (...) Es ist bekannt, daß Cohn-Bendit pädophil ist. (...) Im Gegensatz zu Cohn-Bendit und anderen Mitgliedern der Linken erzähle ich keine Lügen, sondern berichte begründete Tatsachen.«*[177]

Wer z. B. aus der psychotherapeutischen Praxis weiß, welchen ungeheuren und oft nicht wiedergutzumachenden Schaden ein solches *»Streicheln«*, wie von Cohn-Bendit beschrieben, in der Seele kleiner Kinder anrichten kann, für den liegt klar auf der Hand, daß jemand, der sich solcher Taten sogar noch öffentlich rühmt, in jeder verantwortungsbeladenen Position in Politik und Gesellschaft vollkommen untragbar ist.

Innenminister Otto Schily

Otto Georg Schily wurde am 20. Juli 1932 in Bochum als Sohn des als Anthroposophen bekannten Hüttendirektors Dr. phil. Franz Schily geboren. Nach dem Abitur begann er ein Studium der Rechts- und Politikwissenschaften in München, Hamburg und Berlin, während dem er dem SDS nahekam. Später wurde er mit Rudi Dutschke und Horst Mahler bekannt.

Schily als RAF-Anwalt

Im Jahre 1963 eröffnete Schily eine eigene Anwaltspraxis und wurde Vertreter der Nebenklage im Benno-Ohnesorg-Prozeß.

Später verteidigte er die RAF-Terroristen Andreas Baader, Gudrun Ensslin und Horst Mahler. Die *Junge Freiheit* schrieb hierzu: *»Kein Terrorist hat seinerzeit einen Wahlverteidiger akzeptiert, bei dem er nicht mit Sicherheit von einer gleichgelagerten Gesinnung ausgehen konnte.«*[178] Tatsächlich bezeichnete sich Schily damals als *»liberaler Kommunist«*, mit dem Hinweis darauf, daß es so etwas ja eigentlich gar nicht gebe.[179] Zu jener Zeit als RAF-Anwalt geriet Schily in den Verdacht, Mitteilungen und Befehle der inhaftierten Gudrun Ensslin aus der Justizvollzugsanstalt nach draußen an Ulrike Meinhof zu schmuggeln. Butz Peters schreibt: *»Er sei der einzige gewesen, erklären die Ermittler, der sie in der fraglichen Zeit besucht habe – nämlich am 12. Juni 1972. Zweieinhalb Stunden lang. ›Ich habe nichts rausgebracht‹, dementiert Schily energisch. Generalbundesanwalt Ludwig Martin glaubt ihm nicht. Auf seinen Antrag hin schließt eine Woche später der Ermittlungsrichter beim Bundesgerichtshof Rechtsanwalt Schily von der weiteren Verteidigung aus. Der Bundesgerichtshof bestätigt diese Entscheidung am 25. August 1972 – mit der Begründung, die ›Gesamtheit‹ der ›Umstände begründet gegen Rechtsanwalt Schily den dringenden Verdacht, daß er den Kassiber aus der Anstalt gebracht hat‹.«*[180] Bewiesen wurde der Verdacht jedoch nie, und auch nachdem sich die von ihm mitvertretenen RAF-Terroristen im Gefängnis Stammheim mit offenbar von Anwälten in die Anstalt geschmuggelten Waffen erschossen, konnte nie geklärt werden, welche Anwälte daran beteiligt waren.

Der stellvertretende Chef des uniformierten Vollzugsdienstes in Stuttgart-Stammheim, Horst Bubeck, fand Schily unter den Anwälten, die er im Laufe der Jahre kennenlernte, jedenfalls *»am schlimmsten«*: *»Wenn mir damals jemand gesagt hätte: Diese Herren werden später Minister, Parlamentarier oder Staatssekretäre, dann hätte ich gesagt: schon möglich, aber nur in einem Staat, in dem Baader Bundeskanzler ist.«*[181] Andreas Baader jedoch ist tot und kann daher nicht mehr Bundeskanzler werden. Aber wer weiß: Hätte er sich

1977 nicht selbst gerichtet, dann wäre er 1998 vielleicht Bundeskanzler geworden – oder Außenminister?

In der Hochphase des RAF-Terrors wetterten konservative Kreise, wer einen Terroristen verteidige, müsse allein aufgrund dieses Umstandes zwangsläufig selbst einer sein, wenigstens aber ein Sympathisant.[182] Nun hatte es unter den Anwälten der RAF zwar tatsächlich solche gegeben, die ihre Mandaten auch auf eine Weise unterstützten, die weit über den legalen Spielraum eines Rechtsanwaltes hinausgehen – Horst Mahler ist ein gutes Beispiel hierfür. Ob diese sich dadurch jedoch zu Sympathisanten im Sinne des Wortes machten, darüber mag sich der Leser eine eigene Meinung bilden. Das Lexikon definiert den Begriff jedenfalls wie folgt: *»Sympathisant (griech.), jemand, der einer Angelegenheit, einer Anschauung u. a. wohlwollend gegenübersteht; heute, in der Bedeutung eingeengt, vorwiegend Bezeichnung für denjenigen, der einer (extremen) politischen oder gesellschaftlichen Gruppe oder Anschauung Sympathie entgegenbringt (und sie unterstützt).«*[183]

Otto Schily kann der 68er-Bewegung zumindest bis heute Positives abgewinnen: Zwar seien die damaligen Revolutionäre *»politisch total gescheitert«*, als *»kulturelle Umwälzung«* dagegen hätten die APO-Jahre *»positive Folgen«* gehabt.[184]

Schily als Grüner

Eine der Folgen von '68 war die Bildung der grünen Partei, in die auch Schily 1980 eintrat und für die er 1983 als Mitglied der Grünen-Fraktion in den Bundestag zog. Dort vertrat er damals typisch grün-linke Standpunkte, wie z. B. die vehemente Ablehnung der NATO-Nachrüstung, die er einen *»Akt der Unterwerfung unter die zunehmend aggressive Militärstrategie der US-Regierung, eine Kapitulation der Vernunft und ein Fiasko für den Frieden in Europa«*[185] nannte. Mit einem Verweis auf die Möglichkeit der USA, mit den in Deutschland stationierten Pershing-2 einen atomaren Enthauptungsschlag gegen die Sowjetführung durchführen zu können, sah er die Lage in Mitteleuropa destabilisiert. Daß aber bereits lange zuvor eine noch größere Anzahl sowjetischer Atomraketen vom Typ SS-20 in Osteuropa stationiert worden war, die es dem Kreml ermöglichten, jede europäische Großstadt als Geisel zu halten, übersah Schily genauso wie der Rest seiner grünen Partei. Erst mit der Stationierung der Pershing-2 stellte sich wieder ein strategisches Gleichgewicht in Europa ein, das einen Krieg für den zuvor überlegenen Warschauer Pakt riskanter erscheinen ließ. Das größere Abschreckungspotential infolge der NATO-Nachrüstung sicherte somit den Frieden in Europa. Schilys ungleiche Gewichtung der sowjetischen SS-20 und der amerikanischen Pershing-2 läßt den Verdacht entstehen, daß er schon damals auf dem linken Auge blind war.

Ist es Zufall, daß Schilys damalige Konzepte für Abrüstung und Sicherheit in Europa den strategischen Zielen Moskaus entsprechen? So ist die Forderung des *»liberalen Kommunisten«* Schily nach Auflösung der Militärblöcke, die er z. B. im Juni 1983 im Bundestag in die Worte kleidete: *»Erst über einen politischen Prozeß der Blockauflösung scheint uns die Voraussetzung für eine militärische Abrüstung in Europa gegeben zu sein«*, deckungsgleich mit den europäischen Ambitionen des Kreml seit Chruschtschow.[186] Anders als die NATO war der Warschauer Pakt ohnehin nur ein Propagandainstrument, während der sich dahinter verbergende Militärpakt bereits lange zuvor durch bilaterale Abkommen unter allen Staaten des Ostblocks funktionsfähig gemacht worden war. Eine Auflösung des Warschauer Pakts hätte somit keinerlei Auswirkungen auf die östliche Kriegführungsstrategie gehabt, denn die bilateralen Verträge hätten weiter bestanden, während ein Ende der NATO die westliche Verteidigungsfähigkeit durch den Abzug der US-Truppen aus Europa ganz entscheidend reduziert hätte. Ohne die NATO, bzw. ohne die Teilnahme der USA an der NATO, hätte Moskau einen Krieg in Europa riskieren können, nicht jedoch mit Beteiligung der USA.

Schily als Innenminister

Im Jahre 1989 trat Schily bei den Grünen aus, um Mitglied der SPD zu werden, für die er seit 1990 weiter im Bundestag saß. Nach dem Sieg der rot-grünen Koalition bei der Bundestagswahl im September 1998 wurde Schily im Oktober 1998 zum Bundesinnenminister ernannt. In dieser Position wurde Schily zum unbeirrbaren Verfechter des staatlichen Gewaltmonopols, der sich z. B. für die Einführung biometrischer Ausweise einsetzt, was an den politischen Stil der Neokonservativen in den USA erinnert. Tatsächlich existieren Paralellen zwischen den amerikanischen Neokonservativen und Schily, denn oftmals haben auch diese, genau wie Schily, eine stark linkslastige Vergangenheit.

Bekanntestes Projekt Schilys als Innenminister ist die von ihm angestrebte Verschärfung des Versammlungsrechts, mit der er Demonstrationen extremistischer Gruppierungen oder Organisationen erschweren bzw. ganz verbieten will. Die *Junge Freiheit* erläuterte Schilys Vorhaben: *»Dieser Entwurf sieht einen gravierenden Eingriff in die grundgesetzlich garantierte Versammlungsfreiheit vor. Der Artikel 8 GG räumt allen Deutschen das Recht ein, sich ›ohne Anmeldung oder Erlaubnis friedlich und ohne Waffen zu versammeln‹. Für Versammlungen unter freiem Himmel können gesetzlich definierte Beschränkungen erlassen werden (etwa die notwendige Anmeldung bei einer Versammlungsbehörde). Verbote solcher Versammlungen dürfen bisher nur dann ausgesprochen werden, wenn eine ›Gefahr für die öffentliche Sicherheit und Ordnung‹ vorliegt. Schilys Neufassung dagegen sieht die Möglichkeit eines Verbotes auch dann vor, wenn ›keine strafbare Verletzung der Schutzgüter der öffentlichen Sicherheit droht‹, um dadurch aber seitens des Staates ›Gefahren entgegenzuwirken, die von Versammlungen extremistischer Veranstalter ausgehen, bei denen z. B. die Gewaltherrschaft der Nationalsozialisten unterhalb der Strafbarkeitsschwelle verherrlicht wird‹.*

Außerdem soll die Möglichkeit erleichtert werden, Versammlungen an bestimmten ›Mahnstätten‹ zu verbieten. Dies soll etwa für eine Demonstration möglich sein, die ›an einem Ort stattfindet, der in eindeutiger Weise an die Opfer einer organisierten menschenunwürdigen Behandlung erinnert und der als nationales Symbol für diese Behandlung anzusehen ist, und die Versammlung geeignet ist, diese menschenunwürdige Behandlung der Opfer zu billigen, zu leugnen oder zu verharmlosen‹.«[187]

Damit wird klar, gegen wen sich dieses Vorhaben hauptsächlich richtet bzw. gegen wen es sich nicht richtet. Nachdem sich in der Vergangenheit Demonstrationen der NPD mit dem geltendem Recht nicht verhindern ließen, soll die Änderung dazu beitragen, diese künftig unmöglich werden zu lassen. Linksextremistische Umtriebe werden von der Gesetzesänderung jedoch kaum erfaßt. Die *Junge Freiheit* erläutert weiter: *»Für ›verfassungsrechtlich schwierig‹ hält auch die Gewerkschaft der Polizei (GdP) das Vorhaben. Sie befindet sich dabei in bester Gesellschaft. Ein mit Schilys Entwurf vergleichbares Vorhaben der CDU aus Mecklenburg-Vorpommern traf auf den Widerspruch des ehemaligen Bundesverfassungsrichters Dieter Grimm. Der Jurist hatte in einem fast 60seitigen Gutachten festgestellt, daß die bereits existierenden gesetzlichen Einschränkungen der Versammlungsfreiheit ausreichten und weitergehende wohl nicht verfassungskonform seien. (…)*

Das demokratisch zweifelhafte Gebaren, das diesem Gesetzentwurf des Bundesinnenministers zugrunde liegt, offenbart sich nicht zuletzt an zweierlei Punkten: Erstens herrscht schon jetzt eine Ungleichgewichtung bei der Strafbarkeit politischer Äußerungen vor: Den Tatbestand der Propagandadelikte kennt der Gesetzgeber fast ausschließlich bei Rechtsextremen, mit steigender Tendenz auch bei Islamisten (islamistischer Antisemitismus), kaum jedoch im linksextremen Spektrum. Zweitens sind es dagegen in den überwiegenden Fällen gerade linksextreme Demonstrationen, die schon nach gel-

tendem Recht eine Einschränkung der Versammlungsfreiheit zulassen könnten, weil sie ›unfriedlich‹ verlaufen und durch ›Gewalt gegen Personen und Sachen‹ eine Störung der öffentlichen Ordnung darstellen. Solche Fakten bleiben jedoch häufig unterhalb der öffentlichen Wahrnehmung in Politik und Medien. Wenn jetzt auch noch anstelle der etwaigen Strafbarkeit einer Handlung die ihr zugrunde liegende Gesinnung zum Maßstab für die Einschränkung von Grundrechten seitens des Staates werden soll, bewegen wir uns auf einen Zustand zu, der schlicht als totalitär zu bezeichnen ist.«[188]

Nun könnte man meinen, der Innenminister nimmt seine Aufgabe ernst und versucht Schaden vom deutschen Staat abzuwenden, wenn auch er dabei vielleicht das nötige Maß verliert. Während Schilys Ministerium jedoch so vehement gegen rechts vorgeht, läßt es einen ähnlichen Eifer bei der Bekämpfung linksextremer Geschäftigkeit leider vermissen. Schlimmer noch, Schilys Ministerium scheint linksextreme Umtriebe sogar noch zu unterstützen. Diesen Verdacht legt zumindest der Fall der parlamentarischen Staatssekretärin des Innern, Ute Vogt (SPD), nahe. Vogt fungierte als Schirmherrin eines Antifa-Projektes, der SPD-eigenen Publikation *Blick nach Rechts*, das außerdem Fördergelder des Bundes in Höhe von bis zu 28 000 Euro erhalten haben soll. Pikant an der Sache ist, daß eben diese Publikation auf ein *»gutes Dutzend«* linksextremistischer Internetseiten verwies, die allesamt dem linksradikalen Antifa-Spektrum entstammten, vor dem der Bundesverfassungsschutz, der ja bekanntlich dem Bundesinnenministerium unterstellt ist, stets warnt. So verwies die Empfehlungsliste des *Blick nach Rechts* als Beispiel sowohl auf die »Antifaschistische Aktion Eckernförde« wie auf die »Antifa Görlitz« – beide fanden auch in der Broschüre *Extremistische Bestrebungen im Internet* des Bundesinnenministeriums von 1999 Erwähnung. Im Impressum wies der *Blick nach Rechts* darauf hin, daß er sich die *»Inhalte von Internetseiten Dritter nicht zu eigen«* mache. Die Hinweise auf diese Seiten würden allerdings *»nach bestem Wissen und unter*

Beachtung größtmöglicher Sorgfalt hergestellt«.[189] Die Entstehungsgeschichte des *Blick nach Rechts* könnte die Kriterien, nach denen diese Empfehlungen abgegeben wurden, erklären. Die Publikation war nämlich 1980 im Auftrag des Ministeriums für Staatssicherheit der DDR (MfS) gegründet worden, und zwar zu dem Zweck, den politischen Gegner, also konservative Politiker und kommunismuskritische Organisationen, insbesondere die CDU, als »rechtsextremistisch« zu diffamieren. Erst als der *Blick nach Rechts* 1983 pleite ging, kaufte die SPD die Publikation.

Der Vorfall veranlaßte die CDU/CSU-Bundestagsfraktion zu einer kleinen Anfrage zum Thema der Förderung linksextremistischer Gruppierungen durch Otto Schilys Innenministerium. In der Anfrage heißt es, bereits die Vielzahl der Verweise zu *»offenkundig linksextremistischen Bewegungen, die auch in Verfassungsschutzberichten erwähnt werden, zeigt aber, daß der* Blick nach Rechts *eine mit Steuergeldern finanzierte Plattform auch für die Verbreitung linksextremistischer Parolen unter dem Etikett der Bekämpfung des Rechtsextremismus ist.«*[190]

Eine weitere jener Organisationen, zu denen verwiesen wurde, ist die »Vereinigung der Verfolgten des Naziregimes – Bund der Antifaschisten« (VVN-BdA), in der laut Verfassungsschutzbericht aus dem Jahr 1999 *»aktive und ehemalige Mitglieder der Deutschen Kommunistischen Partei (DKP)«* tonangebend seien.[191] Und für eben diese Gruppierung hat sich Vogt auch in der Vergangenheit schon eingesetzt, wie die *Junge Freiheit* berichtet: *»Im Januar letzten Jahres setzte sie sich als Pforzheimer Abgeordnete für die VVN-BdA ein. Damals wehrte sich die CDU Baden-Württembergs dagegen, daß eine Propagandaausstellung der VVN-BdA (›Neofaschismus in der Bundesrepublik Deutschland‹) im Kulturhaus Osterfeld der Stadt gezeigt werden sollte. Der Grund: Die ›unsägliche Verquickung der rassistischen Parolen rechtsextremer Organisationen mit Aussagen von demokratisch gewählten CDU-Volksvertretern‹, hieß es beim CDU-Kreisverband. Ute Vogt nannte* *den CDU-Kreisvorsitzenden und Landesstaatssekretär Stefan Mappus, der den Widerstand gegen die VVN-BdA anführte, einen ›beleidigten Landesfürsten‹. Anstatt die Extremisten der VVN-BdA zu kritisieren, zog Vogt über die CDU her.«*[192]

Der CSU-Bundestagsabgeordnete Norbert Geis bringt den Skandal um die Bewerbung linksextremistischer Projekte durch Mitarbeiter des Bundesinnenministeriums auf den Punkt: *»Die Staatssekretärin im Bundesinnenministerium Ute Vogt muß den Linksextremismus ebenso bekämpfen wie den Rechtsextremismus. Deswegen verträgt sich eine einseitige Bekämpfung des Rechtsextremismus nicht mit ihrem Amt. Sie muß gleichzeitig auch linksextremistische Gruppierungen bekämpfen und darf für diese nicht werben.«*[193] Auf die Frage, ob dieser Vorfall ein einmaliger Ausrutscher der Bundesregierung sei, entgegnete er: *»Ich sehe hier kein strukturelles Problem der Bundesregierung, aber ich sehe immer wieder Kräfte innerhalb der Bundesregierung, für die allein der Kampf gegen den Rechtsextremismus eine Rolle spielt. Der Linksextremismus wird von denselben Leuten geschont – nicht zuletzt, weil wohl eine große inhaltliche Verwandtschaft zu ihm besteht.«*[194]

Justizministerin Herta Däubler-Gmelin

Herta Däubler-Gmelin wurde am 12. August 1943 in Preßburg geboren. Nach dem Abitur absolvierte sie ein Studium der Volkswirtschaft und der Rechtswissenschaft in Tübingen und Berlin, wo sie mit der APO in Kontakt kam. Später wurde sie Rechtsanwältin in Stuttgart. Seit 1965 ist Däubler-Gmelin Mitglied der SPD, für die sie seit 1972 im Bundestag sitzt. Ein *»Karriere-Beförderungsverein für Bonn«* sei die Studentenbewegung zwar nicht gewesen, sagte sie später, jedoch hätten die *»mittelbaren Effekte«* der Bewegung die deutsche Gesellschaft zu Beginn der 1980er Jahre schon nachhaltig verändert.[195] Spätestens 1998 war die Mitgliedschaft in der APO jedoch kein Karrierehindernis mehr, und Herta Däubler-Gmelin schaffte es in die Position der Bundesjustizministerin, und das, obwohl sich der neue Bundeskanzler mit seiner Justizministerin, wie es heißt, noch nie vertrug.[196]

Däubler-Gmelin und das andere Volk

Direkt nach der Wahl machte sich die rot-grüne Koalition und so auch Herta Däubler-Gmelin in ihrer Funktion als Justizministerin an eine Änderung der bundesdeutschen Einbürgerungsregelung, die vorsah, Ausländern bereits nach acht statt wie bisher nach 15 Jahren Aufenthalt einen Rechtsanspruch auf Einbürgerung einzuräumen, dem auch eine doppelte Staatsbürgerschaft nicht mehr im Weg stehen sollte. Hocherfreut rechnete Herta Däubler-Gmelin damals mit zwei bis drei Millionen Ausländern, die schon bald die deutsche Staatsbürgerschaft beantragen könnten. Unter der treffenden Überschrift *»Die rot-grüne Regierung schafft sich ein anderes Volk«* rechnete die *Junge Freiheit* vor: *»Bei anhaltender Zuwanderung dürfte die Zahl der Ausländer mit Rechtsanspruch auf Einbürgerung in zehn Jahren bei etwa acht Millionen liegen. Parallel dazu sinkt die Zahl der ›herkömmlichen‹ deutschen Bundesbürger wegen Überalterung und Geburtenrückgang. Außerdem werden schätzungsweise 50 000 Ausländerkinder pro Jahr direkt nach der Geburt die deutsche Staatsangehörigkeit auch ohne Zustimmung der Eltern erhalten, innerhalb von zehn Jahren also 500 000. Auch hier ist eine fremde Staatsbürgerschaft kein Hindernis mehr. Einziger Vorbehalt ist jetzt nur noch, daß mindestens ein Elternteil vor dem 14. Lebensjahr nach Deutschland eingereist ist. Die Regelung ist zutiefst ausländerfeindlich, weil sie den Eltern das Recht nimmt, über die Staatsangehörigkeit ihrer minderjährigen Kinder zu bestimmen. In 20 Jahren, wenn dann eine Million ausländische Bundesbürger durch Geburt das reproduktionsfähige Alter erreicht haben, dürfte es zu einer Inflationierung der Zahl durch* *die Geburtenfreudigkeit dieser Bevölkerungsschicht kommen.«*[197]

Bei der CDU stieß dieser *»ebenso revolutionäre wie verhängnisvolle Umbruch«* mit der Begründung, die Doppelstaatlichkeit greife an die Grundlagen der Identität des deutschen Staatsvolkes, auf entschiedene Ablehnung. Hingegen erwarteten SPD und Grüne offenbar, daß von den zusätzlichen Wahlberechtigten langfristig ihre Position gestärkt werde, schon weil die ausländische Bevölkerung nicht zu den traditionell bürgerlichen Wählern von Union und FDP zu zählen sein dürfte.[198] Aber hatte sich die marxistische APO nicht schon seit den 1960er Jahren die Auflösung der Nationalstaaten und so auch das Ende der deutschen Nation auf die Fahnen geschrieben? Wie könnte dies wohl besser erreicht werden als durch eine Nivellierung des deutschen Staatsbürgerschaftsrechts und die im Anschluß daran zu erwartende anwachsende Überfremdung des deutschen Volkes?

Däubler-Gmelin und »Adolf Nazi«

Kurz vor der Bundestagswahl 2002 leistete sich die studentenbewegte Justizministerin Däubler-Gmelin einen rhetorischen Fehltritt, der ihr nach der Wiederwahl von Rot-Grün die Verlängerung ihrer Amtszeit kostete. Mitten im Wahlkampf hatte sie bei einem Treffen mit Gewerkschaftern in ihrem Tübinger Wahlkreis, bei dem auch die Presse anwesend war, gesagt, Bush wolle mit einem Krieg gegen den Irak vor allem von innenpolitischen Problemen ablenken: *»Das ist eine beliebte Methode. Das hat auch Hitler schon gemacht.«*[199] Das *Schwäbische Tagblatt* ließ sich diese Aussage vor der Veröffentlichung nochmals sowohl von den anwesenden Gewerkschaftern als auch von der Ministerin selbst bestätigen. Schon einen Tag später war der Skandal perfekt. Die US-Regierung reagierte auf diese Formulierung empört, und um weitere diplomatische Reibereien in der damals ohnehin schon angespannten Situation zu verhindern, sah sich Schröder umgehend veranlaßt, ein Entschuldigungsschreiben an Präsident George Bush jr. zu verfassen. Er schrieb: *»Ich möchte Dir versichern, daß an meinem Kabinettstisch niemand Platz hat, der den amerikanischen Präsidenten mit einem Verbrecher in Verbindung bringt.«*[200] Däubler-Gmelin versuchte zwar am folgenden Tag in einer Bundespressekonferenz verzweifelt, alles abzustreiten, der Zeitungsbericht im *Schwäbischen Tagblatt* sei in wesentlichen Teilen falsch, und die in der Zeitung zitierte Bemerkung schränkte sie mit der Ergänzung ein: *»Das kennen wir aus der Geschichte.«*[201] Doch der Chefredakteur des *Schwäbischen Tagblatts* warf der Ministerin vor: *»Ich habe noch nie einen Menschen so schamlos lügen sehen wie die Bundesjustizministerin heute in der Bundespressekonferenz.«*[202] Auch ihre Behauptung, sie habe nicht den Namen Hitlers geäußert und mit Bush in Verbindung gebracht, sondern statt dessen die Umschreibung *»Adolf Nazi«* verwendet, half nichts mehr. Däubler-Gmelins politisches Schicksal in der rot-grünen Regierungskoalition war besiegelt. Die diplomatische Tragweite, die Däubler-Gmelins Fehltritt hatte, liegt zwar auf der Hand, aber überraschen darf eine solche Äußerung aus dem Mund eines früheren APO-Mitgliedes eigentlich nicht, denn schon damals hatten die Demonstranten der 68er-Bewegung die USA ja öffentlich mit der SA und der SS des Dritten Reiches in Verbindung gebracht. Man erinnere sich z. B. an die vielzitierte Parole *»USA-SA-SS«* auf dem Internationalen Vietnam-Kongreß in West-Berlin im Februar 1968.[203]

Justizministerin Brigitte Zypries

Brigitte Zypries wurde am 16. November 1953 in Kassel geboren und studierte nach dem Abitur von 1972 bis 1977 Rechtswissenschaft in Gießen. Anschließend war sie fünf Jahre lang wissenschaftliche Mitarbeiterin am Institut für Öffentliches

Recht der Universität Gießen. Es folgten drei Jahre als Referentin in der hessischen Staatskanzlei, bis Zypries ab 1988 für zwei Jahre als wissenschaftliche Mitarbeiterin am Bundesverfassungsgericht tätig war. Ab 1991 arbeitete sie während der Amtszeit von Ministerpräsident Gerhard Schröder in der Niedersächsischen Staatskanzlei, und zwar bis 1995 als Referatsleiterin und bis 1997 als Abteilungsleiterin. Schröder, dem sie, wie sie selbst sagt, *»ihre Karriere verdankt«*, nahm Zypries 1998 mit nach Berlin, wo sie zunächst Staatssekretärin im Innenministerium wurde.[204] Nach der Wiederwahl Schröders als Bundeskanzler im Herbst 2002 avancierte sie zur neuen Bundesjustizministerin und somit zur Nachfolgerin von Herta Däubler-Gmelin.

Zypries und Indymedia

Ein ähnlicher Skandal, wie der bereits im letzten Abschnitt beschriebene Fall der Staatssekretärin Ute Vogt, wurde auch im Zusammenhang mit Brigitte Zypries bekannt, als diese noch Staatssekretärin im Bundesinnenministerium war. Zypries saß damals in der Jury zur Verleihung des »poldi-Award« für »praktizierte eDemocracy«, der u. a. von der Bundeszentrale für politische Bildung initiiert wurde. Auch wenn Zypries persönliche Abstimmungspräferenzen nicht bekannt sind, kam die Jury überein, den Preis im Jahr 2002 an die Internet-Plattform Indymedia zu verleihen. Pikant ist, genau wie im Fall Vogt, daß der Preisträger, die Seite Indymedia, vom Bundesverfassungsschutz wegen linksextremer Umtriebe beobachtet wird. Die *Junge Freiheit* kommentierte diese Preisverleihung folgendermaßen: *»Um die Brisanz der skandalösen Preisverleihung zu erkennen, reicht ein Blick auf die ›Nachrichten‹, die bei Indymedia veröffentlicht werden. Dort wird immer wieder zu Einschüchterungs- und Störaktionen aufgerufen und ›Erfolge‹ von Aktionen mit Reportagen und Fotos unterlegt. Am härtesten sind die Attacken auf die NPD,* *die als ›Aufruf zur Gewalt‹ nur unzureichend zu beschreiben sind. Bei einer Demonstration am vorvergangenen Wochenende in Potsdam kam es zu gewalttätigen Ausschreitungen, die ausführlich kommentiert wurden: ›Wir wurden dann links und rechts auf den Gehsteig gezwungen, wo wir darauf warteten, daß der Bus (der NPD-Anhänger) an uns vorbeikommt. Hätten sie ihn da lang fahren lassen, könnt ihr mir glauben, wäre dieser Bus nicht unbehelligt durch unsereins am Hauptbahnhof angekommen.‹ Aber man tröstete sich: ›Schön, daß wenigstens die paar Nasen in der Breiten Straße auf die Fresse! gekriegt haben; ich hätte sonst echt heulen können.‹ Ein rot-grüner Kulturpreis also für eine Plattform, die auch den politischen Gegner im Wahlkampf mit Gewalt bekämpft? Belohnt da die Toskana-Fraktion ihre Kettenhunde?«*[205] Auch vom Hamburger Innensenator Schill wurde die Preisvergabe scharf kritisiert: *»Ein Skandal, daß eine Staatssekretärin des Dienstherrn des Verfassungsschutzes an der Vergabe einer Auszeichnung für Verfassungsfeinde beteiligt war. In einem solchen Fall muß man die Mitarbeit in der Jury sofort einstellen und öffentlichen Druck gegen eine entsprechende Entscheidung machen.«*[206]

Sind die Sympathien für linksextremistische Umtriebe in Otto Schilys Innenministerium, anders als der CSU-Bundestagsabgeordnete Norbert Geis meinte, etwa doch ein *»strukturelles Problem«*?

Zypries und ihr »Schlampenschutzgesetz«

Von gezielter Dekadenzbeschleunigung sprechen aufmerksame Beobachter der rot-grünen Politik angesichts des Vorhabens der Justizministerin Zypries, heimlich durchgeführte Vaterschaftstest unter Strafe zu stellen. Ein Vater, der sich Gewißheit darüber verschaffen will, ob sein mutmaßliches Kind auch wirklich von ihm ist, und der ohne schriftliche Zustimmung der Mutter einen Gentest durchführen läßt, soll nun künftig mit bis zu einem Jahr Freiheitsstrafe bestraft werden, denn ein solches Vorgehen verletzte das *»informationelle Selbstbestimmungsrecht«* des Kindes, behauptet Zypries. Ähnlich hatte kurz zuvor bereits der Bundesgerichtshof entschieden, nämlich, daß heimlich durchgeführte Vaterschaftstests nicht gerichtsverwertbar seien. Mit der Folge, daß der Kläger, ein Anwalt aus Thüringen, nun weiter für ein Kind zahlen muß, das er nachweislich nicht gezeugt hat. Spätestens hiermit ist der Beweis erbracht, daß sich Deutschland von seinem einstigen Ruf eines Rechtsstaates bereits weit entfernt hat; eine derartige Rechtsprechung hat mit Gerechtigkeit jedenfalls nichts mehr zu tun. Zu den prominenten Befürwortern des BGH-Urteils zählten neben Zypries, die selbst weder verheiratet ist noch Kinder hat, übrigens so einflußreiche und fachkundige Personen wie die Familienministerin Renate Schmidt, die Verbraucherschutzministerin Renate Künast, der stets etwas nervös wirkende Dieter Wiefelspütz (SPD) sowie der ersichtlich homosexuelle Volker Beck (Grüne).

Ohne die Möglichkeit, in Eigenregie einen Vaterschaftstest durchführen zu können und somit Klarheit über die biologische Identität ihres mutmaßlichen Kindes zu bekommen, werden Männer künftig wehrlos der Aufrichtigkeit und Treue ihrer Frauen ausgeliefert sein, von der die gegenwärtige Realität, nach 30 Jahren sittlicher und moralischer Degeneration, leider zeigt, daß sie oftmals nicht viel wert ist. Eine Mutter kann eine Vaterschaft zwar auch gegen den Willen des Vaters feststellen lassen, Frauen hingegen sind ihren zweifelnden Gatten und Liebhabern nicht auskunftspflichtig. Jedoch ist der Mann in jedem Fall zur Unterhaltszahlung für seine Kinder verpflichtet, mitunter auch in solchen Fällen, wie in dem erwähnten Beispiel, wenn biologisch nachgewiesen wurde, daß das Kind nicht von ihm stammt. Zwar bleibt zweifelnden Männern die theoretische Möglichkeit, ein Verfahren zur Klärung der Vaterschaft anzustrengen, jedoch müssen sie dazu glaubhafte Belege für eine vermeintliche Untreue aufbringen. Entweder muß der bezeichnete Vater zum Zeitpunkt der Zeugung – mindestens drei Monate – nachweislich außer Landes gewesen sein, oder es muß ein *»von Zeugen bestätigtes außereheliches Intimverhältnis«* vorliegen. Daß eine Frau, die selbst weiß oder vermuten muß, daß ein Kind nicht von dem angegebenen Mann stammt, einem Vaterschaftstest freiwillig kaum zustimmen wird – sieht doch das Strafgesetzbuch nach § 169 für das »Unterjubeln« eines Kindes eine Freiheitsstrafe von bis zu zwei Jahren vor –, liegt auf der Hand. Es scheint längst gängige Praxis, daß eine sexuell und moralisch *»befreite«* Frau, die ihrem Mann ein »Kuckucksei« unterschiebt, quasi sorgenfrei befinden kann, wer der Vater ihres Kindes und somit der unterhaltspflichtige Versorger sein soll, ungeachtet der Tatsache, ob er auch wirklich der biologische Vater ist. Nachzuweisen, daß ein Kind nicht von ihm stammt, wird einem Mann fast unmöglich gemacht, wenn das Vorhaben der Justizministerin erst rechtswirksam umgesetzt worden ist. Betrogene Männer werden so – rechtlich abgesichert – gleich doppelt betrogen.

Wenn man bedenkt, daß es gerade die Protagonisten der 68er-Bewegung waren, die die traditionelle Sexualmoral durch »freie Liebe« und »Frauenbefreiung« seit den 1960er Jahren vor allem über die Massenmedien bewußt und vorsätzlich zersetzt haben, mag es nicht verwundern, daß dieser Ungeist, nachdem er 1998 bis in die höchsten Regierungsspitzen aufsteigen konnte, nun um jeden Preis versucht, den damals begonnenen Werteverfall legislativ abzusichern, woraufhin keine von jeglicher Moral befreite Frau mehr Bedenken haben müßte, das verantwortunglose Ausleben niedrigster Begierden könnte jemals unangenehme Folgen nach sich ziehen oder sie nachträglich in die Verantwortung rufen.

Welch tragische Konsequenzen ein solches Verhalten jedoch oftmals hat, daß Familien daran zerbrechen und Kinder, im Unklaren über ihren leiblichen Vater, oftmals schwere seelische Schäden erleiden, und zwar nicht durch die Aufdeckung der wahren biologischen Vaterschaft, sondern durch den

Fehltritt und die Lebenslüge ihrer Mütter, wird dabei nicht berücksichtigt. Wieso auch, schließlich ist es ja nicht Maxime des 68er-Marxismus, den Erfordernissen der Realität gerecht zu werden, sondern den ideologisch bereits festgelegten neuen Menschen heranzuzüchten. Und eine Vorbedingung dazu war ja – das war erklärtes Ziel –, die Institution Familie aufzulösen. Gerade für dieses Vorhaben, die Exekution der Familie, leistet das neue »Schlampenschutzgesetz« der Justizministerin Zypries großartige Dienste.

Die marxistische Attacke gegen die Familie läuft jedoch in weitaus größerem Rahmen. Viele Väter fühlen sich ohnehin schon rechtlich benachteiligt. Sie haben es oft schwer, nach Trennung oder Scheidung ihr Recht auf regelmäßigen Umgang auch durchzusetzen, geschweige denn, das Sorgerecht zu erhalten, und sind, wie die Praxis zeigt, der Willkür ihrer feministisch aufgehetzten und rechtlich bevorzugten Frauen ausgeliefert. Eine Pressesprecherin des Oberlandesgerichts Naumburg kleidete diese Tatsache in die Worte: *»... wenn überhaupt spielen die Rechte der Väter im Familienrecht eine untergeordnete Rolle«*[207].

Zypries und ihr Antidiskriminierungsgesetz

Forderten die Grünen, ausgesprochen von Volker Beck, schon im Bundestagswahlkampf 1998 ein zivilrechtliches Verbot der Diskriminierung von *»Emigranten, Flüchtlingen, Schwulen und Lesben, Behinderten, Obdachlosen sowie«* und jetzt wird es interessant, *»kritischen, linken Jugendlichen«*, so machte sich Rot-Grün nach der gewonnenen Bundestagswahl daran, diese Forderung schnellstmöglich in geltendes Recht umzusetzen.[208] Entsprechender Druck kam nicht nur von den Grünen, sondern auch von Seiten der EU-Komission, die in der bindenden Richtlinie 2000/43 die nationalen Parlamente aufforderte, bis Ende 2003 entsprechende Anti-Diskriminierungsgesetze zu verabschieden.

Während jedoch die EU-Kommission nur Diskriminierung aufgrund von ethnischer Herkunft und »Rasse« unter Strafe stellen möchte, erweiterte die erste rot-grüne Justizministerin Herta Däubler-Gmelin auf Drängen der Grünen den Verbotskatalog um die Kriterien Geschlecht, Religion oder Weltanschauung, Alter, Behinderung und »sexuelle Orientierung«. Der Punkt »Weltanschauung« wurde später wieder aus dem Katalog gestrichen, schließlich hätten sich sonst auch rechte oder rechtsextreme Gruppierungen darauf berufen können, und das war, so erkennt man an der Forderung von Volker Beck, ja nun nicht Ziel des neuen Gesetzentwurfes, der nur *»kritischen Linken«* hätte zugute kommen sollen, was jedoch, in einem Gesetzestext ausgesprochen, absolut grundgesetzwidrig gewesen wäre.

Däubler-Gmelin legte im Frühjahr 2002 einen um den Punkt »Weltanschauung« reduzierten Gesetzentwurf vor, der jedoch letztlich vor allem am Widerstand der Kirchen scheiterte. Der Grund dafür liegt bei näherer Betrachtung auf der Hand. Was sich auf den ersten Blick löblich anhört, verbirgt den Weg in eine egalitäre Meinungsdiktatur, in der z. B. privaten Unternehmern künftig nicht mehr freigestellt wäre, welche Vertragspartner sie auswählen dürfen. Geschäftsbeziehungen mit unerwünschten Personen könnten dann nicht mehr abgelehnt werden, bzw. der abgelehnte Geschäftspartner hätte das Recht zur Klage, während der Ablehnende die Beweislast zu tragen hätte. Wenn ein Vermieter zum Beispiel mit zehn Bewerbern für eine Wohnung spricht und mit dem elften Bewerber abschließt, müßte er damit rechnen, von den übrigen zehn verklagt zu werden und zehn Prozesse führen zu müssen, in denen er aufgrund der Umkehr der Beweislast nachweisen müßte, die Bewerber nicht aus den verbotenen Gründen, z. B. wegen ihrer Religion oder ihrer sexuellen Orientierung, abgelehnt zu haben. Hinzu käme ein allgemeines Verbandsklagerecht, das es im deutschen Recht bislang nicht gibt. Ein Verbandsklagerecht bedeutet, daß interessierte Dritte in Vertretung des angeblich Diskriminierten selbst ohne dessen Auftrag oder Zustimmung Klage erheben könnten, was es organisierten Lobbygruppen ermöglichen würde, gegen unliebsame Unternehmer vor Gericht zu ziehen. Die Kirchen liefen Sturm gegen das neue Gesetz vor allem wegen der Tatsache, weil es ihnen verbieten würde, die Bewerber z. B. für kirchliche Pflegeeinrichtungen oder Kindergärten bevorzugt nach ihrer Religionszugehörigkeit auszuwählen. Ein katholischer Kindergarten dürfte folglich weder muslimische Bewerber ablehnen noch Homosexuellen die Anstellung verweigern, auch wenn dies mit der religiösen Ausrichtung des Kindergartens unvereinbar wäre.

Daß ein solches Antidiskriminierungsgesetz in der Praxis von vornherein überflüssig ist – schließlich ist sein Inhalt, da, wo es nötig ist, schon seit jeher im Gleichheitsgrundsatz (Artikel 3 des Grundgesetzes) Bestandteil der Grundrechte –, liegt auf der Hand. Das neue Gesetz beschränkt sich jedoch nicht auf die staatliche Gewalt, sondern erweitert den Geltungsbereich auf den privaten Rechtsverkehr der Bürger untereinander. Hatte der grundgesetzlich verbriefte Gleichheitsgrundsatz also den Schutz des Bürgers vor staatlicher Willkür zum Zweck, so sollen mit dem neuen Gesetz weltanschauliche Prinzipien unter den Bürgern erzwungen, quasi unter Androhung von Strafe ein egalitärer neuer Mensch herangezogen werden, weshalb es unter Juristen auch umstritten ist, ob das zivilrechtliche Diskriminierungsverbot nicht die grundgesetzlich geschützte Meinungsfreiheit beschneidet.

Die neue Justizministerin Brigitte Zypries plante im März 2003 einen neuen Anlauf und ließ verlauten, die EU-Richtlinie zur Einführung des Antidiskriminierungsgesetzes würde nun nur noch gemäß den EU-Vorgaben umgesetzt, was die *Junge Freiheit* zu der Meldung veranlaßte: *»Die rot-grüne Regierung hat sich darauf geeinigt, die Umsetzung auf zwei Fachressorts aufzuteilen: a) Ein ›Gesetz zur Verhinderung von Diskriminierung im Arbeits- und Sozialrecht‹ (mit dem umfassenden Katalog aller möglichen Diskriminierungsmotive) soll in Zusammenarbeit von Familienministerium und Ministerium für*

Wirtschaft und Arbeit entworfen werden, und b) ein ›Gesetz zur Verhinderung von Diskriminierung im Zivilrecht‹ vom Justizministerium. Ersteres liegt offenbar zur Einführung bereit; um letzteres wird noch gestritten. Wir dürfen also noch kurze Zeit gespannt sein: Wird es in Deutschland nur dunkel – oder bockfinstere Nacht? (…) Das bedeutet im Klartext: Parteikader, Bürokraten und Interessenverbandsfunktionäre basteln sich im Namen der ›Moral‹ Entscheidungsinstanzen über die Privatbeziehungen aller Bürger. Damit wird das Individuum kollektiviert und der Rechtsstaat weicht dem totalitären Gesinnungsstaat. (…) Da die Erziehung eines ›neuen Menschen‹ unter allen Formen und Systemen des Sozialismus gescheitert ist, versucht man es jetzt (leider erfolgreich) auf dem Umweg ›Antirassismus‹, indem man diesen Begriff so weit auslegt, daß in Europa jeder Konservative, jeder Patriot und jeder Gegner einer uferlosen Einwanderung, eines schrankenlosen Multikulturalismus und eines unbeschränkten Sozialstaats – kurz: jeder Nicht-Linker – als ›Rassist‹ und ›Diskriminierer‹ bezeichnet werden kann, dessen Äußerungen unter Strafe zu stellen sind.«[209]

Der an der Passauer Universität tätige Jura-Professor Johann Braun brachte die Stoßrichtung des neuen Gesetzes auf den Punkt: *»Deutschland wird wieder totalitär.«*[210] Der Professor ist nicht der einzige, der seiner Empörung Luft macht. Auch Volker Kauder, Generalsekretär der CDU, meinte, daß früher die *»richtige Rasse«*, in der früheren DDR *»die richtige Klasse«* ausschlaggebend war, *»und jetzt erleben wir: Er muß eine politisch-korrekte Einstellung haben. Und die wird natürlich von der rot-grünen Regierungskoalition diktiert. Wenn das nicht hilft, wird ein Antidiskriminierungsgesetz gemacht«*.[211] Noch treffender jedoch kommentierte der badenwürtembergische Justizminister Ulrich Goll den Sachverhalt. Das Gesetz *sei »ein bürokratisches Monstrum, das einem kranken Hirn entsprungen sein muß und das man eigentlich in den Papierkorb schmeißen kann«*[212].

Finanzminister Oskar Lafontaine

Oskar Lafontaine wurde am 16. September 1943 in Saarlois-Roden geboren und studierte nach dem Abitur Physik in Bonn und Saarbrücken. Im Jahr 1966 begann Lafontaine seine politische Karriere mit seinem Eintritt in die SPD. In den 1980er Jahren machte sich Lafontaine, den eine Duz-Freundschaft mit Erich Honecker verband, gegen den NATO-Doppelbeschluß stark und forderte den Austritt der Bundesrepublik aus der NATO.[213] Zur damaligen Zeit wurde Lafontaine auch mit dem Ausspruch *»Helmut Schmidt spricht weiter von Pflichtgefühl, Berechenbarkeit, Machbarkeit, Standhaftigkeit. Das sind Sekundärtugenden. Ganz präzis gesagt: Damit kann man auch ein KZ betreiben«* zum innerparteilichen Gegner des einstigen Bundeskanzlers, später entschuldigte er sich für diese Äußerung. Besonders negativ fiel Lafontaine jedoch mit seiner Ablehnung der deutschen Einheit auf. Als stellvertretender SPD-Vorsitzender sagte er noch am 18. Dezember 1989 auf einem Parteitag in Berlin: *»Wiedervereinigung? Welch historischer Schwachsinn!«*[214] Diese Haltung wurde ihm bei den nachfolgenden Bundestagswahlen zum Verhängnis, denn ohne Wiedervereinigung wäre Lafontaine vielleicht Bundeskanzler geworden. So allerdings hatte er im wiedervereinigten Deutschland gegen Helmut Kohl nicht den Hauch einer Chance, und daher blieb die Ernennung zum Bundesfinanzminister in der rot-grünen Regierungskoalition 1998 der bisherige Höhepunkt seiner politischen Karriere. Doch auch seine Amtszeit als Finanzminister unter Gerhard Schröder währte nicht lange, und schon am 11. März 1999 trat Lafontaine anläßlich der Kosovo-Krise von seinem Amt zurück.

Finanzminister Hans Eichel

Der am 24. Dezember 1941 in Kassel geborene Hans Eichel begann nach dem Abitur 1961 ein Studium der Germanistik,

Philosophie, Politik, Geschichte und Erziehungswissenschaften an der Universität Marburg und der Freien Universität Berlin, das er 1968 mit dem ersten und 1970 mit dem zweiten Staatsexamen für das Lehramt an Gymnasien abschloß. Anschließend war er bis 1975 als Lehrer in Kassel tätig. Eichel trat 1964 in die SPD ein und war von 1969 bis 1972 stellvertretender Vorsitzender bei den Jusos. Von 1975 bis 1991 bekleidete er das Amt des Oberbürgermeisters von Kassel und wurde anschließend hessischer Ministerpräsident.[215] Nach Lafontaines Rücktritt im Frühjahr 1999 wurde er neuer Finanzministers der rotgrünen Regierungskoalition.

Ähnlich wie Schröder, Fischer und Lafontaine war auch Eichel ein entschiedener Gegner der deutschen Wiedervereinigung, der noch im November 1989 verlauten ließ: *»Zusätzlich unterminiert das Wiedervereinigungsgetöse alle Ansätze einer vernünftigen deutsch-deutschen Politik.«*[216] Und selbst heute noch scheint er nur wenig Gespür für das Zusammengehörigkeitsgefühl der Deutschen aufzubringen, denn sonst würde er wohl kaum – wie im Herbst 2004 geschehen – im Zusammenspiel mit seinem Kanzler Gerhard Schröder den Vorschlag erbringen, aus wirtschaftlichen Überlegungen heraus den Tag der Deutschen Einheit am 3. Oktober als Feiertag abzuschaffen.[217] Der Vorschlag löste eine Welle der Entrüstung aus, und sowohl Eichel als auch Schröder mußten sich daraufhin vielfach den Vorwurf des »Vaterlandsverrats« anhören.

Hat Eichel tatsächlich keinen Bezug zur deutschen Nation? Alleine wäre er damit in einer Regierung, die so vom Geist der 68er-Revolution durchdrungen ist, zumindest nicht. Einen Bezug zum Marxismus hat Eichel jedenfalls ganz offensichtlich, wie er im Juni 1998 höchstpersönlich unter Beweis stellte. Die hessische Landesregierung hatte im Jubiläumsjahr der Revolution von 1848 zu einem Kongreß über die *»Zukunftsfähigkeit unseres demokratischen Erbes in Europa«* geladen, der am 5. und 6. Juni 1998 in der Frankfurter Paulskirche stattfand und an dem Eichel über die *»gegenwärtigen weltweiten ökonomischen und gesellschaftlichen Umwälzungen«* im Zuge der Globalisierung referierte – unter Bezug auf das *Kommunistische Manifest*![218] Die Verdrängung nationaler Industrien durch neue, international agierende, die Internationalisierung der Bedürfnisse der Verbraucher und der Märkte, schließlich die Individualisierung der Menschen in diesen Umwälzungen werde, so hieß es, im Manifest von Marx und Engels bereits prognostiziert.[219] Wörtlich sagte Eichel: *»Kürzlich fiel mir ein Text in die Hände, der mir präzise die gewaltigen gesellschaftlichen Umbrüche der Gegenwart zu beschreiben scheint, mit denen sich der Kampf für Menschenrechte und Demokratie heute auseinanderzusetzen hat und die uns in unseren Debatten der kommenden beiden Tage beschäftigen werden. (...) Dieser Text liest sich zwar streckenweise wie eine genaue Beschreibung dessen, was wir heute unter Globalisierung verstehen, aber er ist 150 Jahre alt, noch einige Monate älter sogar als das hier in der Paulskirche am 18. Mai 1848 zusammengetretene erste gesamtdeutsche Parlament. Ich habe – mit einigen Auslassungen – zwei kurze Passagen aus dem ›Manifest der Kommunistischen Partei‹ zitiert, das Karl Marx und Friedrich Engels selbst bereits in ihrer Vorrede zur deutschen Ausgabe von 1872 mit dem Attribut ›geschichtliches Dokument‹ relativiert haben. Ein historischer Text also, aber zugleich ein offenkundig sehr aktueller.«*[220] Mit dieser Argumentationsweise ist Finanzminister Eichel in guter Gesellschaft z. B. mit Außenminister Fischer, der Marx, ebenfalls im Zusammenhang mit der Globalisierung, im Jahr 1997 ja auch noch als *»weitsichtig«* bezeichnet hatte.[221] Ob es allein daran liegt, daß Eichel in seinen sechs Jahren als Finanzminister eine so schwache Bilanz vorzuweisen hat? Einen Bezug zur Finanzpolitik scheint er jedenfalls nicht zu haben, oder wie sonst ließe es sich erklären, daß der als Sparminister und Hoffnungsträger der Schröder-Regierung angetretene Eichel vermutlich als Rekordschuldenmacher und *»größter Vermögensvernichter der Nachkriegszeit«* in die deutsche Geschichte eingehen wird?[222]

Am 14. Januar 2003 hatte Eichel noch gesagt: *»Ich gehe in*

der Tat davon aus, jedenfalls werden wir alles dafür tun, daß es keine höhere Neuverschuldung als 18,9 Mrd. Euro geben wird.«[223] Jene versprochenen 18,9 Mrd. Euro entsprächen dabei einer Neuverschuldung von unter drei Prozent, jedoch sah das am 10. Mai 2003 schon anders aus, denn da erklärte Eichel: *»Es wird in diesem Jahr das 3-%-Kriterium wieder überschritten werden.«*[224] Ein weiteres Versprechen Eichels, datierend vom 20. November 2002, lautete: *»Wir werden 2006 einen ausgeglichenen Haushalt ohne Neuverschuldung erreichen.«*[225] Doch auch diese Angelegenheit sah bis zum 11. Mai 2003 ganz anders auch, da hieß es nämlich: *»Aber 2006 ausgeglichener Haushalt, das wird nach drei Jahren schwachen Wachstums nicht möglich sein, das wird länger dauern.«*[226]

Und hatte SPD-Fraktionschef Fanz Müntefering am 1. Oktober 2002 noch zugesagt: *»Wir haben für die Bundesebene festgelegt, daß wir keine Steuererhöhung wollen und daß es auch keine Steuererhöhung geben wird«*[227], so verkündete Eichel am 11. Mai 2003 schon wieder etwas ganz anderes: *»Und dann ganz am Schluß haben der Kanzler und ich das akzeptiert, daß es eine Erhöhung der Tabaksteuer gibt.«*[228]

Allen Versprechungen zum Trotz bleibt Eichel angesichts der katastrophalen Haushaltslage nur noch der Griff in die rechnerische Trickkiste, wie das Nachrichtenmagazin *Focus* in lesenswerter Weise ausführte: *»Daß er das zweitgrößte Haushaltsloch in der deutschen Nachkriegsgeschichte verantworten muß, verkauft der arg gebeutelte Eichel bereits als Erfolg. Klassenkampf-Kosmetik hat beim Genossen aus Kassel längst politischen Gestaltungswillen ersetzt. Den vor Jahren noch lautstark gepredigten Ausstieg aus der staatlichen Schuldenfalle kann Eichel inzwischen noch nicht mal mehr auf dem Papier darstellen. (...) ›Spätestens in zwei Jahren muß der Finanzminister erklären: Nichts geht mehr‹, vertraute er selbst vor einigen Wochen einer kleinen Kollegenrunde an. Ab 2006 sei zum Löcherstopfen kein nennenswertes Bundesvermögen mehr da. Sein offizieller Finanzplan beruht aber weiterhin auf der Annahme plötzlichen Geldsegens. So sollen* *die Steuereinnahmen des Bundes allein 2006 um sechs Prozent anziehen und bis 2008 sogar um fast 14 Prozent höher liegen als heute. Tatsächlich brechen aber gerade die drastisch erhöhten Bundesabgaben wie die Mineralöl- und Tabaksteuer dramatisch ein. Wie Eichel ›sonstige Einnahmen‹ in der Höhe von mehr als 20 Milliarden Euro dauerhaft aufbringen will, darüber rätseln selbst Eingeweihte. Da hilft nur die Trickkiste: 18 Milliarden Euro nicht im Haushalt ausgewiesenen Kreditspielraum kann Eichel in diesem Jahr zusätzlich nutzen, ohne den Bundestag zu fragen. Allein zwischen 2002 und 2004 habe er sich 11,5 Milliarden Euro über Nachtragshaushalte genehmigen lassen, aber nicht in Anspruch genommen, kritisiert der FDP-Haushaltsexperte Andreas Pinkwart. ›Mit diesen Vorratskrediten und seinen Bilanztricks täuscht Eichel die Öffentlichkeit über die katastrophale Lage hinweg.‹«*[229] Was wird wohl passieren, wenn ab 2006 tatsächlich kein nennenswertes Bundesvermögen mehr vorhanden sein wird? Um eine kompetentere Politik betreiben zu können und den wirtschaftlichen Kollaps des Staates noch abzuwenden, sollten die Herren Minister vielleicht weniger die Schriften des kommunistischen Lügenpropheten Marx studieren und sich statt dessen ausreichende Kenntnisse über die elementarsten Grundbegriffe einer zinsgebeutelten Marktwirtschaft aneignen. Das würde zweifelsfrei helfen, jenes offenbare Defizit an politischer Fachkompetenz auszugleichen! Oder ist hier etwa gar keine Inkompetenz am Werk, sondern handelt es sich hierbei womöglich um vorsätzliche Sabotage im Sinne Rudi Dutschkes, der zum Marsch durch die Institutionen aufrief, um das verhaßte marktwirtschaftliche Gesellschaftsystem in der Hoffnung auf eine bevorstehende Revolution von innen heraus zu zerstören? Nein, solches wollen wir niemandem unterstellen.

Wirtschaftsminister Wolfgang Clement

Wolfgang Clement wurde am 7. Juli 1940 in Bochum geboren. Nach dem Abitur absolvierte Clement zunächst ein Volontariat bei der *Westfälischen Rundschau* in Dortmund. Danach begann er ein Studium der Rechtswissenschaft in Münster, das er 1965 mit dem ersten juristischen Staatsexamen beendete. Anschließend war er als Rechtsreferendar und als Assistent am Institut für Prozeßrecht an der Universität Marburg tätig. Ab 1968 arbeitete er wieder bei der *Westfälischen Rundschau,* zunächst als politischer Redakteur, dann als Ressortleiter für Politik und schließlich als stellvertretender Chefredakteur. Von 1986 bis 1989 fungierte Clement schließlich als Chefredakteur bei der *Hamburger Morgenpost.*

Clements politische Karriere begann 1970 mit dem Eintritt in die SPD und erreichte 1995 einen ersten Höhepunkt mit seinem Amtsantritt als Wirtschaftsminister und anschließend bis 2002 als Ministerpräsident des Landes Nordrhein-Westfalen. Nach der Bundestagswahl 2002 wurde Clement von Bundeskanzler Schröder zum Bundesminister für Wirtschaft und Arbeit ernannt. Er übernahm damit das durch die Zusammenlegung von Wirtschafts- und Arbeitsministerium neu geschaffene sogenannte Superministerium, doch auch diese Zusammenlegung brachte sowohl hinsichtlich des erwarteten wirtschaftlichen Aufschwungs als auch des erhofften Abbaus der Arbeitslosigkeit wenig bis gar nichts.

Zwar war Schröder 1998 mit dem Versprechen, die Arbeitslosigkeit abzubauen, zur Bundestagswahl angetreten, doch anstatt des versprochenen Rückgangs waren die Arbeitslosenzahlen von 3 966 167 im September 1998 auf 5 216 434 im Februar 2005 angestiegen. Daß Arbeitsmarktpolitik noch nie Schröders Stärke war, hätte der deutsche Wähler jedoch auch schon anhand der Bilanz seiner Politik als niedersächsischer Ministerpräsident erkennen können, denn während Schröders Amtszeit waren auch dort die Arbeitslosenzahlen von 165 000 im Jahr 1992 auf 409 000 im Jahr 1996 angestiegen.[230] Und auch die Wirtschafts- und Arbeitsmarktbilanz des neuen Wirtschaftsministers Clement sprach schon in der Vergangenheit eine deutliche Sprache, wie die *Junge Freiheit* bereits im Sommer 2003 berichtete: *»Das altbewährte deutsche Sprichwort ›Was Hänschen nicht lernt, lernt Hans nimmermehr‹ läßt sich problemlos auch auf Bundeswirtschaftsminister Wolfgang Clement (SPD) übertragen. Doch ausgerechnet der Mann, der als Wirtschaftsminister (1995–1998) und späterer Ministerpräsident Nordrhein-Westfalens (1998 bis Oktober 2002) auf ganzer Linie gescheitert ist, soll jetzt als Bundeswirtschaftsminister Deutschland aus der schwersten Krise der Nachkriegszeit führen.*

Eindrucksvoll belegt wird Clements Versagen durch die Studie Bundesländer-Ranking – Bundesländer im Vergleich: Wer wirtschaftet am besten?*, die vom Institut der deutschen Wirtschaft (IW) und der Gesellschaft für Wirtschaftliche Strukturforschung (GWS) in Zusammenarbeit mit der ›Initiative Neue Soziale Marktwirtschaft‹ und der* Wirtschaftswoche *erstellt wurde. Danach landet NRW bei der wirtschaftlichen Entwicklung aller Bundesländer von 2000 bis 2002, dem sogenannten Dynamic-Ranking, weit abgeschlagen auf dem elften Platz. Kein anderes westdeutsches Flächenland wirtschaftete in dieser Zeit so schlecht wie Nordrhein-Westfalen. (...) Besonders peinlich für Clement ist, daß die Gründe für diese Entwicklung alle hausgemacht sind. Während der saarländische Regierungschef Peter Müller (CDU) die Gewerbesteuer konsequent gesenkt und im Verwaltungsrecht fast 3000 investitionshemmende Bestimmungen abgeschafft hat, ging die rot-grüne Landesregierung an Rhein und Ruhr genau den umgekehrten Weg. Wie jetzt auch bundesweit spielt die Gewerbesteuer bei der immer horrender werdenden Verschuldung der nordrhein-westfälischen Städte eine wichtige Rolle im Haushaltssäckel. (...) Ähnlich sieht es im Arbeitsmarktvergleich der beiden Bundesländer aus. Während die Arbeitslosigkeit an Rhein und Ruhr zwischen 2000 und 2002 weiter zunahm, ging sie im Saarland von 9,8 auf 9,1 Prozent zurück.*

›Wirtschaftswachstum und Produktivität im Saarland liegen weit über dem Durchschnitt, die Steuerkraft hat zugenommen, es gibt weniger Sozial- und Arbeitslosenhilfeempfänger, die Bürokratie wird konsequent abgebaut‹, begründete der Geschäftsführer der Initiative Neue Soziale Marktwirtschaft, Tasso Enzweiler, den Sieg des Saarlands. Dagegen sei die Entwicklung in Nordrhein-Westfalen ›besorgniserregend‹. (...) Die Studie belegt eindeutig, daß die rot-grüne Wirtschaftspolitik mit ihrem Hang zu immer weiterem Ausbau der Bürokratie, einer völlig verfehlten Steuerpolitik und der Angst vor einem manchmal harten, nichtsdestotrotz aber notwendigem Strukturwandel nicht geeignet ist, Deutschland aus der Rezession herauszuführen. Um so schlimmer ist es dann, daß ausgerechnet derjenige, der für den Niedergang Nordrhein-Westfalens ursächlich verantwortlich ist, nun Bundeswirtschaftsminister ist und sogar als designierter Nachfolger von Bundeskanzler Gerhard Schröder gilt.«[231]

Darf es da verwundern, daß Clement den wirtschaftlichen Abstieg, für den er in Nordrhein-Westfalen verantwortlich zeigte, im neuen Amt als Bundesminister seit 2002 nun konsequent bundesweit fortsetzt?!

Das bundesdeutsche Wirtschaftswachstum bewegt sich nach Jahren rot-grüner Mißwirtschaft nahe an der Nullmarke, das Pro-Kopf-Einkommen ging zurück hinter das Niveau von Frankreich und Großbritannien, dafür liegt der Anteil der Langzeitarbeitslosen höher als in vielen Ländern Europas. Nur noch 26,5 Millionen sozialversicherungspflichtigen Beschäftigten stehen fünf Millionen Arbeitslose und zwei Millionen Begünstigte von Sozialgeld und Arbeitslosengeld II gegenüber. Während die Weltwirtschaft im Jahr 2004 ein 25-Jahres-Hoch verzeichnen konnte, brachte Deutschland nur ein Miniwachstum von 1,6 Prozent zustande.Und auch das nur dank milliardenschwerer Kreditfinanzierung, die das Wachstum stimulierte und ohne die das Sozialprodukt des Landes sogar schrumpfen würde. Dreimal hintereinander verfehlte die Bundesregierung daher das Maastricht-Ziel, die Neuverschuldung unter drei Prozent des Bruttoinlandsproduktes zu drücken, und ebenso oft verstieß sie gegen das im Grundgesetz festgeschriebene Gebot, nicht mehr Geld für neue Schulden auszugeben als für Investitionen. Dafür mußte sich Schröder vom Sachverständigenratschef Bert Rürup vorhalten lassen: *»Die öffentlichen Finanzen fahren gegen die Wand.«*[232] Ähnliches wird Schröder von seinem Finanzminister Hans Eichel auch gehört haben.

Wieso geht in Deutschland nicht, was zeitgleich im europäischen Ausland funktioniert? Die Wirtschaft in Holland, Dänemark und Großbritannien wächst kräftiger, und die Arbeitslosenquoten sind bedeutend niedriger als bei uns, so daß bereits erste Deutsche als Gastarbeiter z. B. nach Holland gehen. Dort lag im Jahr 2000, ähnlich wie in der Schweiz, die Arbeitslosigkeit nach einer Statistik der OECD um mehr als die Hälfte niedriger als in Deutschland.

Im gleichen Jahr, als Schröder versprach, die *»Kraft des Mittelstandes«* mit *»Innovationsoffensiven«* und der *»steuerlichen Entlastung kleiner und mittlerer Betriebe«* zu *»entfesseln«*, gingen 37 600 Firmen pleite, was etwa 600 000 Menschen den Arbeitsplatz kostete. Die Deutschen sind nicht zu faul zum Arbeiten, sondern die rot-grüne Bundesregierung ist im Gegensatz zum europäischen Ausland nicht in der Lage, eine funktionierende Wirtschaftspolitik zu betreiben. *Der Spiegel* stellte den Vergleich an: *»Während im europäischen Ausland seit Jahren neue Jobs geschaffen werden, geht die Beschäftigung in Deutschland stetig zurück. Nur 65 Prozent der Deutschen sind erwerbstätig, in Großbritannien sind es 73, in Dänemark 75 Prozent. Zum Jahresbeginn 2004 hatten mehrere osteuropäische Länder die Unternehmensteuern drastisch gesenkt – Polen von 27 auf 19 Prozent, die Slowakei von 25 auf 19 Prozent, während Deutschland nach wie vor bei 39 Prozent liegt.«*[233]

Als Clement ein ähnliches Vorgehen vorschlug, stieß er damit in den eigenen Reihen auf scharfe Kritik. Entwicklungshilfeministerin Heidemarie Wieczorek-Zeul, seit ihren Tagen im Juso-Vorstand auch die »rote Heidi« genannt, giftete gar: *»Wolfgang, wie sollen wir mit dir noch solidarisch sein?«*[234] Selten zeigt sich so deutlich wie an diesem Beispiel, daß die Notwendigkeiten der Realität mit jeder Form sozialistischer Traumtänzerei schlicht unvereinbar sind. Wenn Rot-Grün genug Zeit übrig bliebe, so weiterzumachen wie bisher, dann würde der Lebensstandard in Deutschland in einigen Jahren sicher noch das Niveau der DDR, der ersten sozialistisch gescheiterten Republik auf deutschem Boden, erreichen.

Wie der Vergleich zwischen Nordrhein-Westfalen und dem Saarland zeigt, würde es auch anders gehen bei einer konsequenten Verfolgung einer kompetenten Wirtschafts- und Arbeitsmarktpolitik, die auf eine Stärkung des Mittelstandes, der tragenden Säule jeder Marktwirtschaft, ausgelegt sein müßte. Die saarländische CDU-Regierung hat es vorgemacht, wieso aber zeigt sich die rot-grüne Bundesregierung hierzu nicht imstande? Klaus Rainer Röhl liefert eine interessante Erklärung: *»Die gesamte Wirtschaft soll, jedenfalls nach dem Willen der grünen Mehrheit und einer Minderheit in der SPD, umgebaut werden. Der neue verschleiernde Ausdruck heißt ›Umsteuern‹, und dieses Umsteuern erfolgt nicht durch Verstaatlichung und Enteignungen, sondern durch rigide staatliche Eingriffe (durch Steuer- und Genehmigungsverfahren), die den gleichen, wenn nicht besseren Effekt haben sollen. Ziel: die egalitäre Zukunftsgesellschaft. Langfristig sollen diese Maßnahmen nicht nur die marktwirtschaftlich ausgerichtete Industrie aushebeln, sondern vor allem die Bürger, wovon schon Marx träumte und Lenin schwärmte, umerziehen.«*[235]

Bleibt zu hoffen, daß sich wenigstens eine von Schröders Prognosen aus dem Jahr 1998 bei der nächsten Gelegenheit als zutreffend erweisen wird: *»Wenn wir es nicht schaffen, die Arbeitslosenquote signifikant zu senken, dann haben wir es weder verdient, wiedergewählt zu werden, noch werden wir wiedergewählt.«*[236]

Hartz IV

Eine jener nicht funktionierenden Wunderwaffen der rot-grünen Bundesregierung im Kampf gegen die immer weiter steigenden Arbeitslosenzahlen war das Reformpaket Hartz IV des VW-Managers Peter Hartz, mit dem Wirtschaftminister Clement die Arbeitslosigkeit um 15 bis 20 Prozent senken wollte. Nicht etwa dadurch, daß durch diese Reform mehr Festanstellungen in der Wirtschaft entstehen würden, sondern durch eine flexiblere Vermittlung durch sogenannte Personal-Service-Agenturen einerseits und einen wachsenden Druck auf Arbeitslose, die auch weniger attraktive Stellenangebote und sogenannte »Mini-Jobs« nicht mehr ausschlagen können, andererseits.

Die mit Hartz IV geplanten Repressalien gegen Arbeitslose sollten in den Worten von Wolfgang Clement eine *»Zeitenwende auf dem Arbeitsmarkt«* einleiten.[237] Wer länger als ein Jahr arbeitslos ist, z. B. weil er seinen Arbeitsplatz durch Pleite oder Umzug der Firma ins unternehmensfreundlichere Tschechien oder Polen verloren hat und als über 50-Jähriger keine neue Stelle findet, bekommt von nun an das Arbeitslosengeld II, kurz ALG II, das bei der Anrechnung von eigenem Vermögen etwa der früheren Sozialhilfe entspricht. Auch Menschen also, die ohne eigenes Verschulden keine Arbeit mehr finden, müssen auf Erspartes, auf ihre Lebensversicherung und selbst auf Haus- oder Grundbesitz zurückgreifen, was letztlich einer Enteignung gleichkommt. Sogar die von Clements Vorgänger im Arbeitsministerium, Walter Riester, aufgrund der Tatsache, daß der Staat nicht mehr fähig ist, die Renten langfristig zu sichern, eingeführten Privatrenten, Riester-Renten genannt, müssen unter ALG II zum Teil zur Deckung des laufenden Lebensunterhalts herhalten. Hatte man dem deutschen Volk kurz zuvor noch beigebracht, jeder Bürger müßte privat für seine Rente vorsorgen, so wird ihm diese Privatvorsorge nun vorzeitig genommen. Jene Menschen also, die ihr ganzes Leben gearbeitet haben und aufgrund der verfehlten Wirtschaftpolitik der rot-grünen Regierung arbeitslos wurden, sind die Hauptleidtragenden der Hartz-IV-Reformen. Demgegenüber sind diejenigen, die ehrlicher Arbeit schon immer aus dem Weg gegangen sind und folglich nichts angespart haben oder auch jene, die ihr Geld rechtzeitig ins Ausland brachten, fein raus, denn wer nichts eigenes hat, muß auch nichts an die Ämter abgeben und bekommt von Beginn an die volle »Stütze«. Bisherige Sozialhilfeempfänger, die unter Umständen bislang nie offiziell gearbeitet haben und nun das höhere ALG II erhalten, stehen dank Hartz IV sogar besser da als je zuvor. Gleichzeitig sind die reduzierten ALG-II-Ansprüche immer noch so attraktiv, daß es weiterhin zu einer Einwanderung von Ausländern in das deutsche Sozialsystem kommen wird. Schon vor Einführung von Hartz IV war der Anteil an Ausländern unter den Sozialhilfeempfängern drei- bis viermal so hoch wie ihr Anteil an der Gesamtbevölkerung. Daß auch hier ein Teil des Problems der zu hohen Sozialausgaben in Deutschland zu suchen ist, hat bisher noch nicht einmal die Opposition begriffen, von den rot-grünen Multikulti-Traumtänzern, welche die deutschen Grenzen noch durchlässiger und Deutschland zu einem Einwanderungsland machen wollen, ganz zu schweigen.

Die Menschenverachtung der rot-grünen Arbeitsmarktreformen wird besonders deutlich angesichts der im Zuge von Hartz IV möglich gewordenen Vermittlung von langzeitarbeitslosen Frauen ins Rotlicht-Milieu. Da der Beruf der Prostitution seit 2002 legalisiert wurde – auch ein rot-grünes Projekt – und es rechtlich keine Untergrenze der Zumutbarkeit bei der Jobvermittlung gibt, bestünde für die Arbeitsagenturen kein Grund, nach der neuen Hartz-IV-Gesetzgebung nicht in den Bereich »sexueller Dienstleistungen« zu vermitteln, wenn sich die Arbeitsagenturen zunächst auch eine Selbstbeschränkung auferlegten, Vermittlungen in den Bereich Prostitution zu unterlassen. Mechthild Garweg, Fachanwältin für Familien- und Sozialrecht, kommentierte diese skandalöse Entwicklung provozierend mit den Worten: *»Es* *gibt juristisch keinen Hinderungsgrund, in diesen Dienstleistungsbereich zu vermitteln.«* Wenn eine Muslimin im Schlachthof Schweinefleisch verarbeiten, ein junger Mann sich als Nacktputzer und eine ehemalige Call-Center-Mitarbeiterin sich in der Telefonsexagentur verdingen müsse, *»warum soll dann von einer erwachsenen Frau nicht verlangt werden, ihr Einkommen durch kommerzielles Vögeln zu erzielen«.*[238] Die Selbstverpflichtungserklärung der Arbeitsagenturen, nicht in den Bereich Prostitution zu vermitteln, gelte für Gastronomie und Tabledance allerdings nicht. Eine Sprecherin des DGB gestand ein: *»Es wird Grenzfälle geben. So die Kellnerin, die im kurzen Röckchen hinterm Bordelltresen stehen soll, oder die Tänzerin, die in ein Tabledance-Lokal vermittelt wird.«*[239] Und bereits einen solchen Job abzulehnen, kann für eine Frau unter den Bedingungen von Hartz IV Konsequenzen haben.

Verbraucherschutzministerin Renate Künast

Renate Künast wurde am 15. Dezember 1955 in Recklinghausen geboren. Nach einem Studium der Sozialarbeit an der Fachhochschule Düsseldorf arbeitete sie von 1977 bis 1979 als Sozialarbeiterin in der Justizvollzugsanstalt Berlin-Tegel, speziell mit Drogenabhängigen. Später studierte sie Jura und schloß das Studium 1985 mit dem zweiten Staatsexamen als Rechtsanwältin ab. Ihre politische Karriere begann 1979 mit dem Eintritt in die Westberliner Grün-alternative Liste, einem Vorläufer der heutigen grünen Partei, weil es dort, wie sie sagte, *»anders als bei anderen politischen Gruppierungen dieser Zeit«* keine *»Denkverbote«* gab.[240] Bald darauf fuhr sie nach Niedersachsen, in den Landkreis Lüchow-Dannenberg, wo bei Gorleben ein Atommülllager geplant war, gegen das zu protestieren damals als grünes Gebot galt.

In der Nähe des geplanten Lagers gründeten Atomkraftgegner damals das Hüttendorf »Republik Freies Wendland«, das eigene Pässe ausstellte, die man jedoch nur bekommen konnte, wenn man zu diesem Paß ein Papier unterschrieb, auf dem man ausdrücklich erklärte, daß *»ein Staat, der an dem tödlichen Mißverhältnis festhält, daß innere und äußere Sicherheit durch Waffen und Uniformen hergestellt werden kann«*, nicht länger der seine sei. Künast besaß solch einen Paß, sie hatte diese Erklärung unterschrieben und sich damit von der Bundesrepublik losgesagt.[241] Ihrer grünen Karriere konnte diese Erklärung jedoch keinen Schaden zufügen – offenbar wird die deutsche Staatsbürgerschaft auch bei anderen hochrangigen Mitgliedern dieser Partei ohnehin nur gering geachtet – und so wurde sie erst Fraktionsvorsitzende der Grünen in Berlin und später Bundesvorsitzende. Im Januar 2001 wurde sie schließlich Nachfolgerin des über den BSE-Skandal gestolperten Bundeslandwirtschaftsministers Karl-Heinz Funke als Ministerin für Verbraucherschutz, Ernährung und Landwirtschaft.

Noch heute ist Künast, die eigenem Bekunden nach keine *»anti-egalitären Ansätze«* duldet, also alles, was der politisch verordneten Gleichmacherei widerspricht, der Ansicht, das einigende Band der neuen Deutschen sei die *»multikulturelle Demokratie«*.[242] Auch noch angesichts der Visa-Affäre möchte Künast die Grenzen weiter öffnen, sie wünscht ausdrücklich weitere Zuwanderung und fordert sogar, staatliche Subventionen wie die Eigenheimzulage, die deutschen Familien in der Vergangenheit dabei half, eine eigene Existenz aufzubauen, abzuschaffen, um das Geld in den Ausbau von Kindergärten für die Integration von *»Migrantenkindern«* zu investieren.[243] Wer sich aber gegen solche Forderungen verwehrt, kommt schnell in den Verdacht des Rechtsextremismus. Überhaupt steht in einer 1999 herausgegebenen Broschüre der Berliner Grünen, für die u. a. Renate Künast verantwortlich zeichnet und die den Titel *Zur Übernahme rechtsradikaler Argumente durch Berliner CDU Politiker* trägt, zu lesen: *»Wir dokumentieren, daß führende Christdemokraten rechtsradikales Gedankengut aufnehmen, dies öffentlich darstellen und* *dadurch selbst ein Teil der rechtslastigen Grundströmung in der Gesellschaft werden. In diesem Sinne sind sie willige Vollstrecker einer politischen Renaissance rechtsradikalen Gedankenguts.«*[244] Wie weltfremd und absurd diese Behauptung ist, wird nicht zuletzt angesichts der Tatsache deutlich, daß Rot-Grün weder 1998 an die Macht gekommen wäre noch sich dort hätte halten können, wenn es denn tatsächlich so etwas wie eine *»rechtslastige Grundströmung in der Gesellschaft«* gäbe.[245] Entweder bekämpft Rot-Grün, ähnlich wie Don Quichotte, also eine rechtsradikale Gefahr, die gar nicht existiert, oder aber Rot-Grün sieht diese angeblich rechtsradikale Gefahr in der CDU/CSU-Opposition verkörpert. Dies aber würde bedeuten, daß Rot-Grün eine Republik anstrebt, die sich wesentlich von dem CDU-dominierten Deutschland der Nachkriegszeit und der 1980er und frühen 1990er Jahre unterscheidet, nämlich ein egalitäres, multikulturelles Deutschland, ein Deutschland ohne deutsches Volk, ein Deutschland, an dem Karl Marx seine Freude hätte.

Künast und der ökologische Landbau

Ein Projekt, das der grünen Frau Künast besonders am Herzen lag, war die von ihr proklamierte »Agrarwende« zugunsten einer ökologischen Landwirtschaft, die den Verbraucher mit biologisch produzierten Lebensmitteln versorgen sollte. An sich ein sehr lobenswertes Vorhaben, was könnte schon daran auszusetzen sein, wenn sich Deutschland mit biologisch und artgerecht produzierten Lebensmitteln versorgen könnte, die ohne den Einsatz von Kunstdüngern oder Pestiziden erzeugt werden? Freilandeier statt Käfigeier, Milch und Fleisch von glücklichen und artgerecht gehaltenen Tieren, das hört sich unwidersprochen sehr gut an, zumindest in der Theorie. In der Praxis bringt dieses Vorhaben jedoch eine ganz Reihe von Problemen mit sich, so z. B. die Tatsache, daß biologisch erzeugte Lebensmittel deutlich teurer sind als konventionell produzierte. Schuld daran sind nicht die Landwirte, die auch mit dem Einsatz chemischer Hilfsmittel das Letzte aus der Natur herauspressen müssen, wenn sie dem Preisdruck entgrenzter Märkte standhalten und wirtschaftlich überleben wollen. Und dennoch stiegen die Lebensmittelpreise zwischen 2001 und 2002 deutlich. Laut Statistischem Bundesamt verteuerten sich Lebensmittel in diesem Zeitraum um 5,3 Prozent, Molkereiprodukte gar um 7,8 Prozent, der Preis bei Fleisch- und Wurstwaren stieg ebenfalls um 7,6 Prozent. Und selbst bei Getreideprodukten wurde trotz Rekordernte eine überdurchschnittliche Preissteigerung beobachtet, bei Weizenmehl waren es zum Beispiel 7,9 Prozent.[246] Gerade in einer Zeit wirtschaftlicher Schwierigkeiten und steigender Arbeitslosenzahlen, wenn die Bevölkerung angehalten wird, ihre Rentenvorsorge in die eigenen Hände zu nehmen und immer mehr Menschen durch Hartz IV ins soziale Abseits abzugleiten drohen, mutet Künast den Verbrauchern das Schlagwort *»Klasse statt Masse«* zu, was beinhaltet, daß der Verbraucher für ihre grün-ideologische Entscheidung, den Ökolandbau zu verstärken, gefälligst tiefer in die Tasche zu greifen habe. Aber bekanntlich kümmerte sich rot-grüne Politik noch nie um die Notwendigkeiten der Realität, und so auch in diesem Fall nicht. Ganze 20 Prozent Ökolandbau – im Jahr nach der »Agrarwende« waren es in Deutschland gerade mal 2,6 Prozent – wollte Künast in den nächsten Jahren auf dem deutschen Markt für Agrarprodukte etabliert wissen. Ein extra eingeführtes Etikett sollte den Verbrauchern den entsprechenden Griff ins Regal erleichtern – zu einem höheren Preis. Um den Absatz ihrer ökologischen Erzeugnisse anzukurbeln, wollte die Ministerin gar mit verschärften Wettbewerbs- und kartellrechtlichen Regelungen das Angebot billiger Nahrungsmittel reduzieren.[247] Auch ihr Parteigenosse Trittin sprach deutlich aus, was Künast antrieb. Er schrieb: *»Bioprodukte sind nicht übermäßig teuer – die Produkte im Supermarkt sind nur unzulässig billig.«*[248] Ganz offensichtlich würde man bei den Grünen also auch vor planwirtschaftlichen Preiskontrollen nicht zurückschrecken, um dem deutschen Volk die grüne Ideologie anzuerziehen.

Ob man dem Problem nicht mit einer konsequent marktwirtschaftlich und national ausgerichteten Politik besser begegnen könnte anstatt mit entgrenzten Märkten und den planwirtschaftlichen Subventionsprogrammen der EU? Da einem grünen Multikulti-Befürworter aber jeder nationale Gedanke fremd zu sein hat, man duldet ja schließlich keine *»anti-egalitären Ansätze«*, ist ein solches Vorgehen von vornherein tabu. Das *Ostpreußenblatt* faßte das Problem zusammen: *»Die grüne Ministerin hätte ihren bei Steuern und Sozialabgaben federführenden roten Koalitionspartner dringend mahnen müssen: Gebt den Menschen endlich mehr Geld in die Hand, statt ihnen immer mehr vom mühsam Erarbeiteten abzuknöpfen, dann können sie sich auch beim Essen mehr Qualität leisten. Verbraucherschutz als Beitrag zur Steigerung der Volksgesundheit und der Eßkultur – und zugleich als mittelstandsfreundliches Konjunkturprogramm –, da würde wohl nicht nur Deutschlands organisierte Bauernschaft jubeln.«*[249]

Auch wenn das Vorhaben, den Ökolandbau zu stärken, an sich also unbestritten lobenswert ist, so funktioniert dies sicher nicht, indem Rot-Grün dem Verbraucher schlicht abverlangt, mehr Geld für qualitativ hochwertige Lebensmittel auszugeben. Dieses Geld müssen die Verbraucher zuerst in der Tasche haben, und gerade für einen höheren Lebensstandard der Deutschen sorgte die rot-grüne Politik in den letzten Jahren eben nicht. Erst bei steigender Liquidität werden die Deutschen bereit und in der Lage sein, mehr Geld für gesunde Lebensmittel auszugeben. Ein Vorbild hierfür mag die Schweiz sein, dort liegt der Marktanteil ökologisch produzierter Lebensmittel deutlich höher als in Deutschland. Aber das grundsätzliche Verständnis marktwirtschaftlicher Mechanismen scheint sowohl bekennenden wie heimlichen Advokaten einer marxistischen Planwirtschaft nunmal nicht im Blut zu liegen.

Künast und die dicken Kinder

Ein weiterer, im Grunde lobenswert zu nennender Ansatz von Ministerin Künast war ihr Vorstoß, übergewichtigen Kindern zu einer besseren körperlichen Verfassung zu verhelfen. Allein die geplante Umsetzung weist gröbste Mängel auf, die an der Amtsfähigkeit der Ministerin Zweifel aufkommen lassen. Mit einem Drei-Punkte-Programm wollte Künast dafür sorgen, daß in Ganztagsschulen täglich eine qualitativ hochwertige Mahlzeit angeboten wird. Zur Finanzierung sollte der Vier-Milliarden-Euro-Topf der Regierung zum Ausbau des Ganztagsschulsystems herhalten. Darüber hinaus sollte ein Unterrichtsfach »Ernährung und Verbraucherschutz« eingeführt und schließlich die Nahrungsmittelindustrie dazu bewegt werden, freiwillig den Fettgehalt von Produkten für Kinder zu verringern. Selbst wenn das Vorhaben wie geplant umgesetzt werden könnte, so würde damit nicht ein einziges Kind Übergewicht verlieren, denn Körperfett abzubauen ist eine Frage der individuellen Disziplin, die nur bei einer entsprechenden persönlichen Zielsetzung und Motivation zu erreichen ist. Schulkinder staatlich verordnet auf Diät zu setzen ist nicht nur undurchführbar – denn wer sollte die Einhaltung dieser Diät kontrollieren? –, sondern wäre zudem ein Akt staatlicher Willkür und ein Eingriff in die persönliche Freiheit und Selbstverantwortung jedes Bundesbürgers. Die *Junge Freiheit* urteilt über Künasts Drei-Punkte-Programm ganz zurecht: *»Das Wort Schwachsinn ist bei den Künastschen Vorschlägen durchaus angebracht.«*[250]

Daß man jedoch dasselbe, an sich ja lobenswerte, Vorhaben, die physische Verfassung von Kindern und Erwachsenen zu verbessern, auch anders umsetzen kann, hat der gegenwärtige konservative Gouverneur von Kalifornien und frühere Hochleistungssportler Arnold Schwarzenegger schon 1988 unter Beweis gestellt. Schwarzenegger hatte damals im Auftrag der US-Regierung George Bush sen. der amerikanischen Öffentlichkeit sein Programm des »Great American Workout«

vorgestellt, das die US-Bürger motivieren sollte, sich gesünder zu ernähren und mehr Sport zu treiben. Da der ehemalige Leistungssportler Arnold Scharzenegger als Identifikationsfigur eine wesentlich größere Glaubwürdigkeit besitzt als Renate Künast, gelang ihm, was der grünen Ministerin nicht gelingen wird: seine Zielgruppe zum Abnehmen und zur sportlichen Betätigung zu motivieren. In der Folge kam es zu einem erneuten Boom der Fitneßindustrie in Nordamerika und auch zu einer verstärkten Nachfrage und somit einer größeren Vielfalt fettarmer oder fettfreier Nahrungsmittel. An die Eigenverantwortung zu appellieren, und wenn auch nur über den Umweg der Eitelkeit, zahlt sich offensichtlich eher aus, als dasselbe Ziel durch planwirtschaftlich verordnete Programme willkürlich erreichen zu wollen.

Verteidigungsminister Rudolf Scharping

Rudolf Scharping wurde am 2. Dezember 1947 in Niederelbert im Westerwald geboren. Nach dem Abitur studierte er Politikwissenschaften, Soziologie und Rechtswissenschaft an der Universität Bonn. Im Jahr 1966 wurde Scharping Mitglied der SPD und saß von 1975 bis 1994 im Landtag von Rheinland-Pfalz, seit 1991 als Ministerpräsident. Im Jahr 1994 gelang ihm der Aufstieg zum Mitglied der Bundestags und zum Vorsitzenden der SPD-Bundestagsfraktion. Nach dem Wahlsieg von Rot-Grün wurde er 1998 von Kanzler Schröder zum Verteidigungsminister ernannt.

Rot-Grün und der Balkankrieg

»Liebe Mitbürgerinnen und Mitbürger, heute Abend hat die NATO mit Luftschlägen gegen militärische Ziele in Jugoslawien begonnen. Damit will das Bündnis weitere schwere und systematische Verletzungen der Menschenrechte

unterbinden und eine humanitäre Katastrophe im Kosovo verhindern. Der jugoslawische Präsident Milosevic führt dort einen erbarmungslosen Krieg. Wir führen keinen Krieg, aber wir sind aufgerufen eine friedliche Lösung im Kosovo auch mit militärischen Mitteln durchzusetzen.«[251]
Bundeskanzler Gerhard Schröder am 24. März 1999

Am 24. März 1999 starteten auf dem italienischen Luftwaffenstützpunkt Piacenza Tornados der Bundeswehr gegen Jugoslawien im ersten Kriegseinsatz deutscher Soldaten nach dem Zweiten Weltkrieg. Der Einsatz diene der Abwendung einer humanitären Katastrophe im Kosovo, wo die Serben angeblich die systematische Vertreibung und Ermordung der albanischen Bevölkerung betrieben – jedenfalls mußte man diesen Eindruck gewinnen, wenn man den Ausführungen der rot-grünen Bundesregierung, und ganz besonders ihres damaligen Verteidigungsministers Rudolf Scharping, zur Lage im Kosovo unmittelbar vor dem Beginn des NATO-Angriffs Glauben schenkte.

Ein großer Teil der deutschen Öffentlichkeit hat Scharping im Frühjahr 1999 geglaubt und damit die Notwendigkeit eines militärischen Einschreitens anerkannt – zu Unrecht, wie sich herausgestellt hat. Inzwischen steht fest, daß sich keine Bundesregierung so der Verdrehung und der Manipulation von Fakten bedient und das deutsche Volk so belogen hat wie die rot-grüne Regierungskoalition im Frühjahr 1999. Erste Stimmen, die dieses behauptet hatten, waren schon früh zu vernehmen, so z. B. jene von Willy Wimmer, der im Frühjahr 2000 sagte: *»Noch nie haben so wenige so viele so gründlich belogen wie im Zusammenhang mit dem Kosovo-Krieg. (...) Dafür sind Menschen gestorben.«*[252]

Doch spätestens im Februar 2001 gelangte die ganze Wahrheit über die Lügen der Bundesregierung in einer Fernsehdokumentation des WDR mit dem Titel *Es begann mit einer Lüge* ans Licht der Öffentlichkeit. Darin stellten die beiden Fernsehjournalisten Jo Angerer und Matthias Werth nach monatelanger Recherche eindrucksvoll unter Beweis, daß die Hauptgründe, die Verteidigungsminister Scharping und Außenminister Fischer als Rechtfertigung für den NATO-Angriff angaben, einer näheren Untersuchung nicht standhalten konnten. Weder hatte es ein Konzentrationslager in einem Fußballstadion von Pristina gegeben noch ein Massaker in Rugovo, und auch der sogenannte Hufeisenplan, nach dem die serbischen Verbände angeblich systematisch die ethnische Säuberung des Kosovo betrieben, war eine plumpe Lüge, die einzig unter Beweis stellte, für wie dumm die rot-grüne Regierung das deutsche Volk hält.

Der Fall Rugovo

Ein erster Grund für den Angriff gegen Jugoslawien war ein angebliches Massaker serbischer Milizen an der unschuldigen albanischen Zivilbevölkerung in Rugovo am 29. Januar 1999. Als Zweifel an der offiziellen Darstellung dieses Massakers aufkamen, legte Scharping im April 1999 seine Beweise vor und rechtfertigte sich mit den Worten: *»Was wir Ihnen hier zeigen, ich hatte ja schon gesagt, man braucht starke Nerven, um solch grauenhafte Bilder überhaupt ertragen zu können, sie machen aber deutlich, mit welcher Brutalität das damals begonnen wurde und seither weitergegangen ist. Wenn Sie sich mal solche Fotos anschauen, dann werden Sie auch sehr, sehr unschwer erkennen können, daß das in einem gewissen Umfang auch beweissichernd sein kann. Die Uniformen, die Sie da sehen, das sind Uniformen der serbischen Spezialpolizei. Das macht auch deutlich, daß Armeekräfte und Spezialpolizei, später dann auch im Fortgang nicht nur diese, sondern auch regelrechte Banden freigelassener Strafgefangener und anderer, an solchen Mordtaten beteiligt sind. Es sind erschütternde Bilder. Und ich muß mir große Mühe geben, das in einer Tonlage zu schildern, die nicht gewissermaßen zur Explosion führt.«*[253] Scharpings Vortrag war emotionalisiert, aber inhaltlich unhaltbar, denn aus einem geheimen Lagebericht, der seinen eigenen Experten damals schon bekannt war, geht hervor, daß dies keineswegs ein Massaker an Zivilisten war. In dem Bericht heißt es: *»Am 29. Januar '99 wurden in Rugovo bei einem Gefecht 24 Kosovo-Albaner und ein serbischer Polizist getötet.«*[254] Bei dem Vorfall in Rugovo handelte es sich also offenbar um eine militärische Auseinandersetzung zwischen serbischen Milizen und Kämpfern der UCK, denn die toten Kosovo-Albaner trugen Militärstiefel, hatten Mitgliedsausweise der UCK und neben ihnen lagen ihre Gewehre. Bestätigt wurde dieser Sachverhalt durch den ersten OSZE-Beobachter, der vor Ort war, den deutschen Polizeibeamten Henning Hensch. Dieser kam in seinem offiziellen Ermittlungsbericht zu dem Ergebnis, daß es sich bei dem Vorfall in Rugovo nicht um ein Massaker an Zivilisten handelte. Mehr noch, er wies Scharping auf diesen Sachverhalt hin: *»In jedem Fall ist es richtig, daß der Verteidigungsminister noch am Tage der ersten Veröffentlichung, die ich selber auch gesehen habe in der* Deutschen Welle, *von mir darüber in Kenntnis gesetzt worden ist, daß die Darstellung, die da abgelaufen ist, so nicht gewesen ist.«*[255] Trotzdem blieb Scharping zunächst bei seiner Version, mehr noch, er berief sich sogar auf jene OSZE-Beobachter, die als erstes vor Ort waren. Deutschlands Militärberater bei der OSZE, der Brigadegeneral Heinz Loquai, fand klare Worte für den Fall Rugovo: *»Es war auch ganz klar, daß das kein Massaker an der Zivilbevölkerung war, denn nach den OSZE-Berichten haben Kommandeure der UCK ja selbst gesagt, es seien Kämpfer für die große Sache der Albaner dort gestorben. Also zu einem Massaker hat es eigentlich der deutsche Verteidigungsminister dann interpretiert.«*[256]

Später jedoch wollte der Minister von einem Massaker plötzlich nichts mehr wissen. Hierzu schreibt Jürgen Elsässer in seinem Buch *Kriegsverbrechen*: *»Zunächst behauptet der Verteidigungsminister, in dem kosovarischen Dörfchen hätten die Serben ein ›Massaker‹ angerichtet. Dann macht ihn* *der Hamburger Friedensforscher Dieter S. Lutz darauf aufmerksam, daß diese Bezeichnung falsch ist – die Opfer seien im Gefecht gefallen, alle toten Kosovo-Albaner seien Guerilleros der UCK gewesen. Daraufhin meint Scharping, er habe ›noch nie‹ von einem Massaker gesprochen. Thomas Deichmann vom linken Magazin* Novo *meldet sich zu Wort, hält Scharpings Kriegstagebuch hoch und liest, falls jemand vergessen haben sollte, was Scharping eine Stunde zuvor behauptete, Wort für Wort jene Passage vor, in der Scharping von einem ›Massaker‹ in Rogovo geschrieben hatte. Scharping konterte stolz, er hätte ja aus seinen Aufzeichnungen ›den fehlerhaften Gebrauch eines Wortes‹ nachträglich streichen können, doch er stehe zu seinen Fehlern. Niemand lacht, niemand protestiert, niemand geht und knallt die Tür. Die deutschen Journalisten lassen sich von ihrem Verteidigungsminister ins Gesicht lügen und fühlen sich großartig dabei.«*[257]

Ein angebliches KZ in Pristina

Einen weiteren Grund für den Angriff auf Jugoslawien lieferte, so Scharping und Fischer, ein angebliches Konzentrationslager, das in einem Fußballstadion in Pristina, der Hauptstadt des Kosovo, existiert haben soll. Hierzu äußerte Verteidigungsminister Scharping Ende März 1999 folgendes: *»Viel wichtiger ist die Frage, was geschieht jetzt im Kosovo: Wenn ich höre, daß im Norden von Pristina ein Konzentrationslager eingerichtet wird, wenn ich höre, daß man die Eltern und die Lehrer von Kindern zusammentreibt und die Lehrer vor den Augen der Kinder erschießt, wenn ich höre, daß man in Pristina die serbische Bevölkerung auffordert, ein großes ›S‹ auf die Türen zu malen, damit sie bei den Säuberungen nicht betroffen sind, dann ist da etwas im Gange, wo kein zivilisierter Europäer mehr die Augen zumachen darf, außer er wollte in die Fratze der eigenen Geschichte schauen.«*[258] Wieder sehr emotionalisiert, das braucht die Öffentlichkeit offenbar so, aber inhaltlich unhaltbar. Wie Jo Angerer und Matthias Werth nachweisen konnten, gab es nie sowas wie ein »S« an den Türen zum Schutz der in Pristina lebenden Serben. Zeugen aus Pristina, die zu dem Vorwurf, dort habe ein KZ existiert, befragt wurden, wußten nichts von einem Konzentrationslager. So z. B. der kosovo-albanische Politiker Shaban Kelmendi, dessen Haus direkt am Stadion liegt und der Pristina während des Krieges keinen Tag verlassen hat: *»Es hat damals dort keinen einzigen Gefangenen oder eine Geisel gegeben. Das Stadion hat immer nur als Landeplatz für Helikopter gedient.«*[259] Nichtsdestotrotz führte Joschka Fischer dieses angebliche KZ mit den Worten *»Nie wieder Auschwitz!«* als Grund für den Krieg gegen Jugoslawien an.[260]

Brigadegeneral Heinz Loquai von der OSZE kommentierte diese Aussage wie folgt: *»Hier muß ich mich wirklich beherrschen, weil der Vergleich mit Auschwitz und der Situation im Kosovo eine ungeheuerliche Behauptung ist. Man muß sich als Deutscher schämen, daß deutsche Minister so etwas getan haben, denn ein normaler Mensch, ein normaler Deutscher, wird vor Gericht zitiert, wenn er in derartigem Ausmaße Auschwitz verharmlost. Und daß ein deutscher Minister von KZs im Kosovo sprach, ist auf der gleichen Linie, denn KZs sind Einrichtungen einer bestimmten historischen Situation, nämlich der nationalsozialistischen Zeit in Deutschland. Und ich finde es im Grunde genommen ungeheuerlich, daß gerade Deutsche diese Vergleiche gewählt haben.«*[261]

Scharpings Hufeisenplan

»Wir wären ja auch niemals zu militärischen Maßnahmen geschritten, wenn es nicht diese humanitäre Katastrophe im Kosovo gäbe mit 250 000 Flüchtlingen innerhalb des Kosovo, weit über 400 000 Flüchtlingen insgesamt und einer zur Zeit nicht zählbaren Zahl von Toten.«[262]

Rudolf Scharping am 27. März 1999

Könnte man die falsche Darstellung der Vorfälle in Rugovo und Pristina mit ein wenig gutem Willen vielleicht noch als menschliche Irrtümer akzeptieren, so fällt diese Erklärung im Fall des dritten und wichtigsten Kriegsvorwandes eindeutig weg.

Am 7. April 1999 erklärte Scharping, die Vertreibung und die ethnische Säuberung des Kosovo durch die Serben sei schon von langer Hand geplant gewesen, es existiere hierzu ein »Operationsplan Hufeisen«. Wörtlich sagte er: *»Ich will Ihnen ausdrücklich auch für morgen ankündigen eine genaue Analyse dessen, was sich auf der Grundlage des ›Operationsplans Hufeisen‹ in den Monaten seit Oktober 1998 im Kosovo vollzogen hat. Er zeigt sehr deutlich, daß in klar erkennbaren Abschnitten die jugoslawische Armee, die jugoslawische Staatspolizei, begonnen hat, in der Zeit von Oktober bis zum Beginn der Verhandlungen in Rambouillet die Vorbereitungen für die Vertreibung der Bevölkerung nicht nur zu treffen, sondern diese Vertreibung auch schon begonnen hat. Er zeigt im übrigen sehr deutlich das systematische und ebenso brutale wie mörderische Vorgehen, das seit Oktober 1998 geplant und seit Januar 1999 ins Werk gesetzt worden ist.«*[263]

Ähnlich wie ein Hufeisen, hieß es, würden serbische Truppen albanische Zivilisten umschließen und so aus dem Kosovo treiben. Als Beweis des planmäßigen Vorgehens der Serben druckte das Verteidigungsministerium in einer eigens dazu herausgegebenen Broschüre ein Foto ab, das zeigen sollte, wie die Serben bereits vor Beginn der NATO-Luftangriffe ein Dorf überfallen und in Brand gesetzt hätten. Angerer und Werth weisen jedoch darauf hin, daß die Datenzeile dieses Fotos Zweifel aufkommen läßt, denn das Foto stammte vom April 1999, wurde also erst *nach* dem Beginn der NATO-Luftangriffe aufgenommen, was die Beweiskraft des Bildes für einen angeblichen Hufeisenplan zunichte macht.[264]

Scharping behauptete weiter, die Häuser in einem weiteren Dorf seien auf eine besonders perfide Art und Weise in Brand gesetzt worden. Die Serben hätten, so hieß es, auf dem

Dachboden eine brennenden Kerze aufgestellt und anschließend im Keller den Gashahn aufgedreht. Doch Augenzeugen vor Ort erinnerten sich anders: »*Nein, so gerieten die Häuser in unserem Dorf nicht in Brand. Das passierte auf unterschiedliche Art und Weise, aber nicht so. Die wurden anders in Brand gesetzt. Die Häuser hatten durch Granatenbeschuß Feuer gefangen, diese Fälle gab es. Das geschah, als die Granaten ins Heu einschlugen, auf die Zäune und so. Auf gar keinen Fall aber durch solch eine Methode mit den Kerzen.*«[265] Die Augenzeugen erklärten darüber hinaus, daß die Zerstörungen bereits aus dem Juni 1998 stammten, somit lange vor der Zeit des angeblichen Hufeisenplans.

Aufgrund dieser Widersprüche ließen Angerer und Werth schließlich den Verteidigungsminister selbst Stellung beziehen, und dieser Wortlaut ist es wert, vollständig zitiert zu werden:

»A. & W.: ›Dieser letzte Ort war, da war eine Bildunterschrift drunter, dort stand, die Serben kommen in Dörfer, öffnen die Gashähne in den Kellern und stellen eine brennende Kerze auf den Dachboden. Es gibt Zweifel, daß diese Methode überhaupt funktioniert.‹

Rudolf Scharping: ›Welche Zweifel sind das denn?‹

A. & W.: ›Wenn man in den Kellern den Gashahn aufdreht und oben eine Kerze hinstellt, das funktioniert nicht!‹

Rudolf Scharping: ›Ja?‹

A. & W.: ›Nein, funktioniert technisch überhaupt nicht, weder chemisch noch physisch noch überhaupt. Das weiß eigentlich jeder Oberbrandmeister. Es muß also eine Information sein, die entweder von den Zeugen, die ihnen zugetragen worden ist, nicht korrekt ist oder nicht geprüft worden ist.‹

Rudolf Scharping: ›Dann würde ich Ihnen raten, diesen Test noch einmal zu machen. Aber nicht mit einem Gashahn im Keller, sondern mit einer Flasche.‹

A. & W.: ›Ja, das ist das gleiche, das funktioniert beides nicht.‹

Rudolf Scharping: ›Ja …?‹«

Zur Erklärung: Gas ist nämlich schwerer als Luft! Anschließend wurden die verräterischen Passagen in einer Neuauflage der Broschüre des Verteidigungsministeriums entfernt. Während Scharping weiter auf den Hufeisenplan insistierte, wies die Vorsitzende des Internationalen Kriegsverbrechertribunals, Carla del Ponte, darauf hin, daß sie den »Hufeisenplan« als *»nicht gerichtsverwertbares Beweisstück«* einstufe.[266]

Während Scharping am 27. März behauptete, der serbische Hufeisenplan habe im Kosovo eine humanitäre Katastrophe ausgelöst mit einer *»zur Zeit nicht zählbaren Zahl von Toten«*, so war die OSZE zur selben Zeit besser informiert. Ihr Fazit für den März 1999: 39 Tote im gesamten Kosovo.[267]

Mehr noch, General Heinz Loquai von der OSZE erfuhr sogar direkt aus dem Verteidigungsministerium, daß dort kein Hufeisenplan bekannt war: *»Ich habe dann um ein Gespräch im Verteidigungsministerium nachgesucht, das habe ich bekommen, das war im November, und dort hat man mir gesagt, es habe kein ›Operationsplan Hufeisen‹ vorgelegen, sondern was man hatte, war eine Darstellung der Ereignisse, die im Kosovo abgelaufen sind, und diese Darstellung der Ereignisse konnte man aufgrund der OSZE-Berichte und anderer Berichte nachvollziehen. Aber es gab keinen ›Operationsplan Hufeisen‹, so jedenfalls die Fachleute im Verteidigungsministerium.«*[268]

Und was die humanitäre Katastrophe anging, dazu wußte die US-Diplomatin Norma Brown folgendes zu berichten: *»Bis zum Beginn der NATO-Luftangriffe gab es keine humanitäre Krise. Sicher, es gab humanitäre Probleme, und es gab viele Vertriebene durch den Bürgerkrieg. Aber das spielte sich so ab: Die Leute verließen ihre Dörfer, wenn die Serben eine Aktion gegen die UCK durchführten – und kamen danach wieder zurück. Tatsache ist: Jeder wußte, daß es erst zu einer humanitären Krise kommen würde, wenn die NATO bombardiert. Das wurde diskutiert: in der NATO, der OSZE, bei uns vor Ort und in der Bevölkerung.«*[269] Somit läßt sich festhalten, daß im Kosovo zum damaligen Zeitpunkt wohl ein Bürgerkrieg stattfand, in dem albanische Rebellen gegen reguläre serbische Truppen kämpften, aber von einer systematischen Austreibung der albanischen Bevölkerung oder einer humanitären Katastrophe konnte keine Rede sein, Scharping hatte also die Unwahrheit gesagt – systematisch, wie es scheint, aber dennoch schlecht durchdacht.

Der Fall Loquai

Wie Scharping mit Kritikern umging, die seine Darstellung der Vorgänge im Kosovo ad absurdum führten, zeigt der Fall des bereits zitierten Brigadegenerals Heinz Loquai, des deutschen Militärberaters bei der OSZE in Wien. Dieser hatte schon frühzeitig darauf hingewiesen, daß es keinen serbischen »Hufeisenplan« gab und auch kein Massaker in Rugovo, ebensowenig wie ein KZ in einem Fußballstation von Pristina. Und auch er betonte, eine humanitäre Katastrophe habe es vor dem Beginn des NATO-Angriffs nicht gegeben: *»Die Legitimationsgrundlage für die deutsche Beteiligung war die sogenannte humanitäre Katastrophe. Eine solche humanitäre Katastrophe als völkerrechtliche Kategorie, die einen Kriegseintritt rechtfertigte, lag vor Kriegsbeginn im Kosovo nicht vor.«*[270] Nachzulesen ist Loquais Sichtweise in seinem Buch *Der Kosovo-Konflikt – Wege in einen vermeidbaren Krieg.*

Scharpings Reaktion auf Loquais Äußerungen war eindeutig: Loquai wurde entlassen mit der Begründung, er habe sich durch sein öffentliches Auftreten *»selbst disqualifiziert«*[271]. Disqualifiziert dadurch, daß er die Wahrheit sagte. Und dies ist für eine Regierung, in der die Lüge offenbar ein ganz selbstverständliches Instrument der Politik ist, natürlich nicht akzeptabel.

Das rot-grüne Verhältnis zum Krieg

Das Verhalten der Bundesregierung im Kosovo-Krieg führt den jahrzehntelang öffentlichkeitswirksam zur Schau gestellten Pazifismus, vor allem des grünen Koalitionspartners, ad absurdum. Forderten Fischer und seine Genossen in den 1980er Jahren noch den Austritt aus der NATO und am besten die totale Abrüstung, so zeigten die Ereignisse im Frühjahr 1999, daß diese Haltung ganz offensichtlich nicht einer wahren pazifistischen Überzeugung entsprungen war. Auffallend ist, daß die damals zur Schau getragene Friedensliebe identisch ist mit den Zielen des kommunistischen Ostblocks, die da lauteten: einseitige Abrüstung des Westens. Der Verdacht entsteht, daß sich die Pazifisten der 1980er Jahre damals bewußt oder unbewußt zum Sprachrohr und zum Werkzeug der Politik des Kreml machen ließen.

Welche Absicht die rot-grüne Regierung mit der Beteiligung am Krieg im Kosovo, für den ja ganz offenbar keine humanitäre Notwendigkeit bestand, verfolgte, wird nicht ersichtlich. Daß es jedoch offenbar nicht allein der Wille der USA war, dem sich Rot-Grün beugen mußte, wird daran deutlich, daß diese Regierung mit ihrem plötzlich wieder neu geborenen Pazifismus keinerlei Skrupel hatte, anläßlich des Irak-Krieges wenige Jahre später sogar einen Bruch des NATO-Bündnisses zu riskieren. Es entsteht der Verdacht, daß hier Motivationen und politische Mechanismen am Werk waren, von denen die Öffentlichkeit bis heute nichts erfahren hat. Ein Unterschied zwischen dem Krieg 1999 und dem Krieg 2003 war, daß die USA von einem anderen Präsidenten angeführt wurden. Der Kosovo-Krieg unter US-Präsident Bill Clinton hatte keinerlei Nutzen für die nationalen Interessen der USA. Der Irak-Krieg 2003 unter US-Präsident George Bush jun. stand hingegen zumindest vordergründig im Zeichen nationaler Interessen der Vereinigten Staaten von Amerika. Da es in der marxistischen Ideologie die Unterscheidung zwischen guten und schlechten Kriegen gibt – jeder Krieg, der die

Revolution voranbringt, wird gut genannt, während jeder Krieg im Zeichen konservativer Interessen schlecht ist –, mag vielleicht hierin der Grund für die unterschiedliche Bewertung der beiden Kriege in den Jahren 1999 und 2003 durch die führenden Repräsentanten der 68er-Bewegung zu suchen sein.

Scharpings Entlassung

Scharping mußte schließlich zurücktreten, jedoch nicht etwa wegen seiner zwielichtigen Begründung für den Kriegseinsatz der Bundeswehr im Kosovo, sondern anläßlich der sogenannten Mallorca-Affäre, die ihn Ansehen und Respekt in der Bundeswehr kostete. Während zeitgleich die Bundeswehr vor ihrem Einsatz in Mazedonien stand, setzte der Verteidigungsminister andere Prioritäten und ließ sich von der Zeitschrift *Bunte* zusammen mit seiner Lebensgefährtin Kristina Gräfin Pilati-Borggreve beim Planschen im Swimmingpool ablichten. Die *Junge Freiheit* berichtete hierzu: *»Schon auf ihrem Höhepunkt geriet die Scharping-Affäre an die Grenzen der Lächerlichkeit: Die ganze Sache kam eigentlich nur an die Öffentlichkeit, weil Friedrich Merz, der Fraktionschef der CDU/CSU, auf dem Flughafen von Pristina im Kosovo sitzenblieb. Merz hatte zusammen mit einer Gruppe Journalisten die Bundeswehreinheiten in Mazedonien und im Kosovo besucht und wollte mit einer ›Challenger‹-Maschine der Flugbereitschaft des Verteidigungsministeriums, die er als Fraktionsvorsitzender nutzen darf, wieder nach Berlin fliegen. Doch Scharping hatte Merz den Flieger ›geklaut‹ – mitsamt einer an Bord deponierten Aktentasche –, um sich nach einer Nacht bei seiner Lebensgefährtin Gräfin Pilati auf Mallorca nach Mazedonien zu begeben. Ohne den schimpfenden Merz, ohne die verschwundene Aktentasche, wäre die Sache nie so hochgekommen.«*[272]

Verteidigungsminister Peter Struck

Der am 24. Januar 1943 in Göttingen geborene Peter Struck wurde am 25. Juli 2002 Scharpings Nachfolger im Amt des Verteidigungsministers. Struck hatte nach dem Abitur 1962 in Göttingen und Hamburg Rechtswissenschaft studiert und sein Studium 1967 mit dem ersten und 1971 mit dem zweiten juristischen Staatsexamen abgeschlossen; im selben Jahr erfolgte seine Promotion zum Dr. jur. Seine politische Karriere begann 1964 mit dem Eintritt in die SPD.

Die Bundeswehr – reformiert oder deformiert?

Sowohl Scharping als auch Struck erachteten es als Ziel ihrer Politik, die Bundeswehr zu reformieren, und zwar mit der Begründung der scheinbar weggefallenen kommunistischen Bedrohung aus dem Osten. War schon in den letzten Jahren der Regierung Kohl empfindlich an den Verteidigungsausgaben gespart worden, so setzten Bundeskanzler Schröder und sein Finanzminister Eichel unmittelbar nach der Machtübernahme durch Rot-Grün weitere Kürzungen des Verteidigungshaushaltes durch, um statt dessen mehr finanziellen Spielraum für zivile Projekte zu haben. Verteidigungsminister Scharping setzte darauf, durch Verkäufe von bundeswehreigenem Grund und Boden sowie eine stärkere Zusammenarbeit mit der wehrtechnischen Industrie Milliarden einzusparen und somit die verteidigungsinvestiven Ausgaben erhöhen zu können. Jedoch war dieser Aktion kaum Erfolg beschieden: Zwar wurden Standorte geschlossen und Material immer weiter gekürzt, doch verwertbare Ergebnisse stellten sich nicht ein. Überall fehlte es am Allernötigsten, und tatsächlich arbeiteten die deutschen Soldaten während Scharpings Amtszeit mit Material, das nicht selten noch aus den 1960er Jahren stammte; dies gilt für Handfeuerwaffen ebenso wie für Flugzeuge, Hubschrauber und Panzer. Kostenintensive Auslandseinsätze, wie jene auf dem Balkan, verbrauchten bereits zu Scharpings Zeiten einen großen Teil der Verteidigungsausgaben, so daß für die eigentliche Aufgabe der Bundeswehr, die Landesverteidigung, immer weniger übrig blieb.

Was sich unter Scharping schon deutlich abzeichnete, nannte Struck bereits kurz nach seinem Amtsantritt unverblümt beim Namen: Die Sicherheit Deutschlands werde zukünftig am Hindukusch verteidigt. Eine Bedrohung der deutschen Grenzen wie in der Vergangenheit sei angeblich nicht mehr gegeben, so daß die Bundeswehr umstrukturiert werden könne, von der hauptsächlich auf starken Panzerkräften basierenden Verteidigungsarmee des Kalten Kriegs hin zu einer mit leichtem Gerät ausgestatteten mobilen Eingreiftruppe für Einsätze im Ausland. Trotz des neuen Auftrags wurde natürlich weiter gespart, weitere Standorte wurden geschlossen, immer mehr Waffen aus den Beständen der Bundeswehr wurden verkauft, verschrottet oder verschenkt. Bis 2007 sollten 400 000 Gewehre verschrottet werden, schon zwischen 1990 und 2001 waren 500 000 Waffen aus den Beständen der Bundeswehr und 900 000 Waffen der ehemaligen Nationalen Volksarmee der DDR (NVA) vernichtet worden.[273] Im Jahre 2003 verschenkte die Bundesregierung 23 Kampfflugzeuge des Typs Mig-29 an Polen.[274] Die Luftabwehrsysteme »Hawk« und »Roland« sollten ausgemustert werden, und auch vor Schiffen der Marine machte Strucks Umstrukturierung nicht halt.[275] Hubschrauber sollten künftig von den Teilstreitkräften Heer, Luftwaffe und Marine gemeinsam genutzt werden, Neuanschaffungen wurden in Anzahl und Typ reduziert.[276] Von den 5500 Kampfpanzern, über die die Bundeswehr im Jahr 1985 verfügte und die laut sowjetischer Doktrin allein schon einem Angriff von bis zu 15 000 Sowjetpanzern hätten standhalten können, blieben nach Strucks Reform nur noch etwa 500 Exemplare übrig. Mit dieser Zahl wäre eine Landesverteidigung gegen einen russischen Angriff heutzutage vollkommen unmöglich, denn anders als in Mitteleuropa wurde in der Sowjetunion nichts verschrottet, verkauft und verschenkt. Dort wurden die riesigen Panzerarmeen – Experten sprechen von bis zu 100 000 Panzern – gegen Ende der Sowjetunion hinter den Ural verbracht und dort eingelagert. Ist es bei Kenntnis dieser Zahlen, angesichts der politischen Instabilität in Rußland und in Anbetracht der Tatsache, daß die russische Rüstung auch heute noch auf Hochtouren läuft, nicht schlicht verantwortungslos, die Bestände der Bundeswehr nicht wenigstens ebenso einzulagern, anstatt sie zu vernichten?

Während die Kräfte zur Landesverteidigung und somit auch die Anzahl der Soldaten immer weiter dezimiert werden, wird dank der Struck-Doktrin vom Einsatz am Hindukusch das wenige vorhandene Geld in Anschaffungen wie den neuen Militärtransporter Airbus A400M gesteckt, der allein für die Versorgung der Truppen im Auslandseinsatz konzipiert wurde. Die bisherigen Vorbereitungen für den Verteidigungsfall mit Personal, Material, Verwaltung und Mobilmachung sind Vergangenheit. Die Bilanz der »Arbeit« der Verteidigungsminister Scharping und Struck ist eindeutig: Deutschland ist im Jahr 2005 gegen einen äußeren Angriff nicht mehr verteidigungsfähig!

Die Bundeswehr – eine Mädchenarmee?

Zwar ist die Bundeswehr nach sieben Jahren rot-grüner Herrschaft nicht mehr zur Verteidigung Deutschlands in der Lage und somit nicht mehr imstande, den Zweck ihrer Existenz zu erfüllen, aber dafür ist die von den 68ern geforderte Befreiung der Frau nun endlich auch bei der Truppe angekommen, d. h. daß auch Frauen im wehrfähigen Alter, also Mädchen, Dienst an der Waffe tun dürfen. Schon im Sommer 1996 hatte sich Kanzler Schröder für den Einsatz von Frauen auch in Kampfverbänden der Bundeswehr ausgesprochen, weil Deutschland *»Frauen an den Waffen«* brauche.[277] Man sieht, daß Schröder nie beim Militär war, nie eine Grundausbildung mitgemacht hat und schon gar nicht weiß, was Krieg bedeutet. Eine zweijährige Studie des britischen Verteidigungsministeriums vom Mai 2002 kam zu dem Schluß, daß Frauen nicht für den Dienst in Kampfverbänden zugelassen werden sollten, weil dies schlicht *»zu riskant«* sei.[278] Frauen würden im Kampf anders reagieren als Männer, seien weitaus weniger leistungsfähig und hätten einen negativen Einfluß auf das Verhalten ihrer männlichen Kameraden. Die Zulassung von Frauen in kämpfenden Verbänden würde die Kampfkraft der Truppe also signifikant reduzieren. Ein weiterer Fall, der klar aufzeigt, daß die Notwendigkeiten der Realität nie zu den Kriterien zählten, die die Entscheidungen der rot-grünen Politik bestimmen.

Familienministerin Christine Bergmann

Erste rot-grüne Bundesministerin für Familie, Senioren, Frauen und Jugend wurde die am 7. September 1939 in Dresden geborene Christine Bergmann. Bergmann hatte in der DDR Pharmazie studiert und trat unmittelbar nach der Wende 1989 in die SPD ein. Das Amt als Familienministerin bekleidete sie von 1998 bis 2002.

Familienministerin Renate Schmidt

Renate Schmidt wurde am 12. Dezember 1943 in Hanau/Main geboren. Nach dem Besuch des Gymnasiums absolvierte Renate Schmidt ab 1961 eine Ausbildung zur Programmiererin und war anschließend als Programmiererin und Systemanalytikern bei einem führenden Versandunternehmen tätig. In die SPD trat Renate Schmidt 1972 ein. Im Oktober 2002 wurde sie Nachfolgerin von Christine Bergmann im Amt der Ministerin für Familie, Senioren, Frauen und Jugend.[279]

Merkwürdigkeiten im Familienministerium

Welch merkwürdige Vorstellungen die rot-grüne Regierungskoalition von den Aufgaben einer Familienministerin hat, wurde an einem Vorstoß von Schmidts Amtsvorgängerin Christine Bergmann deutlich, die einen Gesetzentwurf auf den Weg brachte, der Prostitution nicht mehr als sittenwidriges Gewerbe einstufte und im Januar 2002 tatsächlich in Kraft trat. Die CSU nannte dieses Vorgehen zu Recht ein verheerendes Signal an junge Frauen und ein Zeichen eines *»maroden Wertesystems«*, das aber, so bleibt zu ergänzen, perfekt in die links-feministische Weltsicht der 68er-Bewegung paßt, die tatsächlich weder Sitte noch Moral zu kennen scheint.[280] Statt dessen kämpft man verbissen um die »Gleichstellung von Mann und Frau«, die offenbar nur erreicht werden kann, wenn auch die Werbung für Arzneimittel politisch korrekt gleichgestellt daherkommt. So wollte die neue Familienministerin Renate Schmidt die Pharmaindustrie dazu zwingen, den gesetzlich vorgeschriebenen Hinweis *»Zu Risiken und Nebenwirkungen fragen sie ihren Arzt oder Apotheker«* frauenfreundlich umzuformulieren – der neue Entwurf lautet nun *»Zu Risiken und Nebenwirkungen lesen Sie die Packungsbeilage, holen Sie ärztlichen Rat ein und fragen Sie Ihre Apothekerin oder Ihren Apotheker«*. Da es sich bei dieser Formulierung um eine Pflichttextregelung handelt, muß dazu extra das Heilmittelwerbegesetz geändert werden.[281] In einer Zeit, in der die Geburtenrate immer weiter absinkt und immer mehr Familien zerbrechen, hat das Familienministerium also nichts besseres zu tun, als in haarspalterischer Weise eine feministische Politik zu betreiben, die so lächerlich daherkommt, daß sie sich ein Kabarettist nicht besser hätte ausdenken können.

Zeitgleich dazu fördert das Familienministerium, in einer Weise, die an den Fall der Staatssekretärinnen Vogt und Zypries im Innenministerium erinnert, linksextremistische, d. h. kommunistische Umtriebe. Die PDS-nahe Jugendorganisation »solid« veröffentlichte im Frühjahr 2005 unter dem Motto »Aufmucken gegen Rechts« einen Tonträger, zu dem verschiedene Musiker je eines ihrer Stücke beisteuerten. Die Startauflage von 50 000 CDs wollte »solid« bundesweit vorrangig an Jugendliche kostenlos verteilen, um damit *»antifaschistisches Gedankengut aus der autonomen Schmuddelecke zu holen und in die aktuelle Popkultur einzubinden«*, wie es einer der Initiatoren ausdrückte.[282] Dieses Unternehmen ließ sich »solid« mit Steuergeldern finanzieren, und zwar aus Fördermitteln von Renate Schmidts Familienministerium.[283] Und auch in diesem Fall wurde die linksextreme Organisation, der die staatliche Unterstützung großzügig zuteil wurde, vom Verfassungsschutz beobachtet. Die *Junge Freiheit* berichtet hierzu: *»Im Verfassungsschutzbericht 2003 erwähnt die Behörde, daß unter den sozialistischen Nachwuchskadern ein ›heftiger‹ Streit zwischen dem ›reformorientierten‹ und dem ›traditionell-kommunistischen‹ Flügel ausgebrochen sei, wobei vorrangig letzterer seit der Bundesdelegiertenkonferenz das neugewählte Führungspersonal von solid stellt. Ihre Ablehnung der herrschenden Gesellschaftsordnung verhehlten die Jungkommunisten ebensowenig wie ihr sehnsuchtsvolles ›Ja zur sozialistischen Zukunft‹, das sie im Leitantrag formulierten. Auch wissen die Verfassungsschützer von einer umfassenden ›Kontaktpflege zu anderen Linksextremisten‹, so zur Sozialistischen Deutschen Arbeiterjugend (SDAJ) und ausländischen Organisationen, zu berichten. Bereits in den Jahren 2000 und 2001 geriet solid ins Visier der Staatsschützer, nachdem der 800 bis 900 Mitglieder starke Jugendverband gemeinsam mit autonomen und militanten Gruppen zu Demonstrationen aufgerufen hatte oder diesen sogar Räumlichkeiten zur Verfügung stellte, etwa zur Vorbereitung von Aktionen gegen den G8-Gipfel in Genua.«*[284] Dieses Beispiel zeigt erneut, wie die rotgrüne Bundesregierung kommunistische Nachwuchsorganisationen fördert, die vom eigenen Verfassungsschutz aufgrund ihrer zweifelhaften bzw. nicht vorhandenen Verfassungstreue beobachtet werden. Allein mit politischer Inkompetenz ist dies kaum noch zu erklären. Sollte das Ganze aber System haben, dann stellt dies die Frage in den Raum, ob hier etwa ganz bewußt mit Steuergeldern die so lange ersehnte Revolution befördert werden soll.

Das Ende der bürgerlichen Familie

Gegenwärtig verliert die traditionelle Familie als gesellschaftliche Institution und als Keimzelle der deutschen Nation immer weiter an Bedeutung. Die Zahl der Eheschließungen nimmt ebenso konstant ab, wie die Zahl der Trennungen ansteigt, im Jahr 2002 waren es etwa 193 000 Scheidungen mit 160 000 unmündigen Scheidungswaisen, d. h. 193 000 gescheiterte Familien und bis zu 160 000 traumatisierte Kinder.[285] Das bedeutet eine große Aufgabe für ein Heer von Psychologen, das irgendwann versuchen muß, die anfangs vielleicht nur subtil zutage tretenden Schäden bei allen Beteiligten – nicht nur bei den Kindern, dort aber am stärken – wieder in den Griff zu bekommen, was jedoch nur selten gelingt. Eine weitere Folge davon ist, daß das deutsche Volk langsam überaltert und bei fortschreitender Tendenz auszusterben droht, was sich als erstes in der Unbezahlbarkeit der Renten manifestieren wird, die gegenwärtig bereits ihren Schatten vorauswirft.

Viel Arbeit also für ein Familienministerium, dessen Aufgabe es sein sollte, das im Art. 6 des Grundgesetzes festgeschriebene Gebot vom Schutz der Familie wahrzunehmen und sicherzustellen, denn dort heißt es: »*Ehe und Familie stehen unter dem besonderen Schutze der staatlichen Ordnung.*« An anderer Stelle wird dies noch ergänzt durch den Zusatz: »*Pflege und Erziehung der Kinder sind das natürliche Recht der Eltern und die ihnen zuvörderst obliegende Pflicht.*«

Doch von einem besonderen Schutz kann angesichts der Familienpolitik der rot-grünen Bundesregierung keine Rede sein, und auch die Erziehung der Kinder möchte Rot-Grün offenbar nicht länger in den Händen der bürgerlichen Familie wissen, weshalb der Familienbegriff großzügig erweitert wird auf die von Kanzler Schröder ausgegebene Definition: *»Familie ist überall dort, wo Kinder sind.«*[286] Noch deutlicher wurde der damalige Generalsekretär der SPD, Olaf Scholz, als er im November 1998 sagte, die SPD wolle *»die Lufthoheit über den Kinderbetten erobern«*[287].

Geht es nach den zu Regierungsverantwortung gelangten Vertretern der 68er-Bewegung, dann möchte man offenbar nun endlich das in die Tat umsetzen, was der Agent der Komintern und Gründer der Frankfurter Schule, Georg Lukacs, schon in den 1920er Jahren als Meilenstein auf dem Weg zur Revolution erkannt hatte: die Zerstörung der bürgerlichen Familie. Tatsächlich betreibt Rot-Grün eine Politik, die auf Kosten der traditionellen Familie jede andere Art von Lebensgemeinschaft stärkt, von den Alleinerziehenden über die sogenannte »Patchwork«-Familie, also das Wrack vormals intakter Familien, bis hin zur sogenannten »Homo-Ehe«. Doch alle diese trügerischen Alternativen scheinen nur Zwischenschritte zu sein auf dem Weg in die kollektive Kindererziehung in einem flächendeckenden Netz staatlicher Kinderhorte, das man mit größtem Eifer immer weiter ausbaut. Nicht etwa, wie es heißt, um die Familie auszurotten, sondern um im Zuge der feministischen Gleichstellung Müttern die Chance zur Berufstätigkeit zu geben. Daß dies langfristig gleichbedeutend ist mit dem Ende der bürgerlichen Familie, erkennt das dumme Wahlvolk natürlich nicht.

Welche verheerenden und in der psychotherapeutischen Praxis längst bekannten Auswirkungen dies alles auf die kindliche Psyche hat, spielt im rot-grünen Konzept natürlich keine Rolle. Man will ja nicht etwa eine Politik betreiben, die den natürlichen menschlichen Bedürfnissen gerecht wird, sondern den Forderungen der Ideologie entsprechend den neuen egalitären Menschen heranziehen. Die Folgen für die Entwicklung der Kinder lesen sich, kennt man die Zahlen, verheerend. Aus gescheiterten Familien stammen am Beispiel der USA:

- 63 Prozent der jugendlichen Selbstmörder,
- 71 Prozent der schwangeren Teenager,
- 90 Prozent aller Ausreißer oder obdachlosen Kinder,
- 70 Prozent der Jugendlichen in staatlichen Einrichtungen,
- 85 Prozent aller jugendlichen Häftlinge,
- 71 Prozent aller Schulabbrecher,
- 75 Prozent aller Heranwachsenden in Drogenentzugszentren.[288]

Feministische Gleichmacherei

Im Sommer 2002 gab das Familienministerium noch unter der Führung von Christine Bergmann die Broschüre *Gender Mainstreaming. Was ist das?* heraus. Nun, was verbirgt sich hinter diesem Begriff? Er wird in der Broschüre erklärt. *»Gender«* bedeutet, so heißt es darin, *»die gesellschaftlich, sozial und kulturell geprägten Geschlechtsrollen von Frauen und Männern. Diese sind – anders als das biologische Geschlecht – erlernt und damit auch veränderbar.«*[289] Bei dieser Definition würde sich Marx zwar sicherlich vor Freude im Grabe umdrehen, dennoch ist sie sachlich falsch, was sehr leicht psychologisch und medizinisch nachzuweisen ist. Denn die Geschlechterrollen und die verschiedenen Verhaltensweisen von Frauen und Männern ergeben sich in ihrem grundlegenden Unterschied allein schon durch die Wirkung der dem jeweiligen Geschlecht zu eigenen Sexualhormone. Wer dies nicht glaubt, mag eigenverantwortlich den Selbstversuch antreten: Mehrere Monate hochdosiertes Testosteron, gefolgt von mehreren Monaten hochdosiertem Östrogen, oder umgekehrt, überzeugen jeden Kritiker. Gleichzeitig wird durch einen solchen Versuch deutlich, daß es weder psychisch noch körperlich positive Folgen nach sich zieht, sich das Hormon des gegenteiligen Geschlechts zu verabreichen. Ähnliches gilt für die daran gekoppelten geschlechtstypischen Verhaltensweisen: Auch diese kann man nicht beliebig und folgenlos anerziehen, dies widerspräche ebenso der menschlichen Natur wie eine künstliche gegengeschlechtliche Hormongabe.

Doch weiter in der Definition des Familienministeriums: »Mainstreaming« heißt, daß *»eine inhaltliche Vorgabe, die bisher nicht das Handeln bestimmt hat, nun zum zentralen Bestandteil bei allen Entscheidungen und Prozessen gemacht wird«*[290]. Im Klartext bedeutet »Gender Mainstreaming« also die politische Verordnung der widernatürlichen Gleichmacherei von Mann und Frau. Also nicht weil Männer und Frauen gleich sind, werden sie gleichgemacht, sondern weil die Ideologie befiehlt, daß Männer und Frauen gleich zu sein haben, werden alle biologisch gegebenen Unterschiede ignoriert und eingeebnet. Weiter heißt es in der Broschüre: *»Gender Mainstreaming ist damit ein AUFTRAG (Fettdruck vom Familienministerium) an die Spitze einer Verwaltung, einer Organisation, eines Unternehmens und an alle Beschäftigten, die unterschiedlichen Interessen und Lebenssituationen von Frauen und Männern in der Struktur, in der Gestaltung von Prozessen und Arbeitsabläufen, in den Ergebnissen und Produkten, in der Kommunikation und Öffentlichkeitsarbeit, in der Steuerung (Controlling) von vorneherein zu berücksichtigen, um das ZIEL der Gleichstellung von Frauen und Männern effektiv verwirklichen zu können.«*[291] Zu deutsch: Das Ministerium befiehlt, daß alle irgendwie in soziale Gruppen eingebundenen Menschen die Weisung zur Gleichmacherei zwischen Mann und Frau zu befolgen haben. Und wenn das Ministerium morgen vorgibt, die Farbe des Himmels unterscheide sich nicht mehr von der des Waldes, dann ist der Himmel morgen grün, dann hat der Himmel grün zu sein, weil das die Ideologie so will! Ist diese Gleichung absurd? Ja, lieber Leser, diese Gleichung ist vollkommen absurd, aber sie wird mit Steuergeldern finanziert, die Sie und ich mit unserer Hände Arbeit aufwendig erwirtschaften müssen!!!

Kein Schutz der Ehe

Die rot-grüne Idee, besser verdienenden Ehepaaren durch die Verringerung des Steuervorteil beim Ehegatten-Splitting einen sogenannten »Solidaritätsbeitrag« zur Finanzierung der staatlichen Kinderbetreuung abzunehmen, sei ein Angriff auf Ehe und Familie, warnte die Familienpolitikerin der Unions-Fraktion Maria Eichhorn. Mit dem Vorhaben würden besonders jene traditionellen Familien bestraft, in denen ein Elternteil wegen der Kinder die Erwerbstätigkeit einschränkt oder zumindest vorübergehend darauf verzichtet. Auch Edmund Stoiber (CSU) verurteilte dieses rot-grüne Vorhaben als *»Angriff auf die Familien«*. Die von den Grünen geforderte Einschränkung des Ehegattensplitting bedeute nichts anderes als eine Steuererhöhung auf dem Rücken der Familien, sagte Stoiber. Seiner Ansicht nach seien die Abschaffung oder die Kappung des Ehegattensplittings daher ein Verstoß gegen den im Grundgesetz festgelegten Schutz von Ehe und Familie.[292]

Doch diese Attacke gegen die bürgerliche Familie ging Rot-Grün nicht weit genug. In der Planung war auch, den Unterhalt einer vollerziehenden Witwe, die zuvor von ihrem Ehemann versorgt worden war, von 60 auf 40 % seiner Einnahmen zu reduzieren.[293] Geplant war weiterhin, die Frau und die minderjährigen Kinder eines die Familie allein ernährenden Vaters nicht mehr mit in seine Krankenversicherung einzuschließen.[294] Daß solche Vorstöße zutiefst frauenfeindlich sind, zumindest für jene Frauen, die ein dem traditionellen Rollenverständnis gemäßes Leben führen, wird man von Seiten der grünen Feministen jedoch niemals zu hören bekommen. Kein Wunder, es ging dem Feminismus ja auch nie um den Schutz oder die »Befreiung« der Frau, sondern lediglich um die Durchsetzung der marxistischen Gleichmacherei auch und gerade zwischen den Geschlechtern und damit um die Zerstörung der bürgerlichen Familie.

Die Homo-Ehe

Familienministerin Christine Bergmann schrieb 2002 in einem Grußwort für eine Lesben- und Schwulenschrift: *»Kinder können bei gleichgeschlechtlichen Eltern ebenso gut aufwachsen wie in Familien.«*[295] Wie kommt die Ministerin nur zu solch einer Behauptung? Lernte man derartiges etwa in deutsch-demokratischen Kaderschmieden?

Die psychotherapeutische Realität zeigt auch in diesem Fall sehr eindeutig, daß Kinder für ihre optimale seelische Entwicklung nicht nur eine Familie, bestehend aus Mutter und Vater, brauchen, sondern daß diese Familie aus den beiden leiblichen Elternteilen bestehen muß. Christa Meves formuliert diesen Sachverhalt zwar etwas zaghafter, aber dennoch sehr zutreffend: *»Danach prägt sich die geschlechtliche Identität des Menschen in der Kindheit an Mutter und Vater als Vorbilder aus. Durch die Identifikation des Jungen mit dem Vater, des Mädchens mit der Mutter erwirbt das Kind seine Sicherheit in der Akzeptanz seines angeborenen Geschlechts. Und am gegengeschlechtlichen Elternteil wird die spätere Zuneigung zu einem gegengeschlechtlichen Partner vorbereitet.«*[296]

Auch in diesem Punkt weisen Ideologie und Realität also grobe Differenzen auf, und wie immer, wenn es um rot-grüne Politik geht, ziehen die Erfordernisse der Realität den Kürzeren gegenüber den Forderungen der Ideologie, eben weil es die egalitären Dogmen so wollen. Schließlich sind ja alle gleich, d. h. gleich unheil(ig), gleich wertlos, gleich nichtswürdig, und wenn sie es schon von Natur aus nicht sind, dann werden die Menschen – vom Ministerium verordnet – eben gleich gemacht!

Und so werden auch homosexuelle Verhältnisse von Männer oder Frauen gleich gemacht und gleich gesetzt mit der traditionellen Familie. Ersteres wird regierungsamtlich aufgewertet, das andere ebenso regierungsamtlich unter Beschuß genommen. Aber sind diese Lebensweisen denn tatsächlich gleich und beliebig austauschbar, und sind beide Formen der Sexualität gleichermaßen gesund? Auf die Beantwortung dieser Frage muß leider verzichtet werden, denn man darf sich, auch wenn eindeutige Beweise aus der Medizin vorliegen, nicht dazu hinreißen lassen, die Wahrheit über den Gesundheitszustand einer homosexuellen Lebensweise auszusprechen, wenn man nicht durch eine solche Äußerung in Konflikt mit dem neu erlassenen Antidiskriminierungsgesetz von Justizministerin Zypries kommen will. Man denke daran: Der Himmel ist grün, per Gesetz, leugnen ist strafbar! – Schließen wir uns also den Worten von Christa Meves an: *»Ehe und Familie stehen im deutschen Grundgesetz deshalb unter dem besonderen Schutz des Staates, weil sie durch das Hervorbringen und Erziehen von Kindern einen lebensnotwendigen Dienst für den Fortbestand des Staates erbringen können. Schon allein deshalb sticht das Gerechtigkeitsargument nicht: Hetero- und homosexuelle Ehen können nicht den gleichen Status haben, weil sie in der Gewichtung für die Zukunft des entsprechenden Staates nicht gleich, sondern fundamental verschieden sind. Es wird hier also widerrechtlich etwas gleich behandelt, was in seiner grundsätzlichen Zielsetzung nicht gleich ist.«*[297]

Nichtsdestotrotz wurde im Jahr 2001 *»um der Gerechtigkeit willen«* eine gesetzliche Gleichstellung homosexueller Partnerschaft mit der Ehe, das sogenannte »Lebenspartnergesetz«, eingeführt, und zwar mit den Stimmen von SPD, Grünen und FDP. Obwohl die Länder Sachsen, Thüringen und Bayern eine Normenkontrollklage beim Bundesverfassungsgericht erhoben hatten, wies das Gericht diese mit einem Urteil vom 17. Juli 2002 zurück und stellte fest, daß der nach Artikel 6 Grundgesetz gebotene Schutz von Ehe und Familie dem Gesetz nicht entgegenstehe.[298] Von diesem Erfolg bestärkt, holte Rot-Grün noch weiter aus: Jetzt sollte es Homosexuellen erlaubt werden, die leiblichen Kinder ihrer Lebensgefährten zu adoptieren, und, mehr noch, nach Trennung der Lebenspartnerschaft hat der finanziell schlechter Stehende einen Unterhaltsanspruch. Zudem werden eingetragene Homo-Paare nunmehr in die Hinterbliebenenversorgung der gesetzlichen Rentenversicherung einbezogen – was man bei der traditionellen Familie abschaffen wollte, wird hier erlaubt. Ein Schelm, wer Vorsatz dahinter vermutet. Unverständlicherweise verzichteten CDU und CSU auf eine eigentlich geplante Verfassungsbeschwerde. Von diesem Erfolg wiederum bestärkt, kündigte Justizministerin Zypries bereits an, dies sei nur der erste Schritt auf dem Weg zu einem uneingeschränkten Adoptionsrecht homosexueller Lebenspartner.[299]

Entlarvendes über die Motive der rot-grünen Regierung kam von der Parlamentarischen Geschäftsführerin und frauenpolitischen Sprecherin der Grünen, Irmingard Schewe-Gerigk. Sie sagte, das Lebenspartnerschaftsgesetz von 2001 habe *»die Akzeptanz von Lesben und Schwulen in der Gesellschaft spürbar verstärkt«*[300]. Das zeige sich u. a. auch daran, daß die gleichgeschlechtliche Lebenspartnerschaft *»heute im Bundestag (eine) breitere Mehrheit findet als in der vergangenen Wahlperiode«*[301]. Damit gibt sie unmißverständlich zu verstehen, daß es nicht Zielsetzung der demokratisch gewählten rot-grünen Regierung ist, eine Politik zu betreiben, zu der sie das Volk beauftragt hat, daß sie also nicht den Willen des Volkes politisch umsetzt, sondern daß sie sich erdreistet, das deutsche Volk gemäß ihren eigenen ideologischen Vorstellungen umzuerziehen.

Betrachten wir die politische Herkunft ihrer Protagonisten, also die Studentenrevolte von '68, dann wird auch klar, wohin die Reise geht, denn damals wurde schon klar formuliert, Kinder seien nach der Auflösung der bürgerlichen Familie sowieso im Kollektiv zu erziehen.

Verstaatlichte Kinder

Familienministerin Bergmann gab 2002 die Parole aus: *»Aufwachsen in öffentlicher Verantwortung«*[302]. Der Weg dahin ist bereits geebnet durch die flächendeckend geplante Einführung von Kinderkrippen, Horten und Ganztagsschulen. Natürlich nur zum Wohl jener bedauernswerten Mütter, die nicht den Luxus erleben dürfen, sich beruflich selbstverwirklichen zu können. Aus der Gelegenheit zur Arbeit wird aber schnell eine Pflicht zur Arbeit, sei es durch die Verordnung einer allgemeinverbindlichen Arbeitspflicht, wie sie von marxistischer Seite seit jeher ganz klassisch gefordert wurde, oder, wesentlich subtiler, aufgrund wirtschaftlicher Notwendigkeit. Reichte in den 1950er Jahren der Lohn eines normal verdienenden Familienmitgliedes, normalerweise war dies der Vater, um damit den durchschnittlichen Lebensstandard einer Familie mit Kindern halten zu können, so rutscht eine Familie in der gleichen Konstellation heutzutage ins soziale Abseits, denn ein Durchschnittseinkommen reicht heute schlicht nicht mehr aus, um einer mehrköpfigen Familie einen normalen Lebensstandard zu sichern. Aus dem früher so lautstark geforderten Recht auf Arbeit der Frau ist also schon heute aus wirtschaftlichen Gründen faktisch eine Pflicht geworden. Der Großangriff auf die Familie, wie beispielsweise durch eine Einschränkung des Ehegattensplittings und weitere Maßnahmen, würde, wenn man Rot-Grün die Gelegenheit dazu gäbe, sicher eher früher als später zu der Situation führen, daß es sich eine Familie, daß es sich eine Frau nicht mehr aussuchen kann, ob sie die staatliche Ganztagesbetreuung für ihre Kinder wahrnehmen will oder nicht, sie wäre dazu gezwungen – ganz wie in der DDR. Alles unter dem Deckmantel der Vereinbarkeit von Erwerbstätigkeit und Familientätigkeit. Denn dies war es, was sich Familienministerin Renate Schmidt medienwirksam auf die Fahnen geschrieben hatte, sie wollte die *»individuelle Lebensplanung junger Männer und Frauen«* unterstützen und die *»Verbindung von Beruf und Familie möglich machen«*, allein deshalb habe für sie die Verbesserung der Kindertagesbetreuung *»oberste Priorität«*.[303] So funktioniert die Einführung des Kommunismus durch die Hintertür – und keiner merkt etwas! Christa Meves schreibt hierzu sehr treffend: *»Jeder Hundezüchter, der seine Welpen zu früh verkauft, kann bestraft werden, aber unsere Regierung versucht, ihren ›Gestaltungsauftrag‹ dergestalt zu erfüllen, daß sie den Eltern vorgaukelt, ihre Kinder würden besser im Kollektiv betreut als bei ihnen! In unseren Tagen bestätigt sich so der schlimmste Verdacht: Es geht unseren Regierenden nicht im mindesten darum, durch sorgsame Erziehung geistige Elite und dadurch Prosperität der Gesellschaft zu erwirken, es geht ihnen vor allem darum, durch die gleiche Behandlung des Menschen nach Rasenmähermanier – am besten vom Status Nascendi an – homogene Masse hervorzubringen, einen neuen, stumpfen, manipulierbaren Menschentyp, der dem Machtkartell des Staates keinen Widerstand mehr entgegensetzt.«*[304]

Gesundheitsministerin Andrea Fischer

Andrea Fischer wurde am 14. Januar 1960 in Arnsberg geboren. Nach dem Abitur schloß sie eine Ausbildung zur Offsetdruckerin ab und arbeite anschließend als Druckerin und Korrektorin, zusätzlich absolvierte sie ein Studium der Volkswirtschaftslehre an der Freien Universität Berlin. Sie war Mitglied in der trotzkistischen APO-Nachfolgeorganisation »Gruppe Internationaler Marxisten« (GIM).[305] Im Jahre 1985 wurde sie Mitglied bei den Grünen. Nach der Bundestagswahl 1998 wurde sie im Oktober 1998 als Bundesministerin für Gesundheit in die von Bundeskanzler Gerhard Schröder geführte Bundesregierung berufen. Von diesem Amt trat sie im Gefolge der BSE-Krise am 9. Januar 2001 gemeinsam mit dem Bundeslandwirtschaftsminister Karl-Heinz Funke zurück. Kurz zuvor hatte Andrea Fischer noch gesagt, die kapitalistische Lebensweise sei *»eigentlich der helle Wahnsinn«*, was vermuten läßt, daß sie ihre marxistische Vergangenheit in der GIM nie wirklich überwunden hat.[306]

Gesundheitsministerin Ursula Schmidt

Nachfolgerin der zurückgetretenen Gesundheitsministerin Fischer wurde die am 13. Juni 1949 in Aachen geborene Ursula »Ulla« Schmidt. Nach dem Abschluß der Realschule und des Aufbaugymnasiums begann die spätere Gesundheitsministerin ein Lehramtsstudium an der Technischen Hochschule Aachen und der Fernuniversität in Hagen. Anschließend arbeitete sie als Lehrerin für Sonderpädagogik und für die Rehabilitation lernbehinderter und schwererziehbarer Kinder. Nachdem sie zuvor ohne Mitgliedschaft für den vom Verfassungsschutz beobachteten KBW als Bundestagskandidatin angetreten war – eines ihrer Ziele war die Abschaffung des § 218 –, setzte sie ihre politische Karriere 1983 mit ihrem Eintritt in die SPD fort.[307]

Schon kurz nach ihrem Amtsantritt als Gesundheitsministerin wurden Berichte laut, die Ulla Schmidt eine Vergangenheit im Aachener Rotlichmilieu und Kontakte zur Zockerszene nachsagten. Gegenüber dem Magazin *Der Spiegel* äußerte sie sich wie folgt: *»Ich war Studentin und allein erziehende Mutter und mußte Geld verdienen. Da war ich froh, daß ich einmal in der Woche bei meiner Schwester kellnern konnte.«*[308] Darüber hinaus soll sie in die vermeintliche Falschgeldaffäre ihres Parteifreundes Dieter Schinzel verwickelt gewesen sein.[309] Es blieb bei einem sehr kurzen Rauschen im Blätterwald der Medien, und weitere Details darüber erreichten die breite Öffentlichkeit nicht.

Als Gesundheitsministerin war Ulla Schmidt verantwortlich für die Einführung der sogenannten Praxisgebühr Anfang 2004, die auf große Empörung in der Bevölkerung stieß. Noch größere Empörung müßte es jedoch auslösen, daß das von Ulla Schmidt geführte Gesundheitsministerium den Massenmord an ungeborenem Leben nicht nur duldet, sondern mit Millionenbeträgen aus den Taschen der deutschen Steuerzahler sogar finanziert. In einer Broschüre des Bundesgesundheitsministeriums heißt es zum Thema Schwangerschaftsabbruch: *»Für die Versicherten ändert sich nichts, da diese Leistungen auch weiterhin über die Krankenkassen abgerechnet werden. Da es sich um Leistungen handelt, die im gesamtgesellschaftlichen Interesse sind, werden sie aus Steuermitteln finanziert.«*[310] Das bedeutet, der Mord an Hundertausenden ungeborener Kinder ist nach Ansicht des Bundesgesundheitsministeriums *»im gesamtgesellschaftlichen Interesse«*. Während jährlich Hunderttausende deutscher Kinder durch Steuermittel finanziert in den Mülleimern von Abtreibungskliniken landen, will die rot-grüne Bundesregierung zeitgleich den Zuzug von Ausländern nach Deutschland weiter fördern, um damit den demographischen Schwund der deutschen Bevölkerung auszugleichen. Das spricht für sich selbst, hierzu erübrigt sich jeder weitere Kommentar.

Verkehrsminister Manfred Stolpe

Manfred Stolpe wurde am 16. Mai 1936 in Stettin geboren. Nach dem Abitur 1955 in Greifswald in der damaligen DDR begann Stolpe, dessen Vater nach dem Krieg zunächst für die Rote Armee und anschließend als Kraftfahrer bei der Greifswalder Kirche gearbeitet hatte, ein Studium der Rechtswissenschaft in Jena, das er 1959 mit dem Staatsexamen beendete. Anschließend begann seine Karriere in der Evangelischen Kirche, zunächst in Berlin-Brandenburg, ab 1962 als Leiter der Geschäftsstelle der Evangelischen Kirchenleitungen in der DDR. Als im Jahr 1969 eine separate DDR-Kirchenorganisation, im Gegensatz zur ursprünglich gesamtdeutschen Konzeption, gegründet wurde, war dies nicht nur das Werk von Bischof Moritz Mitzenheim und dem damals in Stasi-Diensten stehenden Oberkirchenrat Karl Lotz (IM »Karl«), sondern auch das des inzwischen zum Oberkonsistorialrat und Leiter des Sekretariats des DDR-Kirchenbundes aufgestiegenen Stolpe.[311] Von 1982 bis 1989 wurde er schließlich stellvertretender Vorsitzender des DDR-Kirchenbundes. Nach der Wende trat Stolpe

1990 in die SPD ein und ließ sich hernach »von seiner Kirche« beurlauben, um als Landesvorsitzender und Spitzenkandidat die brandenburgische SPD in die Landtagswahlen zu führen, die er siegreich für sich entscheiden konnte.[312] Von 1990 bis 2002 bekleidete er das Amt des Ministerpräsidenten von Brandenburg und wurde schließlich von Bundeskanzler Schröder im Oktober 2002 als Bundesminister für Verkehr, Bau- und Wohnungswesen in die Bundesregierung berufen. Aufgestiegen ist er sicher nicht wegen seiner Führungsqualitäten, denn als Ministerpräsident des Landes Brandenburg hinterläßt Stolpe die mit erheblichen Landesmitteln geförderten und letztendlich doch gescheiterten Projekte Cargolifter und Chipfabrik Frankfurt/Oder.

Stolpes Stasi-Vergangenheit als IM »Sekretär«

Der Kirchenmann Stolpe hatte in der Bevölkerung der DDR einen guten Ruf, sein Name wurde mit der Realisierung von Ausreiseanträgen in Verbindung gebracht, manche sahen in ihm gar einen *»Helfer der Mühseligen und Beladenen«*. Wie hätte er auch sonst 1990 zum brandenburgischen Ministerpräsidenten gewählt werden können? Jedoch drohte ihn schon bald nach der Wende seine Vergangenheit einzuholen. Ihm wurde vorgeworfen, er habe gemeinsam mit anderen Kirchenmännern, wie den Bischöfen Christoph Demke und Gottfried Forck, das alte System der *DDR »nicht generell verurteilt«*, statt dessen habe er *»ohne Not«* immer wieder betont, daß ein besserer Sozialismus möglich und wünschenswert sei.[313] Selbst nachdem bereits die Mauer gefallen war, bekannte sich Stolpe am 14. November 1989 weiter zur Politik des Honecker-Nachfolgers Egon Krenz und bekräftigte noch einmal seine Forderung nach einem Fortbestehen der DDR. Ralf Georg Reuth schreibt: *»Stolpe berief sich dabei auf die Barmer Erklärung und ihre Konkretisierung durch das Schreiben der evangelischen Bischöfe aus dem Kloster Lehnin vom 15. Februar 1968.*

Stolpe zitierte: Als Staatsbürger der DDR und als Christen ›gehen wir davon aus, daß nach dem durch deutsche Schuld begonnenen Krieg nun auf dem Boden der deutschen Nation zwei deutsche Staaten bestehen‹. Stolpe warnte in diesem Zusammenhang nachdrücklich vor den ›zwiespältigen Deutschen‹, die ›in ihren Bierstuben und in ihren Herzen‹ ihrer ›nationalen Phantasie‹ ›freien Lauf‹ ließen«.[314] Stolpe bewegen folglich keine *»nationalen Phantasien«,* und gemäß seinem Willen hätte es auch keine deutsche Wiedervereinigung gegeben. Ist so ein Mann tragbar als brandenburgischer Ministerpräsident oder als bundesdeutscher Verkehrsminister? Nicht tragbarer als ein bundesdeutscher Kanzler, ein Außenminister und zwei Finanzminister, die eine deutsche Einheit ebensowenig wollten.

Doch nicht genug damit, daß Stolpe einen kommunistischen Staat auf deutschem Boden fortbestehen lassen wollte. Wie mittlerweile bekannt wurde, arbeitete er unter dem Decknamen IM »Sekretär« sogar als Inoffizieller Mitarbeiter für die Staatssicherheit der DDR. Bereits seit dem Jahr 1964 war Stolpe von der Stasi als sogenannter IM-Vorlauf geführt worden. Bestandteil dieses Vorgangs zur Anbahnung der Werbung eines IM war ein mehrseitiges Papier vom Mai 1966 mit der Überschrift *»Vorschlag zur Kontaktaufnahme des MfS XX/4 mit Stolpe, Manfred«.* Diesem Dokument ist zu entnehmen, daß Stolpe den Vertretern des DDR-Regimes mit einer Ausarbeitung über das Verhältnis von Staat und Kirche aus dem Jahr 1962 positiv aufgefallen war, in dem *»die schädliche Rolle der Kirche und Religion aufgezeigt wird«*[315]. Es wird vermutet, daß der Verfasser dieses Dokuments sich damit auf einen später gestrichenen Vorspann zu Stolpes Arbeit bezogen hat, in dem dieser die Rolle von Kirche und Religion während des Dritten Reiches geißelte.[316] In jener Ausarbeitung referierte Stolpe über die Stellung der *»deutschen Arbeiter- und Bauernmacht«* zu Religion und Kirche: *»Die Kräfte, die bereits zwei Weltkriege mit anzettelten, haben in der Bundesrepublik wieder die Macht übernommen und bereiten einen Überfall auf* *die DDR vor, der zwangsläufig den Dritten Weltkrieg zur Folge hätte.«*[317] Besser hätten das Ulbricht oder Honecker auch nicht formulieren können. Weiter schreibt er, die *»Klassenlage«* in Deutschland sei dadurch gekennzeichnet, *»daß die Arbeiterklasse und ihre Partei alle Schichten zum Bündnis gegen den deutschen Imperialismus zu gewinnen trachten«*[318]. Anschließend erläuterte Stolpe die Spielräume, die das kommunistische Regime der Kirche gewähre, und gelangte zu dem Ergebnis: *»Eine weitreichende Toleranz des Staates gegenüber der Kirche ist als reale Möglichkeit gegeben und kann unter Wahrung der Eigenart der Kirche erreicht werden.«* Zum Schluß schrieb er, die Kirche sollte *»im Vertrauen auf ihre Sendung die sozialistische Entwicklung voll bejahen ...«*[319].

Die Gauck-Behörde kam in einer Untersuchung zu dem Ergebnis, daß der IM-Vorlauf etwa im Jahr 1970 abgeschlossen war und Stolpe von nun an unter dem Decknamen »Sekretär« als IM von der Hauptverwaltung XX/4 der MfS-Zentrale Berlin übernommen wurde. Bemerkenswert ist in diesem Zusammenhang vor allem die Aufgabe der Hauptabteilung XX/4, nämlich die »Unterdrückung der Opposition«. Über einen Zeitraum von etwa 20 Jahren folgten zahllose Treffen zwischen dem IM »Sekretär« und den MfS-Führungsoffizieren Sgraja, Roßberg und Wiegand in konspirativen Wohnungen.[320] Reuth schreibt: *»Dem IM ›Sekretär‹ – nach Einschätzung der Gauck-Behörde Mitte der siebziger Jahre eine ›wichtige inoffizielle Kraft in bezug auf die Bearbeitung der evangelischen Kirche‹ – oblagen operative Einflußnahme und Kontrolle der Tätigkeit des BEK (Bund der Evangelischen Kirchen in der DDR), von dessen obersten Leitungsgremium, der Konferenz der Kirchenleitungen (KKL) und der Synoden, wie die Unterlagen des MfS belegen. In einem Arbeitsplan der HA XX/4 heißt es zur Aufgabenstellung des IM ›Sekretär‹ für die KKL konkreter: ›Über diesen IM erfolgt die konspirative Beschaffung der Materialien der KKL, eine sofortige Berichterstattung bei politisch-relevanten Themen und die operative Einflußnahme bei Entscheidungen.‹ In den Archiven des MfS fanden sich Berichte,* *die auf den IM ‚Sekretär' zurückgehen sollen, denen zufolge dieser gemäß den Zielsetzungen des MfS-Kandidaten für leitende Kirchenfunktionen in ›feindlich-negative‹ und ›positive‹ Kräfte klassifiziert haben soll.«*[321]

Auch nach außen hin machte sich Stolpe zum Anwalt der DDR-Diktatur, so z. B. im Verlaufe einer Veranstaltung des Lutherischen Weltbundes 1976 in Genf, wo er verkündete: *»Insgesamt ist festzustellen, daß die universalen Menschenrechte, zu deren innerstaatlicher Achtung sich die DDR völkerrechtlich verpflichtet hat, in ihrer Staats- und Rechtsordnung verbindlich gelten.«*[322]

Stolpe, der laut Gauck-Behörde aus Sicht der Stasi ein wichtiger Mitarbeiter war und der wohl nicht umsonst 1978 mit der Verdienstmedaille der DDR ausgezeichnet worden ist, verfaßte dabei auch Berichte über seine Gespräche mit kirchenleitenden Persönlichkeiten und Politikern aus Westdeutschland, so z. B. über Altbundeskanzler Helmut Schmidt. In einem der Berichte heißt es, Schmidt beabsichtige mit seinem Besuch 1983 in der DDR *»seine Person aufzuwerten und betrachte die Kirche in der DDR dafür als Trittbrett. Er wolle seinen Aufenthalt in der DDR nicht als Rentnerreise deklarieren, sondern beabsichtige, sich angeblich auf die politischen Auseinandersetzungen (...) vorzubereiten, wo er im Auftrag seiner Partei die Wähler, die der CDU/CSU zugelaufen sind, für die SPD zurückgewinnen will.«*[323] Auch über den späteren Bundespräsidenten von Weizsäcker hatte der IM »Sekretär« einen Bericht verfaßt: *»Weizsäcker sei vom Besuch beim Genossen Honecker beeindruckt gewesen und habe Respekt vor dessen schwerer politischer Aufgabe. Genosse Honecker sei diesen Problemen gewachsen. (...) Weizsäcker beurteile das Verhältnis Staat-Kirche in der DDR von der Leistungsfähigkeit her gesehen als ausgeschöpft. Mehr als im Lutherjahr 1983 könne ein kommunistisch regierter Staat ideologisch nicht verkraften. Deshalb sollte die Kirche diesen Bogen nicht überspannen.«*[324]

Daß der IM »Sekretär« nicht ein Mann der Kirche in den

Reihen der Stasi, wie heute gerne behauptet, sondern tatsächlich ein Mann der Stasi in den Reihen der Kirche war, wird z. B. dadurch deutlich, daß die Stasi offenbar 1974 einen »Maßnahmeplan« festgelegt hat, wie mit Hilfe mehrerer IM eine der SED angenehme Erklärung der Kirche zum 25. Jahrestag der DDR erreicht werden sollte. Auf die Abfassung eines Entwurfs durch die Konferenz der Kirchenleitungen sei von zwei IM – »Sekretär« und »Karl« – Einfluß genommen worden.[325] Der IM »Sekretär« beeinflußte also die Politik der Kirche im Sinne der kommunistischen Diktatur. Reuth faßt zusammen: *»Aufgrund ihrer Recherche kamen die Fachleute der Gauck-Behörde zu dem Ergebnis, die in mühseliger Kleinarbeit zusammengesuchten Materialien aus den bereinigten Aktenbeständen der für die Kirchen zuständigen Abteilung XX/4 des MfS ließen den Schluß zu, daß der IM ›Sekretär‹ ›nach den Maßstäben des MfS über einen Zeitraum von zirca 20 Jahren ein wichtiger IM im Bereich der Evangelischen Kirchen der DDR war‹. Als bemerkenswert wurden hervorgehoben ›die ungewöhnlich engen Zeiträume zwischen Ereignis und Information des MfS unter Berufung auf die Quelle IM ‚Sekretär', der hohe Prozentsatz der auf der Basis der IM-Berichte weitergeleiteten Informationen an Führungsgremien des MfS und der SED, die Treffen in der konspirativen Wohnung, ein Tatbestand, der aus der Sicht des MfS die Verläßlichkeit der Verbindung dokumentiert und zur Sicherung der Konspiration wichtig war‹.«*[326] Und heute ist der IM »Sekretär« Verkehrsminister in der von Bundeskanzler Schröder geführten deutschen Bundesregierung!

Das Toll-Collect-Debakel

Hatte es schon mit den Projekten Cargolifter und Chipfabrik Frankfurt in Brandenburg nicht geklappt, ging das Debakel mit dem Projekt der bundesweiten LKW-Maut weiter. Schon im August 2001 hatte das Bundeskabinett die Einführung einer satellitengestützten LKW-Maut für das Jahr 2003 beschlossen. Nun sollten alle Spediteure zusätzlich zur KFZ- und Mineralölsteuer für jeden LKW über zwölf Tonnen Gewicht nochmals 12,4 Cent pro gefahrenem Autobahn-Kilometer bezahlen. Im Juni 2002 erhielt Toll Collect, ein Konsortium bestehend aus DaimlerChrysler, Deutsche Telekom und französischer Cofiroute, den Zuschlag. Zwar waren die umstrittenen Verträge mit dem Unternehmen Toll Collect bereits von Schröders früherem Verkehrsminister Kurt Bodewig unterzeichnet worden, mit Starttermin August 2003, jedoch wurde Stolpe in den folgenden Monaten von mehreren Seiten ein unverständlich nachsichtiges Verhalten gegenüber dem Vertragspartner Toll Collect vorgeworfen. Im Juli 2003 wurde der Starttermin erstmals wegen technischer Probleme auf den 2. November verschoben, gefolgt von einem weiteren Aufschub auf unbestimmte Zeit im Oktober 2003, was zur Auswechslung der Führungsspitze bei Toll Collect führte. Im Dezember 2003 versuchte Stolpe mit einem letzten Ultimatum bis zum 31. Januar 2004, den Vertragspartner Toll Collect zur Festlegung auf einen neuen Starttermin und zu Verhandlungen über Schadenersatz zu zwingen. Daraufhin bot Toll Collect den Mautstart in zwei Stufen an: Am 31. Dezember 2004 sollte eine technisch abgespeckte Version starten, ein voll funktionsfähiges Mautsystems wurde erst für den 31. Dezember 2005 garantiert.

Im Februar 2004 wies das Verkehrsministerium das Toll-Collect-Angebot vor allem wegen der Haftungsregelungen als unannehmbar zurück, und als Verhandlungen keine Lösung erbrachten, kündigte Stolpe den Vertrag mit Toll Collect. Im März schaltete sich Kanzler Schröder persönlich ein, woraufhin Toll Collect ein neues Angebot vorlegte, in dem die Telekom die Führung des Konsortiums übernehmen und der Siemens-Konzern enger eingebunden werden sollte. Im Januar 2005 lief der Start des Mautprojekts in einer technisch abgespeckten Version schließlich an. Das voll funktionsfähige Mautsystem soll aber erst ab Januar 2006 kommen. Ein weiterer

Schritt in den Überwachungsstaat. Wie lange mag es dauern, bis auch eine vollautomatische Satellitenüberwachung für PKWs erst vorgeschlagen, dann debattiert und schließlich eingeführt wird, ohne den deutschen Bürger zu fragen, versteht sich?

Angesichts des ewigen Tauziehens zwischen Verkehrsminister Stolpe und dem Unternehmen Toll Collect forderte die CDU wegen fehlender Führungskompetenz des Verkehrsministers seit Herbst 2003 dessen Rücktritt. Schröder hielt jedoch an Stolpe fest und sah keinen Grund zur Entlassung, auch wenn der Minister alleine offenbar nicht in der Lage war, ein bereits begonnenes verkehrspolitisches Projekt zum funktionsfähigen Abschluß zu bringen.

Umweltminister Jürgen Trittin

Der seit 1998 amtierende Umweltminister Jürgen Trittin wurde am 25. Juli 1954 in Bremen geboren und beteiligte sich schon als 14-jähriger Schüler in Bremen an einer Demonstration, bei der das Grundgesetz symbolisch in einem Sarg in der Weser versenkt wurde.[327] Nach dem Abitur 1973 trat Trittin den Wehrdienst bei der Bundeswehr zwar an, verweigerte jedoch kurze Zeit später und wechselte in den Zivildienst. In Göttingen studierte Trittin Sozialwissenschaften und trat dem vom Verfassungsschutz beobachteten Kommunistischen Bund (KB) bei; dieser wollte den freiheitlichen Rechtsstaat der Bundesrepublik durch eine rote Rätediktatur ersetzen.[328] Der Kommunistische Bund (KB) in Göttingen, in dem Trittin als Ideologe aktiv war, begründete in seiner *Roten Tribüne* unter Hinweis auf Marx das parteiamtliche Nein zur RAF und das grundsätzliche Ja zur Gewalt mit den Worten: »*Die Marxisten betonten stets, daß sie Anhänger der Gewalt seien und in ihr einen revolutionären Faktor sähen (...) Die Marxisten sprachen sich für den Massenterror aus, aber sie sagten: Die Ermordung dieses oder jenes Ministers ändert an der Sache nichts.«*[329] Während seines Studiums gehörte Trittin dem Allgemeinen Studentenausschuß (AStA) der Universität Göttingen an und war Präsident des Studentenparlaments. Als solcher organisierte er Demonstrationen und Hausbesetzungen. Noch heute brüstet er sich damit, ein halbes Jahr in einem besetzten Haus gewohnt zu haben: *»Ich habe auch Häuser besetzt. (...) Ich habe sogar in solch einem Haus gewohnt.«*[330]

Nachdem am 7. April 1977 ein Mordkommando der RAF den Generalbundesanwalt Siegfried Buback und dessen Fahrer erschossen hatte, verfaßte ein damals unbekanntes Mitglied einer Göttinger Antifa-Gruppe unter dem Pseudonym »Göttinger Mescalero« ein Manifest mit dem Titel *Buback – Ein Nachruf*, das von der damaligen Zeitung des AStA der Universität Göttingen, den *Göttinger Nachrichten*, am 25. April 1977 veröffentlicht wurde. In dem Pamphlet stellte der »Göttinger Mescalero« seine *»klammheimliche Freude«* über den Mord am damaligen bundesdeutschen Generalbundesanwalt Siegfried Buback dar. Der genaue Wortlaut war: *»Meine unmittelbare Reaktion, meine ›Betroffenheit‹ nach dem Abschuß von Buback ist schnell geschildert: Ich konnte und wollte (und will) meine klammheimliche Freude nicht verhehlen.«* Und weiter: *»Ich habe den Typ oft hetzen hören. Ich weiß, was er bei der Verfolgung, Kriminalisierung, Folterung von Linken für eine herausragende Rolle spielte.«* Vier Tage nach dem Erscheinen erstatteten der Ring Christlich-Demokratischer Studenten (RCDS) und der Präsident des Niedersächsischen Landtages Strafanzeige, woraufhin die Göttinger Justizbehörden ein Ermittlungsverfahren u. a. gegen den Göttinger AStA einleiteten.

Im Januar 2001 geriet Trittin, der zu jener Zeit im Göttinger AStA aktiv war, öffentlich in die Kritik, weil es hieß, er habe sich damals nicht eindeutig genug von jenem Pamphlet distanziert. Trittins kommunistische Vergangenheit drohte ihn einzuholen.[331] Ihm wurde vorgeworfen, daß er selbst noch 1993 ausdrücklich festgehalten haben soll, sich davon nicht zu distanzieren, statt dessen das Pamphlet gar für *»radikal pazifi-*

stisch« hielt.[332] Bestätigt wird dies durch den ehemaligen Präsidenten der Göttinger Universität Hans-Ludwig Schreiber, der in einem Interview mit der Wochenzeitung *Junge Freiheit* im Januar 2001 sagte: *»Trittin hat sich von ›Mescalero‹ nicht distanziert, sondern er hat sich solidarisiert. (...) Er hat wohl vergessen, daß er damals ›Mescalero‹ deutlich verteidigt hat.«*[333] Trittin sei damals auch *»keinesfalls eine Randfigur«* gewesen, sagte Schneider, *»er war vielmehr ein militanter Anführer seiner Gruppe. Und die gehörte zu den führenden an der Universität.«*[334]

Auch zu seiner Vergangenheit im Kommunistischen Bund wußte Trittin nichts eindeutigeres zu sagen als: *»Das sind keine Jugendsünden. Ich glaube, daß es relativ viel mehr von Dingen gibt, zu denen man ungebrochen bis heute stehen kann, ich kann das jedenfalls, als Dinge, die falsch waren.«*[335] Also seine Mitgliedschaft im Kommunistischen Bund war falsch, das gibt Trittin zu, aber er sagt nicht, warum sie falsch war. Falsch deshalb, weil die kommunistische Ideologie grundsätzlich falsch ist? Oder falsch etwa nur deshalb, weil es nicht gelang, die damaligen politischen Ziele mithilfe dieser Vereinigung erfolgreich zu verwirklichen? Vielleicht war das der Grund, warum Trittin schließlich Anfang der 1980er Jahre zu den Grünen wechselte. Er wäre nicht der einzige APO-Aktivist, der damals die Grünen als neue und erfolgversprechendere Plattform für die Verwirklichung derselben alten Ziele erkannte. Mehrere führende KB-Mitglieder wie Jürgen Reents, Rainer Trampert, Thomas Ebermann und Ulla Jelpke beteiligten sich jedenfalls 1977 an der Gründung der »Bunten Liste« und drei Jahre später der Bundespartei »Die Grünen«.[336]

Trittins Äußerungen, auch noch als Bundesminister, lassen jedenfalls Zweifel an einer grundlegenden Abkehr von der kommunistischen Ideologie aufkommen. Schon sein Verhältnis zur deutschen Wiedervereinigung spricht da eine deutliche Sprache: Hinter dem *»deutschen Vereinigungsnationalismus«* stecke eine konservative Verschwörung, so Trittin, die für Rassismus und brennende Asylbewerberheime verantwortlich sei. Das neue Deutschland, so phantasierte er, gehe daran, *»mit zentralen Grundwerten der alten Bundesrepublik zu brechen«*[337]. Er äußerte auch konkret, woher die Gefahr seiner Ansicht nach komme: *»Die Rechtsverschiebung ist nicht von verwirrten Glatzköpfen und reaktionären Greisen am rechten Rand der Gesellschaft bewirkt worden. Sie ist im Zentrum der politischen Klasse entwickelt und umgesetzt worden.«*[338] Wenn denn also während der Regierungszeit von Helmut Kohls CDU tatsächlich eine Verschiebung nach rechts stattgefunden hätte, da verwundert es doch sehr, wie Trittin höchstpersönlich angesichts dieser Rechtsverschiebung nur wenige Jahre später zum Bundesminister gewählt werden konnte! Die Mehrheit der Wähler schien wohl doch eher in Richtung links zu tendieren. Trittins *»Rechtsverschiebung«* entpuppte sich also als reine Hysterie, eine jener typischen Wahnvorstellungen, unter der ausschließlich linke Zeitgenossen leiden; je extremer die linke Weltanschauung, umso schwerwiegender der Leidensdruck. Aber vielleicht äußerte sich in Trittins Wehklagen über eine angebliche *»Rechtsverschiebung«* einfach nur die Trauer um die untergegangene kommunistische Diktatur im Osten Deutschlands.

Daß Trittins Weltbild auch heute noch stark linkslastig eingefärbt sein muß, beweist nicht zuletzt die Tatsache, daß er noch 1992 als niedersächsischer Bundesratsminister einen Polizeieinsatz gegen mit Stahlkugeln und Brandsätzen ausgerüstete Autonome als *»unverhältnismäßig«* bezeichnete und 1996 – er war immer noch Landesminister – bei einer vom Verfassungsschutz überwachten Veranstaltung der gewalttätigen Göttinger »Autonomen Antifa M« über »Deutsche Innenpolitik« referierte. Es sollen angeblich, so berichtete die *Junge Freiheit* unter Berufung auf die *Frankfurter Allgemeine Zeitung* vom 22. Januar 2001, sogar Fotos eines solchen vom Verfassungsschutz observierten Autonomentreffens existieren, auf denen Trittin zu erkennen sei, die jedoch nie an die Öffentlichkeit gelangten.[339]

Seit einem Überfall im Oktober 1991 auf das Haus des niedersächsischen Vorsitzenden der rechtsgerichteten Freiheitlichen Arbeiter Partei (FAP) in Mackenrode bei Göttingen, bei dem mehrere Personen verletzt worden waren, ermittelte die Polizei und das Landeskriminalamt gegen die »Autonome Antifa M« (AAM) wegen des Verdachts auf Bildung einer kriminellen Vereinigung. Im Jahr 1996 wurde schließlich auf Antrag der Celler Generalstaatsanwaltschaft Anklage gegen 17 Beschuldigte erhoben. Daraufhin protestierten zahlreiche Personen, darunter der heutige Umweltminister Jürgen Trittin, in einer »Göttinger Resolution« – veröffentlicht in der *Frankfurter Rundschau* – gegen die *»Kriminalisierung«* des Antifaschismus. Das Verfahren wurde anschließend gegen Zahlung von jeweils 3000 DM zugunsten einer NS-Gedenkstätte eingestellt. Die *Junge Freiheit* stellt die interessante Frage, ob dabei wohl der politische Druck nachgeholfen hat?[340]

Ein kompromißloser Verfechter eines multikulturalisierten Deutschlands ist Trittin ganz zweifellos. So schreibt er in seinem Buch *Welt um Welt*: *»Erst die rot-grüne Regierung hat mit der Lebenslüge der Konservativen aufgeräumt und sich dazu bekannt: Deutschland ist ein Einwanderungsland. Das neue Staatsangehörigkeitsrecht macht Schluß mit dem archaischen Brauch, Deutschsein an die biologische Abstammung zu knüpfen. Statt des Blutrechts ist nun der Wohnort bei der Geburt ausschlaggebend.«*[341] Damit beweist er, daß er sich etwa einer *»Nomandin in der Sahelzone«*, von der er an anderer Stelle in seinem Buch schreibt, mindestens ebenso verpflichtet fühlt wie dem deutschen Volk.

Überhaupt kann Trittin mit der deutschen Nation so gar nicht viel anfangen. Kaum Bundesminister geworden, sagte er der Zeitung *Die Welt*: *»Noch nie habe ich die Nationalhymne mitgesungen und werde es auch als Minister nicht tun.«*[342] Und Trittin tut es tatsächlich nicht! Und nicht nur das, er hält es auch nicht für nötig, bei der Vereidigung des Bundespräsidenten Horst Köhler die Hand aus der Hosentasche zu nehmen. Trittin hatte aus Prinzip beim Abspielen der Nationalhymne nicht mitgesungen und demonstrativ die Hände in der Tasche gelassen. Dafür handelte er sich eine Zurechtweisung des Bundespräsidenten ein: *»Wer den Staat repräsentiert und von seinem Dienst an ihn lebt, sollte sich auch zum Staat und seinen Symbolen bekennen.«*[343] Deutlicher könnte Trittin gar nicht unter Beweis stellen, daß er für die Position als einer der obersten Diener des deutschen Volkes vollkommen ungeeignet ist. Doch Trittins Beweise seines gestörten Verhältnisses zur deutschen Nation gehen noch weiter. Als CDU-Generalsekretär Laurenz Meyer im März 2001 gesagt hatte, er sei stolz, ein Deutscher zu sein, bescheinigte ihm Trittin die *»Mentalität eines Skinheads«*[344]. Vermutlich ist in Trittins Augen jeder, der Deutschland nicht verachtet, ein Rechtsextremist. Vor diesem Hintergrund erklärt sich auch sein Gezeter um die angebliche *»Rechtsverschiebung«* in Deutschland nach der Wiedervereinigung. Kann man es CSU-Landesgruppenchef Michael Glos da noch übelnehmen, wenn er eine Koalition mit den Grünen von vornherein ausschließt, solange es, wie er sagte, *»Öko-Stalinisten und ehemalige Terroristen wie Umweltminister Jürgen Trittin und Außenminister Joschka Fischer«* gebe?[345]

Mit dem Klimaschutz in die Planwirtschaft

Egal, ob Trittin nun mit seiner kommunistischen Vergangenheit gebrochen hat oder nicht, heutzutage tritt er nicht mehr deutlich als Marxist in Erscheinung. Dazu gibt es in seinem Fachbereich, schließlich ist er Umweltminister, ja auch nur wenig Möglichkeiten – sollte man auf den ersten Blick meinen. Tatsächlich setzt sich Trittin plötzlich ganz verbissen für den Schutz der Umwelt ein, und ganz besonders scheint ihm hier der Klimaschutz am Herzen zu liegen.

Die Bekämpfung des Treibhauseffekts ist das neue Ziel von Trittins Politik. Jeder hat schon davon gehört. Seit Jahren wird die Weltöffentlichkeit mit der Behauptung indoktriniert, der CO_2-Ausstoß in den westlichen Industrienationen (und nur dort) führe zu einem weltweiten Treibhauseffekt und zur Erwärmung des Weltklimas, was in der Folge Naturkatastrophen auslösen würde. Auch Trittin propagiert diese These in kurzen und leichtverständlichen Sätzen, schließlich sickern Stichworte leichter ins Unterbewußtsein. Er schreibt: *»Beispiel: Klimawandel. Das in der Atmosphäre angesammelte Treibhausgas CO_2 stammt zu 80% aus den Industrieländern. Es braucht über 100 Jahre, um wieder abgebaut zu werden. Treibhausgase haben die Erde in den vergangenen Jahren erheblich erwärmt. Die globale Klimaveränderung findet bereits statt.«*[346] Und weiter: *»Die meisten Forscher gehen derzeit von einer dauerhaften Erwärmung aus.«*[347]

Wollen wir es ihm gleichtun: Falsch, Herr Trittin! Die meisten Forscher wissen, der Klimawandel durch CO_2 ist eine Lüge! CO_2 ist nicht in der Lage das Erdklima zu erwärmen! Eine Erderwärmung durch Treibhausgase ist physikalisch nicht möglich!

Einer dieser Forscher, die seit Jahren vehement gegen die Treibhaus-Lüge vorgehen, ist der durch seine Auftritte beim ZDF bekannte Diplom-Meteorologe Dr. Wolfgang Thüne. Dieser weist in seinem sehr lesenswerten Buch *Freispruch für CO_2!* schlüssig nach, daß es den so lautstark propagierten Treibhauseffekt durch CO_2 nicht gibt, ja, daß es ihn physikalisch gar nicht geben kann! Er kommt nach ausführlichen physikalischen Erklärungen zu dem simplen Schluß: *»Der Mensch ist nicht ›Herr‹ des Wetters, sondern stets ›Opfer‹. Er ist der Willkür des Wetters ausgesetzt und muß es so nehmen, wie es kommt! Um so schmeichelhafter ist für ihn die Illusion, sich als ›Herr über das Klima‹ dünken zu können, wenn er auch zu dessen Regulierung über die ›Ökosteuern‹ zur Kasse gebeten wird. (…) Haben Sie noch Angst vor der ›Klimakatastrophe‹? Ich nicht, denn diese ist Fiktion!«*[348]

Doch Thüne genügt es nicht zu beweisen, daß der Treibhauseffekt ein Schwindel ist, er hat auch die sich hinter dieser Lüge verbergende Absicht sehr treffsicher erkannt: *»Entzieht sich das Wetter jeglichem anthropogenem Einfluß, dann bleibt* *jeder Wunsch nach ›Klimaschutz‹ eine Illusion, eine extrem teure Illusion, die unsere Industriegesellschaft inklusive Sozialstaat in den sicheren Ruin treibt. Jedwede Energiesteuer entzieht dem wirtschaftlichen Wachstum dringend notwendige Kaufkraft, schleichend, aber sicher! Dies ist auch erklärtes Ziel einiger prominenter ›Klimaforscher‹, die über die Parole der Achtundsechziger (68er) von der ›Vergesellschaftung der Wissenschaften‹ ihrerseits Wirtschaft und Politik ›vergesellschaften‹ wollten und dies immer noch tun. Das grüne ›Ökoparadies‹ ähnelt in seinem gedanklichen Grundansatz sehr dem sozialistischen Paradies des Karl Marx. Das Individuum gilt nichts, das Kollektiv ist alles und bestimmt die Verhaltens- und Klimanormen.«*[349]

Damit ist den grünen Klimaschützern die Maske vom Gesicht gerissen worden, und zutage tritt das häßlich tief-rote Antlitz marxistischer Planwirtschaftler. Und so schließt sich auch der Kreis von den ehemals offen marxistisch agierenden Revolutionären zu den heutigen Klimaschützern, der Zweck war immer schon derselbe, nur die Mittel haben sich im Lauf der Jahre verändert.

Mit dem nicht existierenden Treibhauseffekt werden wirtschaftspolitische Maßnahmen begründet, die auf die weltweite Einführung der Planwirtschaft hinauslaufen. Da ist es nicht mehr der freien Wirtschaft und dem Markt überlassen, wieviel produziert wird, sondern über eine willkürliche Festlegung der CO_2-Ausstoßquoten wird das Plansoll der Produktion festgelegt. Hinzu kommt die ebenso willkürliche Verteuerung der Primärenergienutzung, was jedes frei florierende Wirtschaftssystem sehr zuverlässig ausbremst. Wenn die Grünen von der Bekämpfung des Treibhauseffekts sprechen, meinen sie damit in Wahrheit eine politische, eine marxistische Systemveränderung.

So erklärt sich auch, warum Trittin, der früher Mitglied im Kommunistischen Bund war, nun den Umweltschutz als neues Betätigungsfeld für sich entdeckt hat. Hier findet er optimale Voraussetzungen vor, um seine gesellschaftsverändernden Pläne und Ziele umzusetzen. Er kann sich bei seinen Maßnahmen zur Gängelung der freien Marktwirtschaft immer auf den *»Konsens von Kyoto«* berufen und verspürt innenpolitisch nicht den geringsten Hauch von Gegenwind. Im japanischen Kyoto hatten sich am 11. Dezember 1997 die Industriestaaten darauf geeinigt, ihre gemeinsamen CO_2-Emissionen im Vergleich zu 1990 bzw. 1995 um 5,2% zu senken. Dort wurde das sogenannte Kyoto-Protokoll verabschiedet. Der absolut größte Beitrag entfiel dabei selbstverständlich auf den »Vorreiter« Deutschland mit einem Minus von 21%.[350] Das sind willkürlich und nutzlos festgelegte 21% ausgebremster Wirtschaftskraft, mit allen Folgen für den Standort Deutschland, für Arbeitsplatzsicherung und Wohlstand. Wieder zeigt sich, daß sich die zu Regierungsverantwortung gelangten Weltverbesserer der 68er-Bewegung bei ihrer Politik nicht im mindesten um die Notwendigkeiten der Realität kümmern, sondern daß es einzig und allein darum geht, die Ideologie durchzusetzen und den Menschen ideologiekonform umzuerziehen und zu indoktrinieren. Die »zweckfreie« Wissenschaft, deren Aufgabe es früher war, die Wahrheit zu erkennen und die Beschaffenheit der Realität zu beschreiben, wurde durch die »gesellschaftlich relevante« Wissenschaft ersetzt. Das ist die Kritische Theorie der marxistischen Frankfurter Schule in ihrer reinsten Form, eine zur Ideologie perfektionierte Lüge!

Doch nicht nur Deutschland ist vom marxistischen Irrsinn der Treibhauslüge betroffen, die ganze westliche Welt, ganz besonders natürlich die USA, sind Ziel der Gesellschaftsveränderung. Und so schreibt Thüne: *»Die jahrelange, ständige Überflutung der ›Öffentlichen Meinung‹ mit Horrorszenarien hat ein derart ›induziertes kollektives Irresein‹ geschaffen, daß jeder Zweifel an der von den ›reichen‹ Industrienationen verursachten ›Erderwärmung‹ als umweltfeindliche Einstellung gewertet wird. Die geballte Feindseligkeit sollte bald der US-Präsident als ›mächtigster Mann der Erde‹ zu spüren bekommen.«*[351]

Begonnen hat die Hysterie rund um den »Treibhauseffekt« 1988 in Toronto, dann folgten Klimagipfel in Rio de Janeiro (1992), Berlin (1995), Kyoto (1997), Buenos Aires (1998), Bonn (1999), Den Haag (2000) und 2001 in Berlin. Noch einmal wollen wir hierzu Thüne zitieren: *»Parallel zur Fortsetzung des ›Klimagipfels‹ in Bonn hatte der niederländische Umweltminister Jan Pronk auch eine ›Jugendkonferenz‹ ins Leben gerufen. Die* VDI Nachrichten *schrieben am 20. Juli 2001 hierzu: ›Im politischen Klimazirkus erhält erstmals auch die Jugend eine Rolle: Bei den Verhandlungen in Den Haag und auch in Bonn gibt es eine offizielle ‚Jugendkonferenz'. Die 18-jährige Henny Schmid vertritt dabei die deutsche Jugend. Auf die Frage ‚Warum scheiterten die Klimaverhandlungen in Den Haag Ende vergangenen Jahres?', antwortete Henny Schmid ebenso professionell wie zeitgeist-konform: ‚Die deutsche Delegation hat in Den Haag Tag und Nacht knallhart für den Klimaschutz gearbeitet, ich hätte nicht erwartet, daß die so kompetent sind. Aber die USA haben sich quer gestellt, man könnte echt meinen, daß die Vertreter alle gekaufte Öl-Lobbyisten sind. Es ist ein Unding, wie egal denen die Kinder sind, denen sie die kaputte Welt hinterlassen.' Das Unverantwortliche liegt darin, daß Kinder für rein ideologische Zwecke mißbraucht und zu billigen Stimmungsmachern herabgewürdigt werden.«*[352] *»Alles gekaufte Öl-Lobbyisten«*, das hätte so auch in einem Bekennerschreiben der RAF stehen können. Das ist ein scharfer Wind, der der US-Regierung da von links entgegenweht, aber anders ist man das aus der Geschichte ja nicht gewohnt. Die USA hatten nämlich noch unter Präsident Bill Clinton in Den Haag das Vorhaben scheitern lassen. Der als linkslastig geltende Clinton hatte damals keine andere Wahl gehabt, er war nämlich an das eindeutige 95:0-Votum des US-Senats gebunden, der das Kyoto-Protokoll rundheraus ablehnte.[353] Schon damals war die Enttäuschung über das Scheitern in der Glaubensgemeinde der »Klimaschützer« sehr groß. Noch grimmiger reagierte das international organisierte Klimaschutznetzwerk jedoch auf die kompromißlose Haltung des neuen US-Präsidenten George W. Bush, der im März 2001 klarstellte: *»Meine Regierung nimmt die Probleme des Klimawandels sehr ernst. Wie Sie aber wissen, bin ich gegen das Kyoto-Protokoll, weil es rund 80 % der Welt, einschließlich der bevölkerungsreichsten Staaten China und Indien, von der Verantwortung ausnimmt und weil es der US-Wirtschaft ernsthaft schaden würde.«*[354] Zudem erwähnte er, daß CO_2 nach dem Luftreinhaltegesetz nicht zu den *»Luftschadstoffen«* gehört.[355]

Der Protest von links war entsprechend riesengroß. Der stellvertretende SPD-Fraktionsvorsitzende Michael Müller zum Beispiel warf dem US-Präsident *»ökologischen Kolonialismus«* vor und schrieb in der *Frankfurter Rundschau*: *»Sein Geschwätz von gestern scheint ihn ebenso wenig zu scheren wie die Naturkatastrophen von morgen.«*[356] Doch Bush hat mit der Ablehnung des Kyoto-Protokolls nur getan, wozu ihn 17 000 Wissenschaftler in einer Unterschriftenaktion aufgefordert hatten – hier sind nämlich *»die meisten Forscher«* zu finden, die Trittin so falsch für sich in Anspruch nehmen möchte –, und diese lehnen die Treibhauslüge wegen ihrer grundsätzlichen physikalischen Unmöglichkeit völlig ab.[357]

Was in den 1980er Jahren noch die kommunistische Propaganda vom US-amerikanischen Imperialismus oder den Hochrüstungsplänen der US-Regierung war, ist heute das Märchen vom Klimakiller Marktwirtschaft. Die Lügen ändern sich, aber der Zweck bleibt immer der gleiche.

Eine Bemerkung noch am Rande: International herausragendster Protagonist des Umwelt- und Klimaschutzes ist kein geringerer als der frühere KPdSU-Generalsekretär Michail Gorbatschow. Ein Schelm, wer Böses dabei denkt! Es heißt, der Kommunismus sei tot, doch wer hat seine Leiche gesehen?

Der Vollständigkeit halber sei auch noch erwähnt, daß der Schutz der Umwelt vor Verschmutzung an sich natürlich ein sehr notwendiges und richtiges Vorhaben ist, aber eben doch nur da, wo es nötig ist. Als Erfolg der Umweltschutzbewegung kann z. B. angeführt werden, daß die Schwefelemissionen in

Europa und den USA, anders als im Ostblock, deutlich zurückgingen, in der EU wurden sie seit 1984 gar um volle 60 % reduziert.[358] Interessant in diesem Zusammenhang ist ein Bericht aus der norwegischen Tageszeitung *Verdens Gang* vom 19. März 1998: »*Wir hatten Probleme, die Umweltbewegung auf die neue Realität einzustellen, sagt Kalle Hestvedt von Greenpeace. Der einseitige Pessismismus sei der Glaubwürdigkeit der Umweltorganisation abträglich. Wenn die meisten Leute nicht den Eindruck haben, daß die Welt jeden Augenblick aus den Angeln fällt, fällt es ihnen schwer, die Umweltorganisationen ernst zu nehmen, meint Hestvedt.*«[359] Alles in allem konstatiert Greenpeace: »*Tatsache ist, daß viele Umweltfragen, für die wir vor zehn Jahren gekämpft haben, so gut wie gelöst sind. Trotzdem stellt die Strategie weiter darauf ab, daß ›alles zur Hölle fährt‹.*«[360]

Der Umweltschutz hat also seinen Sinn, aber eben nicht als politisches Werkzeug zur marxistischen Gesellschaftsveränderung.

Die Ökosteuer

Das Märchen von der Klimakatastrophe war die offizielle Begründung für die Einführung der Ökosteuer durch die rotgrüne Regierungskoalition am 1. April 1999. Interessanterweise hatte Kanzler Schröder noch vor seinem Amtsantritt betont, daß eine Verteuerung der Energie zu einem weiteren Verlust von Arbeitsplätzen führen werde, man solle sich die Ökosteuer daher auch aus »*sozialen Gründen*« für die nächsten Jahre »*abschminken*«.[361] Schröder war die Wirtschaftsverhinderungsfunktion der Ökosteuer also von vornherein bekannt, und dennoch hat seine Regierung dieses Instrument eingeführt. Offiziell soll die Ökosteuer die Bürger zu einem sparsameren Energieverbauch erziehen. Da ist er wieder, der Erziehungsauftrag, den sich die marxistische 68er-Bewegung selbst gegeben hat. Die frühere Fraktionsvorsitzende der Grünen, Kerstin Müller, hat das einmal mit beispielloser Dreistigkeit ausgesprochen: *»Wer nicht hören will, muß fühlen!«*[362]

Als angenehmer Nebeneffekt aber füllt die Ökosteuer die leeren Kassen des Finanzministers Eichel, denn Energie ist ein Grundbestandteil des Alltagslebens, der sich nicht beliebig einsparen läßt. Es läßt sich leicht abschätzen, wohin die Regierung mit einer solchen Politik kommen wird: Einerseits wird die Wirtschaft geknebelt, andererseits werden die Taschen der Bürger geleert – so kann kein wirtschaftlicher Aufschwung entstehen. Die kurzfristigen Einnahmen kaschieren nur den umso größeren Einbruch, der bei schrumpfender Wirtschaftsleistung unweigerlich folgen wird. Ein solches Verhalten läßt nur den Schluß zu, daß Rot-Grün die deutsche Nation sehenden Auges an die Wand fährt!

Was aber für den dummen deutschen Bürger gelten soll, nämlich sparen bis jenseits der Schmerzgrenze, das gilt natürlich nicht für die Vertreter der rot-grünen Politnomenklatura. So beklagte Trittin zwar die sinkenden Kosten bei Flugreisen: *»Kostete die durchschnittliche Flugmeile pro Passagier 1930 noch 0,68 Dollar (Dollarwert von 1990), waren es 1990 nur noch 0,11 Dollar. Die Folge: Es wird mehr geflogen. Die negativen Folgen für das Klima sind trotz leiserer und sauberer moderner Flugzeuge gestiegen.«*[363] Aber für ihn selbst gilt ein solcher Sparzwang natürlich nicht, schließlich trägt die Kosten für seine Flugreisen ja auch der Steuerzahler, wie der *BWL-Bote* schreibt: »Der Spiegel *berichtete gestern in seiner Online-Ausgabe, daß die Landwirtschaftsministerin Künast und Bundesumweltminister und (ehemaliger?) kommunistischer Kader Jürgen Trittin eine Maschine der Bundesluftwaffe geordert haben, um innerhalb von Brasilien Ausflüge unter anderem zu einer Alkoholfabrik und zu Landbesetzerfamilien zu unternehmen. Dabei seien Trittin und Künast, so* Der Spiegel, *auf getrennten Wegen per Linienjet, erster Klasse, versteht sich, nach Brasilien angereist und wollten erst dort zu ihren Landausflügen auf die Bundeswehr umsteigen, die also leer anreisen sollte, fast 20 000 km Flug für ein paar*

Inlandhops. Erst nach den Recherchen des Spiegels, *und nachdem die hohen Herrschaften offenbar doch an die Flug- und Bonusmeilenaffären von Rita Süßmuth, Rezzo Schlauch und Cem Özdemir dachten und ihnen möglicherweise auch aufgrund der jüngsten Vorschläge zur Streichung von Politikerpensionen plötzlich der Arsch auf Grundeis ging, bestellten sie die Maschine kurzerhand wieder ab – als sie sich bereits in der Luft auf dem Weg nach Brasilien befand.«*[364]

Trittins Windmühlen

Größter Dorn im Auge der umweltbewegten Grünen und so auch ihres Umweltministers Trittin ist bekanntlich die Atomkraft, und das, obwohl sie zu Beginn der 68er-Bewegung auch unter Linken als eine hochentwickelte Produktivkraft und als die im Prinzip sauberste Energiequelle noch in hohem Ansehen stand. Schon lange bevor Rot-Grün an die Macht kam, propagierte man jedoch den deutschlandweiten Ausstieg aus der Atomenergie. Bis 2020 sollte es, nach dem Willen des grünroten Umweltministers, keine Atomkraftwerke in Deutschland mehr geben. Zudem sollte bis dahin auch eine Reihe von Kohlekraftwerken vom Netz gehen, und als Ersatz für die fehlenden Energieerzeuger wurden Windräder, Solarpanel und Biomasseanlagen angepriesen.[365]

Im Mai 2005 wurde das zweite deutsche Kernkraftwerk, Obrigheim, das bis dahin schwarze Zahlen schrieb, abgeschaltet, wohlgemerkt aus rein grün-ideologischen Gründen. Aber können Trittins alternative Energiequellen den Stombedarf Deutschlands decken? Windkraftwerke können dies nur zu einem Prozent, und auch dies nur, weil die rot-grüne Regierung die Elektrizitätswerke mit dem sogenannten »Einspeisungsgesetz« gezwungen hat, den Windmachern Strom für das Vielfache des Preises abzukaufen, für den sie selbst Strom an die Verbraucher liefern.[366] Dieses Gesetz ist ein politischer Eingriff in den Wettbewerb und damit lupenreine sozialistische Planwirtschaft. Doch ohne derartige politische Eingriffe wäre die Windenergie zu teuer, daher nicht konkurrenzfähig. Sie kann nur mit massiven Subventionen am Leben erhalten werden. Ähnlich wie die Windenergie ist auch die Solarenergie nicht wirtschaftlich, denn ein Kilowatt Sonnenstrom ist in unseren Breitengraden ohne Subvention noch immer teuer als ein Kilowatt konventionell erzeugter Energie. Wind- und Solarstrom sind auch aus einem weiteren Grund nicht wirtschaftlich, denn der erzeugte Strom muß sofort an einen Verbraucher abgegeben werden, schließlich läßt er sich nur mit einem übermäßigen Kostenaufwand zwischenspeichern. Was passiert aber bei Windstille oder wenn die Sonne nicht scheint? Müssen dann private Industrie und Privatverbraucher auf die Energie aus der Steckdose verzichten, wie das in der Dritten Welt oder im kommunistischen Nordkorea üblich ist? Sollte das rot-grüne Ziel, den Anteil der Windkraft am gesamten Stromverbrauch auf mindestens 25 % auszubauen, tatsächlich erreicht werden, dann würden sich zwangsläufige Versorgungslücken ergeben, die mit anderen Energiequellen ausgeglichen werden müßten oder durch Zukauf von billigem (Atom-)Strom aus dem Ausland. Würde man also, und darauf scheint es hinauszulaufen, die deutschen Atomkraftwerke um jeden Preis stillegen, ohne daß der heimische Energiebedarf sinnvoll gedeckt werden kann, dann wäre Deutschland abhängig entweder vom billig erzeugten Atomstrom aus dem europäischen Ausland, oder es entstünde ein Mehrbedarf an Öl und Gas, was wiederum aus dem Ausland importiert werden muß. Trittins realitätsfremde Energiepolitik macht Deutschland also abhängig und damit auch erpreßbar. Welche Auswirkungen hätte etwa ein Ölembargo wie in den 1970er Jahren, wenn in Deutschland keine Atomkraft mehr zu verfügen stehen würde? Was passiert, wenn es im politisch instabilen Nahen Osten oder im ebenso instabilen Rußland zu einer Krise käme? Denn gerade dort deckt Deutschland seinen Bedarf an Öl und Gas. Dieses Problem hat auch der Ex-SPD-Umweltsenator in Hamburg, Fritz Vahrenholt, erkannt: *»Wir* *müssen alles tun, was uns unabhängig macht von den Scheichs und von dieser brisanten Situation, die unsere ökonomische Lage bedroht.«*[367] Sogar der wissenschaftliche Beirat von Wirtschaftsminister Wolfgang Clement erklärte die Förderung der bundesweiten Windkraftwerke zum *»ökologisch nutzlosen und volkswirtschaftlich teuren Instrument«*, welches *»konsequenterweise abgeschafft«* werden müßte.[368] Die Abkehr von der Kernkraft ist in der gegenwärtigen Situation also weder ökologisch noch ökonomisch vertretbar und trotzdem erzwingt Rot-Grün den Atomausstieg – aus rational nicht nachvollziehbaren ideologischen Motiven.

Interessant ist jedenfalls, daß die Sowjetunion immer ein Interesse daran hatte, Europa vom sowjetischen Öl abhängig zu machen, denn ein abhängiges Europa ist ein erpreßbares Europa, das im Krisenfall zu politischen Zugeständnissen gezwungen werden kann. Ist es nicht merkwürdig, daß die Energiepolitik des Ex-Kommunisten Trittin so sehr den strategischen Interessen Moskaus gleicht?

Trittin und der Hunger in der Dritten Welt

Zuguterletzt wird es höchste Zeit, mit einer weiteren marxistischen Standardlüge aufzuräumen, die im Zuge der Globalisierung immer häufiger zu hören ist, auch und besonders von Trittin, nämlich mit dem Märchen, der marktwirtschaftliche Westen sei in irgendeiner Weise verantwortlich für das sprichwörtliche Elend in der Dritten Welt. Die Jugendorganisation einer bekannten Umweltschutzbewegung gibt diese Lüge in einer Grundsatzerklärung besonders simpel wieder, deshalb lohnt es sich, diese hier zu zitieren: *»Die Auseinandersetzung mit aktuellen Problemen bedeutet für uns wie für viele Jugendliche festzustellen, daß wir in einer Gesellschaft aufwachsen, die maßgeblich durch die Teilung in sehr arme und sehr reiche Menschen bestimmt ist. Ein großer Teil der Weltbevölkerung muß täglich ums Überleben kämpfen, während* *ein kleiner Teil auf Kosten der anderen und der Natur in Reichtum lebt. Wir sehen, daß wir diese Ausbeutung allein durch unser Leben in Industrieländern unterstützen. (...) Unser Wohlstandsniveau ist nur durch die Ausbeutung der ›Dritten Welt‹ haltbar. Dessen müssen wir uns ebenso bewußt sein wie der Tatsache, daß wir im Überfluß leben; während ein großer Teil der Weltbevölkerung – auch wegen unseres Lebens im Überfluß – hungert.«*[369] Auf diesem in linken Umweltschutzkreisen weit verbreiteten Irrtum aufbauend, schreibt Trittin in seinem Buch *Welt Um Welt*: *»Wenn die Menschen im Süden unsere Kleidung, Nahrung, Wohnung, medizinische Versorgung und unseren Arbeitsschutz hätten – dann würden sie auch so alt wie wir. Ihnen werden schlicht 30 Jahre Lebenszeit und Lebensqualität vorenthalten. Was impliziert die Vorstellung der Universalität der Menschenrechte? Daß eine Nomadin in der Sahelzone dasselbe Recht auf ein langes gesundes Leben, auf Bildung und damit auf Alternativen der Lebensgestaltung hat wie ein US-Amerikaner oder ein Deutscher. Wie erreicht man eine global gerechte Teilhabe an Lebenschancen? Wohl kaum, indem die ärmeren Länder die Wirtschaft der reichen Industrieländer nachahmen. Im Gegenteil: Die Ressourcen verschwendende Wirtschafts- und Lebensweise in den Ländern der Nordhalbkugel ist ein Teil des Problems, sie führt zu einer Verschlechterung der Lebenssituation gerade für Menschen in vielen armen Ländern der Südhalbkugel.«*[370] Da ist sie wieder, Trittins Nomadin in der Sahelzone, der er sich ja offenbar ebenso und sogar noch mehr verpflichtet fühlt wie dem deutschen Volk. Aber was ist dran an der Argumentation, die Dritte Welt hungere nur deshalb, weil es uns im Westen so gut gehe? Die Antwort ist einfach: Nichts, gar nichts!

Zum einen ist es eine Tatsache, daß weltweit immer weniger Menschen hungern. Der immer noch sprichwörtliche »Hunger in der Dritten Welt« geht trotz florierender Marktwirtschaft in Europa und den USA seit über 30 Jahren stetig zurück. Im Jahr 1970 hungerten 35 Prozent aller Menschen in den Entwicklungsländern. 1996 lag die Zahl bei 18 Prozent, und die Vereinten Nationen erwarten, daß sie bis 2010 auf zwölf Prozent sinkt.[371] Während der letzten zehn Jahre ist die durchschnittliche tägliche Nahrungsaufnahme in den Entwicklungsländern von 2463 auf 2663 Kalorien pro Person angestiegen, und das ist mehr, als viele »figurbewußte« Mitteleuropäer und Amerikaner pro Tag freiwillig zu sich nehmen![372]

Zum anderen gibt es zwar unbestritten Hungerkatastrophen in der Dritten Welt, doch lohnt es sich sehr zu betrachten, wo genau diese Katastrophen stattfinden. Und da läßt sich sehr oft ein Zusammenhang mit lokalen Bürgerkriegen oder Rebellionen herstellen. Im Jahr 2002 waren z. B. besonders die Staaten Kongo, Somalia und Afghanistan vom Hunger betroffen.[373] In allen drei Staaten finden seit Jahren blutige Kämpfe statt, die fast ausschließlich von kommunistischer Seite begonnen wurden. Afghanistan beispielsweise findet seit der sowjetischen Invasion vor fast drei Jahrzehnten keinen Frieden mehr. In vielen Staaten Afrikas begannen die Sowjetunion und das kommunistische China in den 1960er Jahren sogenannte »Befreiungsbewegungen« mit marxistischer Ideologie, mit sowjetischen Waffen und mit militärischer Ausbildung aufzurüsten. Die Folge davon waren Jahrzehnte andauernde Bürgerkriege, die nicht selten schwere Flüchtlingskatastrophen und Hungersnöte auslösten. Von einem Verschulden des marktwirtschaftlichen Westens kann hier also keine Rede sein. Höchstens insofern, als daß der Westen die Völker der Dritten Welt im Zuge der »Entspannung« zwischen Ost und West in ihrem Kampf gegen den Marxismus allzu oft allein gelassen hat. Interessanterweise streift Trittin diesen Sachverhalt auch, indem er schreibt: *»Globalisiert haben sich auch andere Krisenphänomene. Unzählige Menschen sind von massiver nichtstaatlicher Gewalt betroffen: Weltweit werden Konflikte, Überfälle und Raubzüge vor allem mit einer Waffe, der AK47, benannt auch nach ihrem Erfinder Kalaschnikow, ausgetragen. Diese Kleinwaffe hat in den letzten zehn Jahren mehr Menschen getötet als alle Massenvernichtungs-*

waffen zusammen. Sie wird zunehmend Kindern in die Hand gedrückt. Bemühungen, die Verbreitung dieser Kleinwaffen international über eine Konvention zu ächten und zu kontrollieren, sind bisher leider gescheitert – nicht nur, aber vor allem am Widerstand der USA.«[374] Trittins Aussage ist bewußt so formuliert, daß beim Leser der Eindruck entsteht, die USA seien schuld an der Gewalt in der Dritten Welt. Jedoch unterläßt er es, darauf hinzuweisen, daß gerade die von ihm genannte Waffe, die AK-47, ausschließlich aus sowjetischer und chinesischer Produktion stammt und daß gerade diese Waffe von Moskau und Peking bewußt an lokale kommunistische Rebellen geliefert wurde, um dort die Revolution anzufachen. Es sind also nicht im mindesten der marktwirtschaftliche Westen im allgemeinen und auch nicht die USA im besonderen, der verantwortlich wäre für die Hungerprobleme in der Dritten Welt, sondern es ist der (immer noch existente) kommunistische Ostblock mit seinen lokalen marxistischen Vasallen.

Sieht man sich aber an, wie Trittin das von ihm so verzerrt dargestellte Problem zu lösen gedenkt, dann wird deutlich, worauf diese Strategie letztlich abzielt. Er schreibt: *»Globale Gerechtigkeit wird mit entwicklungspolitischen Maßnahmen und Direktinvestititionen allein nicht zu erreichen sein, sondern die Industrieländer müssen ihre eigene Fehlentwicklung beheben und selbst zum Modell für zukunftsfähigen Wohlstand werden. Europa, die USA und andere reiche Staaten haben die Verantwortung und auch die Kapazitäten, bei sich mit ressourcensparendem Wirtschaften zu beginnen. Nur so wird ökologisches Wirtschaften sich global durchsetzen.«*[375] Im Klartext bedeutet dieser Satz, man könne den Wohlstand in der Dritten Welt nicht anheben, indem man vor Ort im Rahmen der Entwicklungshilfe marktwirtschaftliche Strukturen westlichen Stils aufbaue, sondern nur, indem man die eigene westliche Wirtschaftsproduktion in planwirtschaftlicher Weise beschneide – eine vor den tatsächlichen Hintergründen des Hungers in der Dritten Welt völlig absurde Argumentation. Der Wohlstand des Westens begründet sich ja eben in der eigenen marktwirtschaftlichen Schaffenskraft, die mit dem Mangel in der Dritten Welt nur äußerst wenig zu tun hat. Ein Beispiel sind die Erdöl fördernden Staaten im Nahen Osten. Diese werden durch ihre Handelsbeziehungen zum Westen keineswegs ausgebeutet, ganz im Gegenteil: Der Lebensstandard dort gehört zu den höchsten weltweit. Erst im Rahmen der Globalisierung wird seit kurzem Arbeit zunehmend kostengünstig international exportiert – sehr zum Leidwesen der westlichen Länder, denn dort gehen diese Arbeitsplätze verloren, mit allen negativen Folgen für die Kaufkraft und den Wohlstand der westlichen Nationen. Noch an anderen Stellen behauptet Trittin, vor allem der Ressourcenverbrauch der westlichen Welt sei das Problem, und *»globale Gerechtigkeit«* würde es nur durch mehr Ökologie geben, die natürlich bei uns beginnen müsse. Mit mehr Ökologie meint Trittin wieder eine Beschneidung der wirtschaftlichen Produktion wie z. B. im Rahmen des Kyoto-Protokolls.[376] Haarsträubend wird es, wenn Trittin erklärt, auf welche Weise die westliche Wirtschaftskraft zu beschneiden sei: *»Globalisierung und Nachhaltigkeit sind nur so lange Feuer und Wasser, solange Subventionen und die Externalisierung von Umwelt- und Sozialkosten falsche Preise verursachen. Führen wir aber schrittweise Preise ein, die alle ökologischen und sozialen Kosten spiegeln, wird sich die Globalisierung auf das sinnvolle Mass einpendeln.«*[377] Trittins Allheilmittel heißt also globalisierte staatliche Preiskontrolle gegen den Markt – das ist Sozialismus unter dem Deckmantel der Ökologie, also Öko-Sozialismus. Da Trittins globalisierte Preiskontrolle, wie er selbst schreibt, in einem weltweiten Rahmen staffinden soll – denn Trittin will die Globalisierung ja keineswegs zurückdrehen –, muß man den Begriff Öko-Sozialismus noch global erweitern, also Welt-Öko-Sozialismus. Läßt man in dieser Wortkonstruktion die Ökologie weg – denn diese scheint ja offenbar nur Mittel und nicht Zweck zu sein –, dann erhält man das, was schon Lenins Endziel war: Weltsozialismus! Führt man sich diese Vorgänge klar vor Augen, bleibt nur noch die Frage zu stellen: Wie glaubwürdig ist da noch Trittins Abkehr von der kommunistischen Ideologie?

Tatsächlich entstehen durch die Globalisierung Probleme, allerdings weniger für die Staaten der Dritten Welt als vielmehr für die Wirtschaft in den westlichen Ländern, denn von dort wandern Arbeitsplätze ab – und davon ist in erster Linie die eigene Bevölkerung betroffen . Folglich wäre es eine denkbare Lösung, die Abwanderung der Produktion ins Ausland mit national orientierten politischen Maßnahmen zu beschränken, jedoch nicht durch Preiskontrollen, sondern z. B. durch Investitionsanreize für Unternehmen vor Ort. Trittin will jedoch das Gegenteil: *»Die Globalisierung zurückzuführen würde bedeuten, Einflußmöglichkeiten zugunsten von sozialen und wirtschaftlichen Menschenrechten und von Umweltschutz aufzugeben. Wer die Weltwirtschaft refragmentieren will, muß sich darüber klar sein, daß er damit auch die Politik renationalisieren würde – mit allen krisenhaften Folgen.«*[378]

Nationale Lösungen sind für einen Linken natürlich nicht denkbar, jedoch würde sich so vielleicht auch für andere Probleme, die Trittin anspricht, eine Lösung finden lassen. Er schreibt beispielsweise: *»Gebildeten der globalen Oberschicht dagegen steht die Welt offen: Etwa 30 000 promovierte Afrikaner leben außerhalb ihres Kontinents. Globalisierung heißt auch Braindrain in den Norden. In Afrika findet man unter 10 000 Menschen nur einen Wissenschaftler und einen Ingenieur. In Eritrea kommt auf 25 000 Menschen ein Arzt und auf 11 500 eine Krankenschwester.«*[379] Würde man also, anstatt die Zuwanderung zu fördern, einem Arzt oder einem Ingenieur aus Eritrea zwar eine Ausbildung und ein Studium im Westen ermöglichen, aber eben keinen dauerhaften Aufenthalt, dann würde ihm wohl nichts anderes übrigbleiben, als in sein eigenes Heimatland zurückzukehren und dieses aufzubauen. Das von Trittin genannte Problem des *»Braindrain«* wäre im Handumdrehen gelöst.

Abschließend noch ein Wort zum stetigen Wirtschaftswachstum, auf das die westliche Lebensweise angewiesen sei und das unvereinbar sei mit ökologischen Ressourcen. Zwar ist es richtig, daß stetiges Wirtschaftswachstum dauerhaft nicht funktionieren kann, aber es ist falsch zu unterstellen, die Marktwirtschaft sei grundsätzlich auf ein dauerhaftes Wachstum angewiesen, um funktionieren zu können. Ganz im Gegenteil: Die Marktwirtschaft würde ganz hervorragend ohne jegliches Wachstum in einer ständigen Homöostase zwischen Angebot und Nachfrage funktionieren. Der Zwang zum ständigen Wachstum entsteht erst durch den parasitären Effekt des Faktors Zins. Der Zins führt früher oder später immer zu einem wirtschaftlichen Zusammenbruch. Diesen Kollaps jedoch der Marktwirtschaft anzulasten ist eine zwar grundsätzlich falsche, in den nächsten Jahren aber dennoch sicherlich oft zu hörende Argumentationsweise.

Bildungsministerin Edelgard Bulmahn

Edelgard Bulmahn wurde am 4. März 1951 in Minden in Westfalen geboren. Nach dem Abitur verbrachte sie zunächst ein Jahr in einem israelischen Kibbuz, um daraufhin ein Lehramtsstudium der Politologie und der Anglistik in Hannover zu beginnen. 1978 bestand sie das erste und 1980 das zweite Staatsexamen für das Lehramt an Gymnasien. Anschließend war sie als Studienrätin in Hannover tätig. Im Jahr 1969 trat Bulmahn in die SPD ein.

In die Diskussion kam die deutsche Bildungspolitik nach der Veröffentlichung der sogenannten PISA-Studie, welche die Organisation für wirtschaftliche Zusammenarbeit und Entwicklung (OECD) im Jahr 2000 erstmals durchgeführt hatte. Die Abkürzung PISA steht für »Programme for International Student Assessment« und soll den Mitgliedsstaaten der OECD *»vergleichende Daten über die Ressourcenausstattung, individuelle Nutzung sowie Funktions- und Leistungsfähigkeit ihrer Bildungssysteme zur Verfügung zu stellen«*[380]. Die erste

PISA-Studie legte den Schwerpunkt ihrer Untersuchung auf die Lesekompetenz der getesteten Schüler. Im Jahr 2003 stand die mathematische Grundbildung auf dem Prüfstand, und im Jahr 2006 soll die naturwissenschaftliche Grundbildung im Mittelpunkt der Erhebung stehen.

Die Ergebnisse aus dem Jahr 2000 zeigten auf, daß fast 23 % der Jugendlichen in Deutschland nur auf dem elementarsten Niveau lesen konnten. Von dieser Gruppe werden nur einfachste Textinhalte verstanden – die Grenze zum strukturellen Analphabetentum verschwimmt. Nur neun Prozent konnten hinsichtlich Lesekompetenz in der Spitzengruppe mithalten, was noch immer unter dem Mittelwert der OECD-Länder lag. Die Ergebnisse aus dem Jahr 2003 bestätigten, was auch schon der Test aus dem Jahr 2000 aufgezeigt hatte: daß das Problem in der demographischen Struktur und sozialen Schichtung zu suchen ist und nicht vom deutschen Schulsystem verursacht wird. So schneiden die deutschen Gymnasien mit Spitzenergebnissen weit über dem Durchschnitt ab, die Realschulen genau im Durchschnitt und die Gesamtschulen deutlich darunter. Abgeschlagenes Schlußlicht sind die Hauptschulen – hier stagnieren die Leistungen weit unter dem Durchschnitt, in Mathematik sind sie sogar rückläufig.

Als Reaktion auf die PISA-Ergebnisse schlug Bildungsministerin Bulmahn die Abschaffung der Hauptschulen zugunsten von mehr Gesamtschulen vor. Doch ein solches Vorgehen würde die Ergebnisse einer erneuten PISA-Studie kaum verändern: Dann wären zwar nicht mehr die Hauptschulen, sondern die Gesamtschulen das Schlußlicht, aber das sich hinter diesen Ergebnissen verbergende Problem wäre keineswegs gelöst. Die besonders schlechten Ergebnisse der PISA-Studie spiegeln ein Grundproblem der deutschen Gesellschaft wider, nämlich den zu hohen Anteil an Ausländern, die nicht fähig oder nicht willens sind, die deutsche Sprache zu erlernen. Die *Junge Freiheit* kommentiert hierzu: *»Die PISA-Studie hat gezeigt, daß man in Deutschland eine geradezu aggressive Integrationspolitk betreiben müßte, wollte man den*

Bildungskollaps vermeiden. Mit strengster Deutsch-Paukerei, nicht nur bei Ausländerkindern, und am besten schon im Vorschulalter. Aber weil diese ›Germanisierungspolitik‹ in Zeiten dogmatischer Multikulti-Ideologie in keiner Weise durchsetzbar ist, werden alle weiterwursteln wie bisher. Geopfert wird die nachwachsende Generation.«[381]

Obwohl das Absinken des Bildungsniveaus in den unteren Gesellschaftsschichten schon ein Alarmsignal hätte sein müssen, plante Rot-Grün auch die Mittel zur Ausbildung der geistigen Elite an den Hochschulen zu beschneiden. Unter dem Titel »Brain up – Deutschland sucht die Superuniversität« wollte man einige wenige deutsche Hochschulen zu Eliteuniversitäten ausbauen, während dem Rest der verbleibenden Hochschulen erhebliche Mittelkürzungen in Aussicht gestellt wurden. Sicher kein Schritt in die richtige Richtung.

Entwicklungsministerin Heidemarie Wieczorek-Zeul

Heidemarie Wieczorek-Zeul wurde am 21. November 1942 in Frankfurt am Main geboren. Nach dem Abitur 1962 begann sie ein Studium für das Lehramt an Haupt- und Realschulen für die Fächer Englisch und Geschichte. Anschließend war sie bis 1978 als Lehrerin tätig. Den Grundstein für ihre politische Karriere legte sie, die von sich selbst behauptet, sie sei *»unter dem Wasserwerfer aufgewachsen«*, 1965 mit dem Eintritt in die SPD.[382] Von 1974 bis 1977 erwarb sie sich als Bundesvorsitzende der Jusos nicht nur wegen ihrer roten Haarfarbe den Spitznamen »Rote Heidi«. Im Jahre 1998 wurde sie schließlich von Bundeskanzler Schröder als Entwicklungsministerin in die Bundesregierung berufen und betreibt seither eine mit Steuergeldern finanzierte, rational zwar nicht nachvollziehbare, aber dafür stark linkslastige »Entwicklungshilfe«-Politik, die stark an die Ziele linker Globalisierungskritiker erinnert. Unter der Überschrift *»Der Globalisierung ein menschliches Gesicht geben«* will sie weltweit gültige Sozialstandards und globalen Umweltschutz einführen und fordert damit im Prinzip dasselbe, was auch Trittin unter *»globaler Gerechtigkeit«* und *»Nachhaltigkeit«* versteht. Wie wenig sie jedoch vom realen politischen Geschehen in dieser Welt versteht, zeigte sie deutlich, als sie im Gefolge der Terroranschläge des 11. September 2001 schlußfolgerte: *»Die Bedrohung unserer Sicherheit und des Friedens zeigt, daß Entwicklungspolitik ein wichtiger Pfeiler zur Krisen- und Konfliktprävention im Kampf gegen den Terrorismus sein muß. (...) Es muß doch darum gehen, dem internationalen Terrorismus den Nährboden zu entziehen. (...) Denn wir wissen doch alle: Langfristige Gewaltprävention heißt Abbau von strukturellen Krisenursachen, Minderung der Armut, Bekämpfung des weltweiten Elends und der Gesundheitskrise, Verbesserung der Chancen der Entwicklungsländer im Welthandel und vieles mehr.«*[383] Damit gibt sie zwar genau die in marxistischen Intellektuellenkreisen verbreitete Ansicht wieder, doch diese Darstellung ist schlicht grundfalsch und entspricht nicht im mindesten den realen Ursachen des Terrorismus. Dies läßt sich am Beispiel der Terroranschläge vom 11. September 2001 sehr einfach aufzeigen, denn weder Osama Bin Laden noch seine ausführenden Terrorkommandos entstammten mittellosen Familien. Ganz im Gegenteil, Osama Bin Laden ist Mitglied einer der weltweit reichsten Familien. Auch war sein Motiv nicht die Bekämpfung sozialer Ungerechtigkeit, die so ohnehin nur im marxistischen Weltbild existiert.

Was aber derartig argumentierende Zeitgenossen wie Wieczorek-Zeul in Wirklichkeit beabsichtigen, ist nicht die Verhinderung des Terrorismus durch die Linderung der Not in der Dritten Welt, sondern es geht um den weltweiten Export der marxistischen Urideologie, die seit 1968 in zahlreichen neomarxistischen Verkleidungen daherkommt. Unter dem Deckmantel der Entwicklungshilfe wird ein Gesellschaftssystem exportiert, das alle gewachsenen kulturellen Eigenheiten des zu entwickelnden Landes schlicht abzuschaffen gedenkt. Der neue, egalitäre Mensch soll nicht nur in der westlichen, sondern auch in der Dritten Welt herangezogen werden. Und das beste Mittel dazu sei *»Bildung, Bildung, Bildung«*. Die Entwicklungshilfeministerin fordert daher, daß weltweit alle Kinder mindestens bis zum 14. Lebensjahr in die Schule gehen können – der Lehrplan würde selbstverständlich dem egalitären Weltbild der 68er-Bewegung entsprechen. Ebenso müßten weltweit *»Familienplanungsmöglichkeiten«* vor allem für Frauen geschaffen werden – unter diesem Schlagwort begann der Feminismus ursprünglich auch in der westlichen Welt Fuß zu fassen.[384] Fremden Völkern soll also eine egalitäre neomarxistische Lebensweise aufgenötigt werden, so daß man dieses Ansinnen durchaus zu recht Kulturimperialismus nennen könnte, alles finanziert mit deutschen Steuergeldern.

Ein Beispiel der skandalösen rot-grünen Entwicklungshilfepolitik ist die explizite Unterstützung der Landreform in Namibia. Dort kommen bereits Befürchtungen auf, dem Land könne ähnliches bevorstehen wie dem sozialistisch regierten Simbabwe. In Simbabwe ist aufgrund der marxistischen Landenteignungspraxis von Präsident Mugabe aus dem einst lebensmittelexportierenden ehemaligen Südrhodesien ein Armenhaus geworden. Auch in Namibia wurde weißen Farmern, zumeist Deutsche und afrikaanssprachige Buren, von der Regierung mitgeteilt, daß sie ihr Land zu verkaufen hätten, ansonsten würde es gegen eine willkürlich festgesetzte Entschädigungszahlung enteignet. Interessant ist in diesem Zusammenhang, daß die namibische Regierung ursprünglich aus einer von der Sowjetunion unterstützten »Befreiungsbewegung« hervorgegangen ist.

Doch anstatt hierzulande die Interessen der häufig deutschstämmigen Farmer in Namibia, von denen viele sogar die deutsche Staatsangehörigkeit besitzen und die mit ihrer Landwirtschaft zur Lebensmittelversorgung und Entwicklung vor Ort beitragen, zu vertreten, heißt der rot-grüne Regierungskurs: *»Namibia und Deutschland sind sich einig, daß die Landreform dazu beitragen kann, langfristig die Armut und Un-*

gleichheit in Namibia zu beenden.«[385] Wie das Beispiel Simbabwe zeigt, wird bei einer Fortsetzung der Enteignungspolitik genau das Gegenteil der Fall sein. Die rot-grüne Bundesregierung stellte trotzdem 2003/2004 ganze 23 Millionen Euro an Entwicklungshilfe für Namibia bereit, und dieser Betrag war von Wieczorek-Zeul sogar explizit auch zur weiteren Förderung der Landreform bestimmt.[386]

4. Deutschland heute – das Erbe der wilden 68er

Nach 30 Jahren Unterwanderung ist der Marsch der 68er-Bewegung durch die Institutionen und an die Macht vor sieben Jahren vollendet worden. Sieben Jahre – fast zwei Legislaturperioden – hatten die zu Regierungsverantwortung gelangten 68er also Zeit, ihren besseren Staat zu schaffen und ihren neuen, egalitären Menschen heranzuziehen, schließlich war beides von Anfang an das erklärte Ziel ihres politischen Kampfes gewesen. Das sind sieben Jahre, in denen die rot-grüne Regierungskoalition Gelegenheit hatte, ihre politische Kompetenz unter Beweis zu stellen. Ob sie dies auch getan hat und was die Folgen von 30 Jahren 68er-Bewegung und weiteren sieben Jahren Rot-Grün waren, soll eine kurze Bilanz aufzeigen.

Wirtschaft, Finanzen und Arbeit im Jahr 2005

»Arbeit adelt – ich bleibe lieber bürgerlich«
Parole der 68er-Bewegung

In jeder freien Marktwirtschaft sind es hauptsächlich die mittelständischen Unternehmer, von deren Initiative und Führung die Prosperität des Landes abhängt. Ohne Unternehmer gäbe es keine Unternehmen und ohne Unternehmen keine Produktion, kein Angebot, keine Arbeitsplätze, keine Kaufkraft, keinen Wohlstand. Folglich läßt sich die wirtschaftliche Kompetenz einer Regierung daran ablesen, in welchem Maße sie die Unternehmen fördert und dadurch Arbeitsplätze und Wohlstand sicherstellt. Wie unternehmensfreundlich ist die aus der 68er-Bewegung hervorgegangene rot-grüne Regierungskoalition also?

Eine vom Institut für Demoskopie Allensbach im Auftrag

des Wirtschaftsmagazins *Capital* unter 600 Führungskräften aus Wirtschaft, Politik und Verwaltung durchgeführte Umfrage zu Joschka Fischer und der 68er-Bewegung brachte deutliche und vielsagende Ergebnisse zutage.[387] So sahen 37 % der Führungskräfte Fischers linksradikale Vergangenheit als schädlich für das Amt des Außenministers an, und 42 % der Manager sowie 39 % der Politiker zeigten sich davon überzeugt, die 68er-Bewegung habe Deutschland unternehmer- und leistungsfeindlich gemacht.

Ein Vierteljahrhundert nach dem Beginn ihres langen Marsches mußten sich die 68er-Karrieristen vom Chef-Volkswirt der Deutschen Bank bescheinigen lassen, es sei *»eine Katastrophe, daß jetzt im mittleren Management lauter ehemalige 68er sitzen«*, die faul seien und träge und auf staatliche Konjunkturprogramme hofften.[388] Im Zusammenspiel mit sieben Jahren rot-grüner Wirtschaftspolitik folgen daraus immer weniger Investitionen in Deutschland, immer mehr Firmenpleiten und bundesweit 5,2 Millionen Arbeitslose, Tendenz steigend. Doch eine schrumpfende Wirtschaft ist gleichbedeutend mit weniger Steuereinnahmen und höheren Sozialausgaben. Die Folge davon, potenziert noch durch den Faktor Zins, sind immer höhere Schulden des Bundes, der Länder und der Gemeinden. Deutlich machte dies der Bund der Steuerzahler: *»Seit Januar 2005 steigen die Staatsschulden mit 1714 Euro pro Sekunde und werden am Ende des Jahres die Höhe von 1468129780642 Euro erreicht haben. Zur Veranschaulichung dieser Zahl kann folgendes Beispiel dienen: Würden ab sofort keine Schulden mehr aufgenommen und würde die öffentliche Hand gesetzlich verpflichtet, jeden Monat eine Milliarde Euro an Schulden zu tilgen, so würde dieser Prozeß mehr als 122 Jahre lang andauern müssen, um den Schuldenberg vollständig abzutragen. Am höchsten ist der Bund verschuldet; auf ihn entfallen 61 Prozent der Staatsschulden. Danach folgen die Länder mit knapp 32,5 Prozent, und die Schulden der Gemeinden schlagen mit sechs Prozent zu Buche. (...) Der Gesamtschuldenstand der öffentlichen Haushalte in*

Abgrenzung des Maastricht-Kriteriums erreichte im Jahr 2004 die Höhe von 65,9 Prozent des Bruttoinlandproduktes (BIP). Die Defizitquote lag bei 3,9 Prozent des BIP.«[389] In einem auf Zinsen basierenden Finanzsystem steigt die Verschuldung auch ohne neue Kreditaufnahme immer weiter an: *»Der Staat muß heute schon fast jeden siebten Euro, den er durch Steuern einnimmt, für Schuldzinsen ausgeben; der Bund sogar jeden fünften. Dieses Geld fehlt an anderer Stelle, um die eigentlichen Aufgaben des Staates zu erfüllen. Auch wird dadurch der Spielraum für dringend notwendige Entlastungen auf der Steuer- und Abgabenseite eingeschränkt, und zwar erheblich. (...) Und jede zusätzlich aufgenommene Milliarde Euro an neuen Schulden belastet nachfolgende Haushalte – und damit die Steuerzahler – mit 50 Millionen Euro an fällig werdenden Zinszahlungen. Alleine in 2005 muß der Bund für Zinsen rund 40 Milliarden Euro ausgeben.«*[390] Wenn die Unternehmen pleite gegangen sind und die Arbeitnehmer auf der Straße stehen, wenn also niemand mehr Steuern bezahlen kann, die Schulden immer weiter wachsen und die staatlichen Kassen leer sind, dann ist die sozialistische Umverteilungspolitik der 68er-Bewegung mit ihrem Latein am Ende. In der zwangsläufig nachfolgenden akuten Krise gibt es nur noch zwei denkbare Konsequenzen: Entweder folgt eine klassisch-marxistische Revolution mit Verstaatlichung der Produktionsmittel und allgemeiner Zwangsarbeit – das ist der Weg in den endgültigen Kommunismus nach sowjetstaatlichem Vorbild. Oder es folgt eine konservative Konterrevolution, die alle neomarxistischen Irrtümer der 68er-Bewegung beseitigt und auf jenen bundesrepublikanischen Grundlagen neu beginnt, auf denen nach dem Krieg das letzte große Wirtschaftswunder in Deutschland angefangen hat.

Wie angespannt die Situation bereits ist, wird aus einem Bericht des Magazins *Der Spiegel* deutlich, der den leitenden Berliner Polizeidirektor Moldenhauer mit den Worten zitiert: *»Der Polizist (...) sei der Seismograph der Gesellschaft, der merke als erster, wenn etwas schieflaufe im Land. 1966 hat er* *das gespürt, dann später mit den Atomkraftgegnern, dann mit den Hausbesetzern, aber jetzt sei da ein Beben in der Stadt, das ihn unruhig mache. (...) Da wachse etwas heran in den nächsten Jahren, das gefährlicher sei als '67, und dem ist er begegnet, als er am Reichstag den Haß in den Gesichtern der demonstrierenden Bauarbeiter gesehen hat. ›40 000 von denen sind hier arbeitslos, und 35 000 ausländische Arbeiter arbeiten auf den Baustellen. Das war diesmal schon haarscharf am Rand, das hätte schon jetzt explodieren können.‹ Wenn es so weit ist, möchte er nicht mehr Polizist sein.«*[391]

Familien und Geburtenzahlen im Jahr 2005

Der drohende wirtschaftliche Kollaps, den die 68er nicht allein verursacht, aber doch erheblich beschleunigt haben, kann an gesellschaftlicher Brisanz zwar kaum überschätzt werden. Noch tragischer, weil wesentlich weitreichender, ist jedoch der Einfluß, den die 68er-Bewegung auf die demographische Entwicklung in Deutschland und in der ganzen westlichen Welt hatte und leider immer noch hat.

Die befreite Sexualität

»Wer zweimal mit derselben pennt, gehört schon zum Establishment.«
Parole der 68er-Bewegung

Mit der sogenannten *»Befreiung der Sexualität«* wurde 1968 die sprichwörtliche Büchse der Pandora geöffnet, deren weitreichende Konsequenzen bis heute fortdauern, wenn sie auch oftmals nicht mehr unmittelbar mit der 68er-Bewegung in Verbindung gebracht werden. Die Protagonisten der Frankfurter Schule, so z. B. Herbert Marcuse, forderten eine Gesellschaft der *»polymorph-perversen«* Sexualität und damit nicht weniger als die Freigabe der Perversion, welche den Menschen von der *»Repression«* durch Gewissen, Moral und Sittlichkeitsbewußtsein befreien werde. Eine Erlösung des Menschen sei erst durch eine *»sexuelle Revolution«* zu erreichen, so hieß es, in der das traditionelle Sittlichkeits- und Moralverständnis hinweggefegt werde und durch die Maxime zu ersetzen sei, das hemmungslose Ausleben der niedrigsten Triebe sei gesund und mache den Menschen frei. Liebe und Verantwortung hatten als *»bürgerliche Wahnvorstellungen«* in der von animalischen Impulsen geleiteten sexuellen Revolution der 68er keinen Platz mehr. Und so verlor die körperliche Liebe im öffentlichen Verständnis ihren verbindlichen Charakter. Promiskuität wurde von nun an nicht nur toleriert, sie galt als *»befreiend«*, als *»progressiv«* und *»fortschrittlich«*, ungeachtet ihrer verheerenden Folgen auf die menschliche Seele.

Ein Verhalten, das jungen Frauen noch zehn oder 20 Jahre zuvor die gesellschaftliche Ächtung und den Verlust des Ansehens eingebracht hätte, galt plötzlich als erstrebenswert und als Zeichen von Selbstverwirklichung, Attraktivität und Erfolg. Junge Männer verloren das Bewußtsein für die mit der Sexualität verbundene moralische Verantwortung. Kam es bei der sexuellen Selbstverwirklichung trotz neuer Verhütungsmethoden zu einer Schwangerschaft, dann mußte nicht mehr geheiratet werden, das Kind würde im Kollektiv der Kommune aufwachsen oder – als Akt der Befreiung – kurzerhand abgetrieben werden. Auch die Homosexualität sollte von der *»Repression«* durch die bürgerliche Moral befreit und rechtlich anerkannt werden. Doch damit nicht genug, es setzte eine regelrechte Homosexualisierung ein, die sich aufmachte, den heranwachsenden Generationen einzureden, Homosexualität sei nichts weiter als eine Spielart normaler Sexualität, die, ausgelebt zu haben, zum normalen Erfahrungsschatz aller Menschen gehören sollte. Trotzdem noch verbleibenden moralischen Bedenken wurde dadurch begegnet, daß man versuchte, eine neue Form der Sexualmoral zu etablieren, in der die Promiskuität zwar grundsätzlich erlaubt und geboten war, daß es dabei moralisch jedoch nur auf den Schutz vor ansteckenden Krankheiten ankomme.

Vor den widerwärtigen Auswüchsen der *»sexuellen Revolution«* waren nicht einmal kleine Kinder sicher. Die *Schweizerzeit* schreibt hierzu: *»Schließlich trieb den Kommunarden Cohn-Bendit ja nicht eine subjektive pädophile Lust zu dem zweijährigen Dienst im Kinderladen, sondern, wie er selbst bekundet, war die ›Schaffung einer neuen Sexualmoral‹ ein gewichtiger Pfeiler des heeren Marsches durch die Institutionen. Dabei war das Programm der Erziehung der Kinder zur ›polymorph-perversen Sexualität‹ ein Teil der Realisierung des marxistischen Menschenbildes: Der an sich gute Mensch sollte befreit von der bourgeoisen Eierschale Familie und befreit von der repressiven Beeinflussung durch autoritäre Erzieher zu seinem Eigentlichen gebracht werden: Zum Lernen, zum Praktizieren von Sexualität ab dem Säuglingsalter, um die junge Generation von ihren hinderlichen Wurzeln durch beschränkte Eltern zu befreien und sie damit als ›revolutionäres Potential‹ für die Gesellschaftsveränderung benutzen zu können. (...) Es ist also unzureichend, im Hinblick auf die hier voll als politisches Instrument gedachte Pädophilie allein subjektive Neigungen der einzelnen Akteure zu unterstellen – die Pädophilie war hingegen ein fester Bestandteil des ideologischen Konzepts, und die Verwirklichung dieses Programms vor allem trieb Cohn-Bendit in den Frankfurter Kinderladen.«*[392]

Nach fast 40 Jahren, in denen die 68er-Bewegung ausreichend Zeit hatte, die Gesellschaft mit ihrer verqueren Ideologie zu durchseuchen, zeigen sich nun die verheerenden Folgen der *»sexuellen Revolution«* an den Zahlen von Abtreibungen, Scheidungen, sinkender Geburtenrate und Alleinerziehenden, deren Kinder den anderen Elternteil nicht einmal kennen, sowie an den Zahlen über Kinderschändungen und nicht zuletzt an der pestartig grassierenden Promiskuität und Untreue. Christa Meves warnte bereits vor längerer Zeit vor den Folgen: »*Man konnte das alles rechtzeitig wissen: den Geburtenschwund, den Abtreibungsboom, die Entsittlichung, die Zerrüttung der Familie und infolgedessen Scheidungselend, Kriminalitätssteigerung, Süchte und Depressionen als Volksseuche.*«[393]

Der *BWL-Bote* zeigt auf die Folgen der »*sexuelle Revolution*«: »*Daß zum Erfolg Planung und Triebverzicht gehören, daß man Härten erdulden muß, um im Konkurrenzwettbewerb zu bestehen, haben die Opfer der 68er-Erziehung nie gelernt, und es wundert nicht, daß wir heute eine Spaßgesellschaft haben, die die Triebbefriedigung im Hier und Jetzt wünscht. Willensschwach, infantil, bittere Früchte der Kulturrevolution. Kein Wunder, daß es kaum noch Kinder gibt: Die Familie wurde zerstört, und mit ihr die Kultur, die einst die der Dichter und Denker war. Mit den bekannten Folgen für die Sozialversicherung und die internationale Wettbewerbsfähigkeit des Landes.*«[394]

Familienvernichtender Feminismus

Will man die Familie zum Einsturz bringen, dann muß man ihre tragenden Säule sabotieren, die Frau. Diese Art der Sabotage heißt Feminismus. Werden im Marxismus die Klassen gegeneinander aufgehetzt, die in Wahrheit nur miteinander harmonisch existieren können, so gilt dies im Feminismus für die Geschlechter. Der Marxismus greift am Arbeiter an, der Feminismus an der Frau. Während der Marxismus jedoch den zumeist tatsächlich niedrigeren Lebensstandard der arbeitenden Klassen für seine Zwecke mißbraucht, gelingt es dem Feminismus ausschließlich aufgrund der natürlichen weiblichen Beeinflußbarkeit, die Frauen mit der Lüge einer angeblichen Unterdrückung durch das Patriarchat gegen ihre Männer aufzuhetzen. Bis zur Mitte der 1960er Jahre funktionierte die Ergänzung von Frau und Mann in der Gesellschaft, beide gemeinsam bildeten die Einheit Familie und damit die Keimzelle der Nation. Während die Frau dazu erzogen wurde, als Mutter das Zentrum der Familie darzustellen, das Gedeihen der nachwachsenden Generation zu sichern und ihr emotionalen Schutz zu geben, sorgte der Mann als Vater für die materielle Versorgung der Familie und ihren materiellen Schutz nach außen hin. Doch plötzlich war dies anders, wie Christa Meves in ihrem sehr empfehlenswerten Buch *Verführt, manipuliert, pervertiert – Die Gesellschaft in der Falle modischer Irrlehren* treffend beschreibt: *»Erst der militante Feminismus, der ab 1969 einen fruchtbaren Boden für seine Aktivitäten in der Liaison mit der Studentenrevolte fand, kippte diese die gesellschaftliche Gedeihlichkeit erhaltende bürgerliche Gepflogenheit aus. Von jetzt ab erst wurde Mutterschaft für die Frau zu einer verachtenswerten, ihre Selbstverwirklichung hindernden ›Falle‹ erklärt. Von jetzt ab erfuhr die Erwerbstätigkeit der Frau eine höhere Bewertung als die Mutterschaft. Von jetzt ab begann der Kampf der Feministinnen um die Macht über die Männer mit dem erklärten Ziel, ihnen, soweit es irgend geht, ihre Machtpositionen in Politik und Wirtschaft abzujagen. Diese Veränderung der Bewertung vor allem verursachte, daß die bürgerliche Familie in ihrer herkömmlichen Form in ein unbekömmliches Abseits gedrängt wurde. Die kontinuierliche Erwerbstätigkeit – selbst der jungen Mütter – bekam Vorrang. Als Strategie diente die larmoyante Klage über das Elend der Familienmutter, der ›zwischen Kindern, Küche und Kirche‹ die ›Decke auf den Kopf fiele‹. Die Parole der sogenannten ›Selbstverwirklichung der Frau‹ verursachte einen starken Trend von der Familie weg.«*[395] Christa Meves, selbst Psychotherapeutin und Mutter zweier Töchter, versäumt es auch nicht aufzuzeigen, daß der Feminismus tatsächlich zutiefst frauenfeindlich ist, was natürlich von den verblendeten Anhängerinnen dieser kryptomarxistischen Ideologie nicht selbständig erkannt wird: *»Damit die Frauen nicht auf die Idee kämen, den Trick der Gleichheitsideologen auf Dauer als einen schweren Nachteil zu entlarven, mußten sie dergestalt eingelullt werden, daß ihnen diese Entwicklung* *als besonders frauenfreundlich verkauft wurde. Die Einseitigkeit der Bewertung ließ deswegen auch die Mütter mit Kleinkindern so rasch wie möglich in außerhäusliche Berufstätigkeiten streben. Die Ermöglichung der sogenannten ›Vereinbarkeit von Beruf und Familie‹ wurde zu einem Lieblingsthema der Parteien und brachte immer mehr als Mütter mißachtete Frauen in die Doppelbelastung zwischen Privatem und Beruflichem, zumal die Regierungen von 1969 ab alles taten, diese Priorität zu unterstützen und durch Rahmenprivilegien zu favorisieren. In den Frauenverbänden wollte dennoch kaum jemand durchschauen, daß mit der Durchsetzung der familienfeindlichen Ideologie eine Verformung ihres Frauseins einsetzte, eine Verfremdung von sich selbst, die nur allzuoft in Unglück, Isolation und Burnout-Symptomen endete. Die Ideologie blieb bei der Zerstörung der Strukturen aber nicht stehen. Sie setzte die Frau einer Anpassung an die Lebensweise des Mannes aus, die ihrer seelischen Gesundheit und damit der Gesellschaft Schaden zufügen mußte. Das lag vor allem daran, daß jetzt das Konkurrieren mit dem Mann exzessiven Vorrang bekam mit einer neuen Antistellung gegen ihn, mit viel Züchtung von Haß unter den Paaren. Nun stand der Mann auf der Abwertungsliste, dem sein Unzureichendsein von den Frauen wie mit Sturmwind ins Gesicht geblasen wurde. Aber die Verhetzung der Frauen gegen die Männer konnte nur negative Folgen haben, wie das denn auch als ein Boomen der Ehescheidungen und aus dem immer häufiger werdenden Wechsel der ›Lebensgefährten‹ zu ersehen war.«*[396]

Die feministische Indoktrination beginnt bereits ganz subtil mit einer Jugendkultur, die zur weiblichen Selbstverwirklichung animiert, und wird später ebenso zuckersüß verpackt, aber mit umso zersetzenderer Wirkung in Zeitschriften und Fernsehsendungen, die sich ausschließlich an erwachsene junge Frauen richten, fortgesetzt. Christa Meves läßt keinen Zweifel daran, daß die durch Modeströmung und Gruppenzwang verordnete Selbstverwirklichung in Sexualität und Berufsleben, auf die Frauen wesentlich empfänglicher ansprechen als Männer, dem natürlichen Wesen der Frau widerspricht: *»Bei aller Flexibilität läßt sich die Wesenheit der Frau nicht im Übermaß verformen, ohne daß es zu psychischen Störungen kommt. Sie äußern sich anfangs nicht selten in einer Neigung zu Verstimmungen, ja, schließlich als Depressionen. Warum zerbrechen immer häufiger die Ehen ohne Trauschein, in denen oft über Jahre Kindersegen verhindert wird, obgleich die Frauen erfolgreich erwerbstätig sind? Sie scheitern nicht selten an ihrer Übellaunigkeit, ihrer scheinbar unbegründeten Unzufriedenheit. Die Unnatürlichkeit des Dauerprovisoriums rächt sich so, weil es der natürlichen Bestimmung der Frau widerspricht.«*[397] Weiter führt sie die Konsequenzen dieser verfehlten Lebensweise sehr deutlich aus: *»Es ist doch selbstverständlich, daß sich bei dieser Zielrichtung, bei dieser ideologischen Egalisierung für die Frauen im Konkurrenzkampf mit den Männern, bei ihrem durchgängigen Erwerbsleben eine echte durchgängige Erziehungsmöglichkeit für Kinder nicht ergibt. Und weil die Frauen das in all ihrer Angepaßtheit an den Mainstream begreifen, weil sie längst dem zugkräftigen Benachteiligungsgeschrei der Feministinnen anheim gefallen sind, heiraten viele erst gar nicht mehr. Und wenn sie sich dennoch – meist reichlich spät – zu einem Kind entschließen, plädieren selbst viele Frauen in dieser Lage für eine kollektive Betreuung der Kinder. Aber um welchen Preis! Wie viel Freude geht ihnen an dem täglichen Umgang mit den kleinen Kindern als junge Mütter verloren!«*[398] Und was geht vor allem den Kindern verloren, wenn sie, tagtäglich im Kinderhort zwischengelagert, um ihre Mütter betrogen werden? Erst die Feministinnen der 68er-Bewegung haben den Frauen erfolgreich eingetrichtert, ihre natürlichen Neigungen als Mütter seien gering zu achten. Jene modernen Frauen, die sich, im Hinblick auf Karriere und Selbstverwirklichung feministisch-hirngewaschen, weigern, eine Familie zu gründen und Mütter zu werden, sind der Höhepunkt der Entfremdung des Menschen von seiner Natur und der Zerstörung natürlicher Strukturen unter dem Deckmantel der *»Befreiung«*. Ähnlich sieht dies die britische Autorin Katarina Runske, die schrieb, der Feminismus sei *»eine Darwinsche Sackgasse. Biologisch gesehen gibt es nichts, was eine Fehlentwicklung so rasch erkennen läßt wie eine nicht zur Wahrung des Bevölkerungsstands ausreichende Geburtenrate; eine unmittelbare Folge des Feminismus ist allem Anschein nach der unwiederrufliche Rückgang der Geburtenziffern. Nationen, die feministische Politik betreiben, spielen mit dem Feuer.«*[399] Aber nicht nur das! Ist die berufliche Selbstverwirklichung der Frau erst flächendeckend realisiert, dann erzwingt dies die Bereitstellung von Kinderkrippen, Kindertagesstätten und Ganztagesschulen und somit die Verstaatlichung der Kindererziehung als weiteren Schritt in den Kommunismus.

Die Torheit frißt ihre Kinder

Sexuelle Revolution und Feminismus haben dazu geführt, daß ein Drittel der jungen Leute in Deutschland heute keine Kinder mehr möchte. Während im Jahr 1964 noch 1,3 Millionen Kinder geboren wurden, waren es im Jahr 2003 nur noch 706 000.[400] Eine in Italien durchgeführte Umfrage ergab, daß auch dort 52 % der italienischen Mädchen und Frauen zwischen 16 und 24 wegen der *»Karriere«* keine Kinder wollen.[401] Als Grund für ihren fehlenden Kinderwunsch gaben etwa 39 % von 40 000 weiteren Befragten im Alter zwischen 18 und 49 Jahren die Angst um den Job an, vor allem Frauen sehen Kinder als Karrierehemmnis, d. h. die hochgradig frauenfeindliche feministische Indoktrination, die da lautet, Frauen könnten ihrem Leben nur beruflich einen Sinn geben, hat erfolgreich Wurzeln geschlagen.[402] Die Aversion gegen Kinder hat ihre Ursache hauptsächlich in der Entweiblichung der Frau, die ihre natürliche Rolle eingebüßt hat und von nun an bestrebt sein muß, sich männlichen Lebenseinstellungen anzupassen.[403]

Die 68er-Bewegung verfolgt also eine Politik, die, konsequent fortgesetzt, in mehreren Angriffswellen letztlich zur Abschaffung des deutschen Volkes führen wird. Die *»Befreiung«* der Frau führte auf widernatürlich-perverse Weise dazu, daß viele Frauen nicht mehr familien- oder auch nur beziehungsfähig sind. Kommt es trotz verhindertem Kinderwunsch dennoch zu einer nicht gewünschten Schwangerschaft, endet diese nicht selten im Mülleimer einer Abtreibungspraxis. Tag für Tag ereilt dieses Schicksal allein in Deutschland etwa 1000 ungeborene Kinder. Die *Junge Freiheit* erläuterte die damit verbundenen Zustände: *»Seit der Reform des 218ers von 1995 herrscht ein besonders absurder Rechtszustand. Denn nach den geltenden Bestimmungen sind 97 Prozent der Abtreibungen ›rechtswidrig‹, den Staatsanwalt rufen sie jedoch nicht auf den Plan. Das Unrecht bleibt nämlich straffrei, wenn die Abtreibung innerhalb der ersten zwölf Schwangerschaftswochen durchgeführt wird und sich die Schwangere mindestens drei Tage vor der Liquidation ihres ungeborenen Kindes beraten läßt. Der Staat duldet nicht nur ganz bewußt ein Unrecht, er finanziert es auch: Seit 1996 haben die Bundesländer mehr als 250 Millionen Euro an die Krankenkassen gezahlt und so die Kosten für die Dezimierung der Deutschen erstattet. Weniger Geburten und Eheschließungen, dafür einen Anstieg der Sterbefälle meldete im vergangenen April das Statistische Bundesamt für das Jahr 2003. (...) Die Entwicklung, die inzwischen sogar Politiker als ›demographische Katastrophe‹ bezeichnen, sähe anders aus, wenn nicht schätzungsweise jedes vierte gezeugte Kind abgetrieben würde. (...) Doch die absoluten Zahlen alleine reichen nicht aus, um das Phänomen angemessen zu erfassen. Denn Berücksichtigung sollten auch diejenigen finden, die für die ›Produktion‹ zuständig sind, und hier zeigt sich ebenfalls ein Rückgang: Nach dem Statistischen Bundesamt ist die Zahl der Frauen im gebärfähigen Alter (15 bis 45 Jahren) zwischen 1996 und 2003 von 17,1 Millionen auf 16,8 Millionen zurückgegangen. Im gleichen Zeitraum sind logischerweise auch die Geburten von etwa 796 000*

(1996) um knapp 90 000 auf zirka 706 000 (2003) zurückgegangen. Setzt man diese Zahlen in Beziehung zu den absoluten Abtreibungszahlen, dann wird offiziell in Deutschland bereits jedes siebte gezeugte Kind abgetrieben. Geht man jedoch davon aus, daß seriösen Schätzungen zufolge die dem Statistischen Bundesamt gemeldeten Abtreibungen nur etwa die Hälfte der tatsächlich durchgeführten ›Unterbrechungen‹ ausmachen, dann wird heute bereits ein Viertel aller gezeugten Kinder abgetrieben. Für die letzten 30 Jahre bedeutet das die ungeheure Zahl von acht Millionen Toten. Das sind in der Tat Dimensionen eines Völkermords.«[404] Acht Millionen ungeborene Opfer des Feminismus! Acht Millionen namenlose tote Deutsche, für die es keine Gedenkstätte und kein Mahnmal gibt, und alles finanziert mit Steuergeldern, denn in den meisten Bundesländern werden über 90 % der Abtreibungen von den Sozialämtern erstattet. Und das, obwohl nach der Rechtsprechung des Bundesverfassungsgerichts die Übernahme der Kosten von Schwangerschaftsabbrüchen durch den Staat mit dessen Schutzpflicht für das ungeborene Leben nicht vereinbar ist.[405] Angesichts dieser Zustände stellt sich die interessante Frage, welche Konsequenzen es hätte, wenn Abtreibung wieder unter Strafe gestellt und konsequent verfolgt werden würde? Würden ebenso viele Frauen, denen durch ein solches Verbot die Verantwortung für ihren Lebenswandel zurückgegeben wäre, ihr Kind auch nach der Geburt noch umbringen oder es auch nur zur Adoption freigeben? Wohl kaum! Eine Abtreibung ist zwar schnell vorgenommen, aber die Schuld bleibt, und allzu oft kommt später die Reue, die dann ein Leben lang anhält.

Bleibt der gegenwärtige Trend in Deutschland konstant, dann wird es am Ende des 21. Jahrhunderts nur noch 38,5 Millionen Deutsche geben, was gegenüber den heutigen 82 Millionen einer Verminderung um 53 Prozent gleichkommt.[406] Nur eine radikale Rückbesinnung vor allem bei den Frauen und die Rückkehr zu der aus der Mode gekommenen Überzeugung, daß wahre Lebensqualität allein in der Familie und im Aufziehen von Kindern und damit in der Weiterführung der Nation zu finden ist, kann den Untergang Deutschlands und des ganzen Westens noch aufhalten. Wenn die westliche Kultur eine Zukunft haben soll, so kann es nur folgende, von Christa Meves zitierte Schlußfolgerung, der man sich uneingeschränkt anschließen kann, geben: *»Wir brauchen sie beide, und zwar in möglichst bester Entfaltung – Frauen, echte Frauen, und tüchtige Männer, die verantwortungsbewußt zupacken können.«*[407]

Die Jugend im Jahr 2005 – hoffnungslos, vergiftet und verblödet

Die wohl größte Gruppe ehemaliger APO-Revoluzzer blieb den Schulen und Hochschulen treu, jedoch nicht mehr als Studenten, sondern als Lehrer. Dort, so hofften wohl viele, würden sie ideale Voraussetzungen vorfinden, um ganze Generationen von Schülern mit dem neomarxistischen Ungeist von '68 infizieren und so endlich flächendeckend den antiautoritären neuen Menschen heranziehen zu können. Und so hielt der Marxismus ganz subtil und unterschwellig Einzug ins bundesdeutsche Bildungswesen. Beliebt waren besonders die Unterrichtsfächer Deutsch und Geschichte. Da werden die Schülern nun nicht mehr für klassische deutsche Literatur begeistert oder objektiv über deutsche Geschichte aufgeklärt. Statt dessen indoktriniert man sie mit kommunistischem Propagandaschund, z. B. von Berthold Brecht oder Jean-Paul Sartre. Schüler, die nicht bereit sind, diese neomarxistische Gehirnwäsche mitzumachen, werden mit dem für 68er so typischen Gruppenzwang zunächst umerzogen und, wenn dies nicht gelingt, schlicht ausgegrenzt. Eine Förderung individueller Talente findet nicht statt, das Individuum zählt ohnehin nichts, nur seine Einpassung ins Kollektiv wird angestrebt. Schließlich erklärte die Frankfurter Schule von Beginn an unverholen, es sei weniger wichtig, daß die Kinder im

Unterricht Fakten lernten oder sich Fähigkeiten aneigneten, als daß sie dazu konditioniert würden, politisch korrekte und sozialverträgliche Einstellungen an den Tag zu legen. Ziel dieser Erziehung ist es, die *»autoritäre Familienfixierung«* zu zerstören, d. h. die Bindung an Eltern und Ahnen aufzulösen und durch das Kollektiv als Bezugsperson zu ersetzen. Dem natürlichen Bedürfnis der Kinder nach einer individuellen Förderung sowie verantwortungsbewußter Führung und Erziehung, die zwangsläufig autoritär sein muß, bei gleichzeitiger Wahrung ihrer persönlichen Integrität wird nicht mehr Rechnung getragen, und so zerbrechen viele Persönlichkeiten schon während der Schulzeit. Jene Schüler, die den psychischen Druck dieses völlig verfehlten kollektivistischen Erziehungswesens nicht ertragen, wehren sich durch Leistungsverweigerung, greifen zu Rauschgift, begehen Selbstmord oder erschießen auch schon mal ihre Lehrer. In der Zeit nach 1968 ist der Lehrerberuf gefährlicher geworden als jemals zuvor. Wie Umfragen ergeben, verfolgen 82 % der heutigen Jugendlichen *»Karriere machen«* als Lebensziel, für 36 % war dabei die Aussicht auf *»Macht und Einfluß«* ein motivierender Faktor. Von Verantwortungsbewußtsein ist da nicht mehr die Rede, aber woher sollten die Schüler solches auch erlernen, schließlich ist es genau das, was ihren anti-autoritären Lehrern im Unterschied zu früheren *»autoritären«* Zeiten auch fehlt.

Sehr erfolgreich war die Frankfurter Schule auch mit ihrem Versuch, den Rauschgiftmißbrauch massenhaft zu etablieren, denn Rauschgift wurde ja neben Sex als die stärkste Waffe gegen die traditionelle Gesellschaftsordnung erkannt.[408] Zu Marcuses *»großer Verweigerung«* gehörte nicht nur die *»freie Liebe«*, sondern eben auch der alltägliche Joint, und so fordern APO-Anhänger, heute zumeist im grünen Gewandt, allen Ernstes *»das Recht auf Rausch«* und eine Freigabe wenigstens von Haschisch und Cannabis. Man fragt sich: Ist hier Dummheit oder böser Vorsatz die Motivation? Beides ist möglich: Der politische Hintergrund legt zwar den bösen Vorsatz nahe, aber die Auswirkungen von häufigem Cannabis-Konsum sprechen für die andere Alternative, denn, und das ist mittlerweile erwiesen, Cannabis macht dumm! Viele regelmäßige Cannabiskonsumenten klagen über dauernde Kopfschmerzen, Gedächtnisstörungen und lang anhaltende Schwierigkeiten, klar zu denken. Bisweilen kommt es sogar zur Auslösung schizophrener Symptome. Das sind eindeutige Symptome für eine Verschlechterung der Hirnfunktion, die auf organische Hirnschäden zurückzuführen sind und die noch sehr lange nach dem letzten Konsum anhalten.[409] Wer angesichts solcher Fakten für eine Freigabe dieser Substanz eintritt, riskiert, Hunderttausende von Jugendlichen ins Elend zu treiben, denn gerade bei Heranwachsenden zeigen sich die schwersten Beeinträchtigung durch Cannabis. Wer den Fehler begeht, im Rausch eine Flucht aus der für manche unerträglichen Alltagsrealität zu suchen, begibt sich damit zwangsläufig in die große Gefahr, sich psychisch, körperlich und sozial vollständig zu ruinieren. Häufig steckt hinter dieser Flucht eine von Kindesbeinen an durch falsche Erziehungs- und Pflegekonzepte, d. h. durch fehlende Nestwärme, wie sie nur eine Familie geben kann, erworbene Depression.

Landesverteidigung im Jahr 2005

»Petting statt Pershing«
Parole der 68er-Bewegung

Im Jahre 2005 haben die APO-Aktivisten vor allem der grünen Partei ihr Ziel erreicht, Deutschland weitgehend zu entmilitarisieren. Deutschland ist heute nicht mehr verteidigungsfähig. Laut der Struck-Doktrin brauche die Bundeswehr diese Aufgabe auch nicht mehr zu übernehmen, da sich ein Krieg kaum noch an der deutschen Grenze ereignen werde. Daß der einstige Hauptgegner im Osten immer noch über ein erdrückendes Militärarsenal verfügt und dieses auch ständig modernisiert, interessiert da offenbar nicht weiter. Aber die Mitglieder

der rot-grünen Regierung hatten ohnehin nie einen persönlichen Bezug zur Bundeswehr, denn kaum ein Mitglied des Kabinetts hat selbst Wehrdienst geleistet, weder Schröder noch Fischer noch Scharping und auch Trittin hat seinen Wehrdienst schließlich verweigert.[410] Dennoch schickt Rot-Grün mehr Bundeswehrsoldaten in den Einsatz als jede Regierung zuvor. Aus offizieller Quelle heißt es: *»Die Bundeswehr hat durch ihre Auslandseinsätze etwa 60 000 Soldaten verplant oder gebunden. Diese Zahl ergibt sich aus den Zeiten, die zusätzlich zum Einsatz selbst für Ausbildung, Vor- und Nachbereitung sowie die Regeneration des Personals erforderlich sind.«*[411]

Würde die Rote Armee bei aktueller Truppenstärke aus dem Stand heraus in Richtung Westen marschieren, könnte niemand angesichts des militärischen Vakuums in Mitteleuropa diesen Angriff aufhalten oder auch nur nennenswert verzögern.

Die egalitäre Gesellschaftsordnung der 68er

»Legal, illegal, scheißegal«
Parole der 68er-Bewegung

Was haben sie also erreicht, die 68er, die auf Weisung der Frankfurter Schule auszogen, um eine Revolution zu machen und die alte Gesellschaftsordnung zu stürzen? Nun, die alte Gesellschaft mit ihren Werten, Idealen und den so häufig zitierten Sekundärtugenden wie Ehrlichkeit, Treue, Ordnung, Disziplin, Leistungsbereitschaft und Sauberkeit ist zweifellos zerstört worden. Schon in den 1980er Jahren zeichnete sich ab, daß die bundesdeutsche *»Arbeitsmoral«* erfolgreich *»unterminiert«* worden ist und das *»Normengefüge«* unreparierbar *»durcheinandergebracht«* wurde. Das *»System«* war nicht mehr *»monolithisch«*. Protagonisten von '68 wie Daniel Cohn-Bendit stellten genüßlich fest, daß sich die Gesellschaft entscheidend gewandelt hat: *»Deswegen gibt es die hohe Scheidungsrate, deswegen hat die Kirche das Problem, daß niemand auf sie hört, wenn es um Verhütung geht.«* [412] Hohe Scheidungsraten als einen Erfolg zu feiern zeugt von einem hohen Maß an ethischer Perversion, aber Cohn-Bendit war mit dieser Ansicht nicht allein, auch sein Freund Joschka Fischer meinte: *»Wir haben unglaublich viel bewegt.«*[413] Denn: *»Jetzt gibt es ja keine Tabus mehr.«*[414]

Was die 68er da so triumphierend feiern, sind der ethisch-moralische Verfall und der Niedergang der deutschen und der westlichen Kultur. Ein Familien- oder Nationalbewußtsein existiert in Deutschland nicht mehr, an seine Stelle ist die egoistische Spaß- und Genußgesellschaft getreten, in der rücksichtslos nur noch materielle Werte zählen und jeder möglichst große Ansprüche an den Staat stellt, ohne Pflichten übernehmen zu wollen. Was gestern noch als richtig galt und was den Wiederaufstieg Deutschlands nach dem Krieg ermöglicht hat, gilt heute als nicht mehr zeitgemäß, was zuvor unmoralisch und schändlich war, z. B. Promiskuität, Abtreibung, Euthanasie oder Selbstmord, gilt nun als Selbstverwirklichung, als fortschrittlich und lobenswert. Sünden wurden zu Tugenden erhoben, und Tugenden wurden in den Dreck gezogen. Das öffentliche Bewußtsein des deutschen Volkes im Jahr 2005 ist eine moralische Kloake, erkennbar nicht zuletzt an dem, was heute in Galerien und Theatern als Kunst gefeiert und regelmäßig mit Steuergeldern subventioniert wird.

Interessanterweise stammte der Großteil der linken Wertevernichter, die auszogen, die marktwirtschaftliche Gesellschaftsordnung zu zerstören, selbst aus gutem Hause. Diese vergaßen offenbar, daß ihr eigener persönlicher Wohlstand auf dem gesellschaftlichen System beruhte, das sie mit allen Kräften zu zerstören versuchten und inzwischen auch erfolgreich zerstört haben. Was übrig bleibt, ist ein weitverbreiteter Kulturpessimismus, ein Gefühl der Entfremdung, der Hoffnungslosigkeit und der Verzweiflung, das in allerlei bunt-dekadenten Zerfallserscheinungen zutage tritt, am stärksten jedoch die Jugend betrifft, die kollektiv lieber zum Joint oder zur Partypille greift, als sich ein zukunftsfähiges Leben aufzubauen. Aber wer kann der Jugend daraus einen Vorwurf machen, sie hat es schließlich nicht anders gelernt! Die systemische Familientherapie nach Bert Hellinger zeigt, daß es *»ohne Wurzeln keine Flügel«* gibt, daß also eine Zukunft nur mit einer Verwurzelung in der Vergangenheit möglich ist; dies gilt individuell ebenso wie kollektiv. Wer einem Volk die Identität raubt, kann darauf spekulieren, daß es keine Zukunft haben wird. Eben dieses haben die 68er getan, als sie mit der Generation ihrer Väter brachen, und dieser Bruch hat nicht das geringste mit der Geschichte des Dritten Reiches zu tun, denn derselbe Bruch wurde von den 68ern in der gesamten westlichen Welt, so auch in Frankreich und den USA, begangen. Aus der großartigen und international respektierten deutschen Kultur mit ihren Dichtern und Denkern ist eine Komödie geworden, für die das Ausland ganz zurecht nur noch Belustigung und Mitleid aufbringen kann. Doch nicht nur das Ausland, auch viele in Deutschland lebende Ausländer bringen dem deutschen Volk nur sehr wenig Respekt entgegen, und hiermit ist nicht der überdurchschnittlich hohe Anteil an Ausländern in der bundesdeutschen Kriminalitätsstatistik gemeint.[415] Viele in Deutschland lebende aufrichtige und ehrbare Türken z. B. verstehen die deutsche Mentalität nicht, die sich der Selbstgeißelung und der Selbstverachtung hingibt wie kaum ein anderes Volk. Andere, weniger ehrbare ausländische Bevölkerungsanteile nutzen diese Selbstgeißelung aus, denn sie haben gelernt, daß einem ausländischen Straftäter in Deutschland kaum Konsequenzen drohen. Die deutsche Polizei wagt es schon seit Jahrzehnten kaum noch, die Nationalität von Schwerverbrechern zu nennen, aus Furcht, ausländerfeindlich oder gar rassistisch genannt zu werden. Dabei sprach ja sogar Bundeskanzler Schröder offen aus, was jeder Polizist auf der Straße längst weiß: *»Beim organisierten Autodiebstahl sind Polen nun einmal besonders aktiv, das*

Geschäft mit der Prostitution wird dominiert von der Russen-Mafia. Drogenkriminelle kommen besonders häufig aus Südosteuropa und Schwarzafrika.«[416] Trotz dieser allgemein bekannten Tatsachen halten die Grünen, ausgesprochen von ihren Parteivorsitzenden Claudia Roth und Reinhard Bütikofer, an der Behauptung fest, ohne *»Multikulturalität«* sei *»Freiheit in modernen Gesellschaften nicht mehr buchstabierbar«*[417]. Dem muß ein seltsames Verständnis von Freiheit zugrundeliegen – die Freiheit und Sicherheit in den großen bundesdeutschen Innenstädten, die teilweise seit Jahrzehnten fest in der Hand krimineller ausländischer Banden sind, kann damit jedenfalls nicht gemeint sein. Helmut Schmidt, einer der letzten wirklichen Staatsmänner, die die SPD hervorgebracht hat, nannte dies mittlerweile beim Namen, als er es als einen *»Fehler«* bezeichnete, daß seit den 1960er Jahren *»Gastarbeiter aus fremden Kulturen«* ins Land geholt wurden.[418]

Festzuhalten bleibt, daß der weitaus größte Teil der Probleme, unter denen Deutschland im Jahr 2005 leidet, die direkte Folge einer Ideologie ist, die von den Marxisten der Frankfurter Schule schon in den 1920er Jahren ausgebrütet wurde, mit dem erklärten Ziel, Deutschland und die westliche Welt in eine vorrevolutionäre Situation zu bringen, aus der schließlich eine kommunistische Revolution nach sowjetischem Vorbild erwachsen sollte.

5. Nachwort

Um die Tragweite der politischen und kulturellen Katastrophe, die 1968 über den Westen hereingebrochen ist, in letzter Konsequenz richtig erfassen zu können, lohnt es, sich zum Abschluß erneut zu vergegenwärtigen, woher diese Revolution so plötzlich gekommen ist. Die 68er-Bewegung war eben kein spontaner Aufstand unzufriedener Studenten, die Mißstände in der westlichen Welt beseitigen wollten. Statt dessen ist die 68er-Bewegung das Resultat der psychologischen Kriegsführung des kommunistischen Ostblocks gegen die freie Welt. Angefangen bei der Kritischen Theorie der Frankfurter Schule bis hin zu den Demonstrationen der Friedensbewegung gegen Neutronenbombe und Pershing-2, und auch noch darüber hinaus, hatten die Einflußagenten Moskaus ihre roten Finger im Spiel und so erklärt sich, warum die Forderungen der APO-Aktivisten stets identisch waren mit den Zielen der sowjetischen Westpolitik.

Vorbereitungen für die spätere 68er-Revolte waren in der DDR schon seit 1962 im Gange. So ließ die SED in Jena ein Komitee zum Studium der Verhältnisse an den Universitäten Erlangen, München und Tübingen gründen und ein weiteres in Leipzig, zuständig für die Universitäten Marburg, Heidelberg und Münster, mit dem Ziel, die dortigen Verhältnisse im kommunistischen Sinne zu verändern.[419] Tonnenweise wurde Propagandamaterial aus der DDR an westdeutsche Hochschulen geschleust, wo es helfen sollte, die Studenten gegen die bundesrepublikanische Gesellschaftsordnung aufzuhetzen.[420] Einflußagenten übernahmen einen wesentlichen Teil der Formierung des Hochschulprotests, und selbstverständlich war auch der SDS von Mitarbeitern der Stasi durchsetzt.[421]

Der in den Westen geflohene tschechoslowakische General Jan Sejna berichtete, daß die Zersetzung der westlichen Gesellschaften durch die Studentenrevolte jedoch nur eine Facette einer großangelegten kommunistischen Langzeitstrategie war, die nach Jahrzehnten der Unterwanderung den

Endsieg des Kommunismus im Weltmaßstab, den »Weltoktober«, bringen sollte.[422] Hauptwerkzeug der kommunistischen Subversion waren, dem Plan zufolge, sozialdemokratische und später auch grüne Parteien, die einer späteren kommunistischen Machtübernahme den Weg bereiten sollten. Ein weiterer Überläufer, der KGB-Offizier Anatoliy Golitsyn, berichtete ähnliches und behauptet darüber hinaus sogar, daß der vermeintliche Kollaps der Sowjetunion an der weiteren Durchführung dieses Plans nichts geändert habe, im Gegenteil, ein vorübergehender Zusammenbruch des Kommunismus sei von Beginn an bewußt eingeplant worden.

Tatsächlich war besonders die SPD bis in ihre höchsten Spitzen Ziel der sowjetischen Unterwanderung, wie nicht zuletzt der spektakuläre Fall von Günter Guillaume, des persönlichen Vertrauten von Bundeskanzler Willy Brandt, unter Beweis stellte. Auch von Herbert Wehner ist längst bekannt, daß er für das KGB arbeitete. Von besonderer Tragweite ist dies, da Wehner die Ostpolitik der Brandt-Regierung maßgeblich bestimmt hat und mit seiner wiederholten Forderung, *»Vorurteile«* gegenüber dem Kommunismus abzutragen, den Interessen Moskaus entgegenkam.[423]

General Sejna faßte die Ziele Moskaus hinsichtlich der SPD zusammen: *»Unser Vorgehen unter sowjetischer Leitung hatte das Ziel, der SPD dabei zu helfen, an die Macht zu kommen und dort zu bleiben. Wir taten alles, was in unserer Macht stand, um die Christdemokraten zu diskreditieren und ihre Führer, besonders Franz Josef Strauß, zu kompromitieren; zum Beispiel hatten wir exzellente Verbindungen zu bekannten westdeutschen Nachrichtenmagazinen, die wir für Verleumdungskampagnen nutzten.«*[424]

Die Sozialdemokratie galt im sowjetischen Konzept jedoch nur als Verbündeter auf Zeit. Das langfristige Ziel nach einer kommunistischen Machtübernahme war ihre Zerschlagung, ähnlich wie es schon nach dem Zweiten Weltkrieg in den Staaten Osteuropas geschehen war.[425] Laszlo Revesz erläutert die Vorgehensweise: *»Wo die kommunistische Partei stark ge-*

nug ist, wird die Sozialdemokratie liquidiert (in der UdSSR die Menschewiken; in den Volksdemokratien 1948 durch Einverleibung). Wo dies aber nicht möglich ist, strebt man eine Aktionseinheit, möglichst unter kommunistischer Führung, als neue Kampftaktik an. Ist es den Kommunisten einmal gelungen, eine enge Zusammenarbeit oder sogar eine Aktionsgemeinschaft mit den Sozialdemokraten zu schaffen, so wenden sie sich sofort gegen den rechten Flügel der Sozialdemokratie und versuchen, diesen zu spalten. Besonders offensichtlich ist diese Taktik in Finnland, wo die Kommunisten auch aus der geographischen Lage (sowjetische Nachbarschaft, lange und offene Grenzlinie) politisches Kapital schlagen wollen. So möchte die KP Finnlands den rechten sozialdemokratischen Flügel isolieren und ihn im Gewerkschaftsbund in den Hintergrund drängen, und zwar unter Berufung auf die Hinderung der Aktionseinheit. Die Kommunisten der westlichen Staaten verlangen von den Sozialdemokraten Konzessionen, ohne selbst bereit zu sein, ihrerseits auch nur kleinste Zugeständnisse zu machen.«[426]

Vor diesem Hintergrund wird die Taktik der SED-Nachfolgepartei PDS deutlich, deren damaliger Chef und heutiger Spitzenkandidat im Bundestagswahlkampf Gregor Gysi im März 1990 vertrauliche Anweisungen an die Bezirksvorstände herausgegeben hatte. In ihnen hieß es, wie Hans Graf Huyn zitiert: *»Nachfragen zu Statut und Standpunkt der PDS seien folgendermaßen zu beantworten: Der Marxismus-Leninismus gelte in der bekannten Weise wie eh und je. Die Fragen Macht und gesellschaftliche Stellung der Partei werden nach wie vor gleich beantwortet. Allerdings habe der wirtschaftliche Vorsprung des Westens eine vorübergehende Zurückhaltung in der öffentlichen Propaganda notwendig gemacht. Äußerungen zu diesen Fragen seien vorläufig zu vermeiden. Weiter heißt es: Das Bündnis mit der Sowjetunion sei intakt. Dies beweise die unterstützende Haltung der im Lande stationierten Truppen bei der Auflösung des MfS. ›Nähere Informationen können zur Zeit nicht gegeben werden.‹ Schließlich for-*

dert Gysi, PDS-Genossen sollten sich vor Führungspositionen in der Wirtschaft nicht drücken, ›sie werden später wieder gebraucht‹.«[427] Zur selben Zeit hatte es intensive Gespräche zwischen dem damaligen PDS-Vorsitzenden Gysi sowie anderer Spitzenfunktionäre mit der Führung der KPdSU gegeben, bei denen Strategie, Taktik und Bündnispolitik der PDS im Vordergrund standen. Helmut Bärwald faßte die damaligen Ereignisse wie folgt zusammen: »*Im Mai 1990 absolvierte Gysi zum Beispiel eine intensive Konsultation mit dem damaligen Chef der Internationalen Abteilung des Zentralkomitees der KPdSU, Valentin Falin, einem der erfahrensten und gewieftesten ›Westarbeiter‹ seiner Partei. Falin legte den deutschen Genossen auf die Schaffung eines breiten Konsenses mit allen ›Linkskräften‹ in Deutschland fest. Der jetzige Ehrenvorsitzende der PDS und Europaabgeordnete Hans Modrow hatte im März 1990 ein ausführliches Gespräch mit Gorbatschow geführt. Dieser ermahnte die deutschen Genossen, ihre Bestrebungen zur Förderung, zum Ausbau der Zusammenarbeit mit allen ›Linkskräften‹, insbesondere mit der SPD, zu verstärken, behutsam, aber zielstrebig zu entwickeln. Ein unbekannt gebliebener Mitarbeiter der Internationalen Abteilung der KPdSU bestätigte in einem anderen Gespräch, daß die KPdSU fest damit rechne, daß PDS und SPD ›in weiter Ferne‹ zusammengehen. Das sei schon deswegen unausbleibbar, weil es sehr viele Gemeinsamkeiten gebe und sich die PDS im Prinzip bereits in eine sozialdemokratische Partei verwandelt habe.«*[428] Tatsächlich ist die SPD, deren erster westdeutscher Vorsitzender Kurt Schumacher seine Partei immer davor gewarnt hatte, den Blutspender für die Kommunisten abzugeben, inzwischen bereit zu einer Kooperation mit der PDS. Erste rot-rote Koalitionen auf Landesebene existieren bereits, und schon bald könnte es ein bundesweites Bündnis, bestehend aus PDS und zumindest Teilen der SPD, geben. Anders als die rot-grüne Regierung im Gleichklang mit APO-Veteranen in Medien und Bildungswesen unablässig beschreien, existiert im Jahr 2005 keine Bedrohung der Bundesrepublik durch rechtsextreme Kräfte, hingegen existiert jedoch sehr wohl eine marxistische, eine kommunistische Bedrohung!

Die 68er-Bewegung war also nichts weiter als Opfer und Werkzeug sowjetischer Westpolitik, in Lenins Worten: *»nützliche Idioten«*. Opfer waren jene, die im Zuge von Marcuses *»großer Verweigerung«* mit der Spritze im Arm auf einer Bahnhofstoilette endeten oder anderweitig unter die Räder kamen. Werkzeuge waren jene, die es schafften, das politische Klima in der Bundesrepublik und in der ganzen westlichen Welt immer weiter nach links zu verschieben, bis eine Zusammenarbeit mit den Kommunisten auf Bundesebene nicht nur möglich, sondern sogar hoffähig geworden ist.

Vor dem wahren Hintergrund der 68er-Bewegung mag sich ein denkwürdiger Vorfall erklären, der sich bei Wladimir Putins Deutschland-Besuch im April 2002 in einem Fernsehinterview, arrangiert von Alfred Biolek, ereignet hat. Putin überreichte Schröder vor laufender Kamera eine alte Überwachungsakte aus der Zarenzeit, die aus einem Moskauer Archiv stammte. Darin ging es um eine Recherche der damaligen zaristischen Geheimpolizei zu einem gewissen »Wolfgang Goethe«. Fazit des Dokuments: *»Ein Mann ohne jede Moral!«* Bundeskanzler Schröder reagierte belustigt und sichtlich verdutzt, warum Putin gerade ihm so was schenke. Putin indes dürfte seine Gründe gehabt haben …

6. Literatur und Quellen

Literatur

Apokalypse No! – Wie sich die menschlichen Lebensgrundlagen wirklich entwickeln; Björn Lomborg; zu Klampen Verlag, 2002

Das Komplott – Wie es wirklich zur deutschen Einheit kam; Ralf Georg Reuth, Andreas Bönte; Piper Verlag, 1993

Der große Basar; Daniel Cohn-Bendit; Trikont-Verlag, 1975

Der tägliche Ökohorror – So werden wir manipuliert; Heinz Hug; Verlag Wolfgang Brune Leipzig, 2004

Der Tod des Westens – Geburtenschwund und Masseneinwanderung bedrohen unsere Zivilisation; Patrick J. Buchanan; Bonus-Verlag, 2002

Der Weg nach oben – Eine politische Biographie; Volker Herres, Klaus Waller; Econ Verlag, 1998

Deutsche Tabus – Ungefragte Antworten; Klaus Rainer Röhl; Universitas Verlag, 2004

Die Deutsche Karte – Moskaus neue Strategie; Hans Graf Huyn; Universitas Verlag, 1991

Die Frankfurter Schule – und ihre zersetzenden Auswirkungen; Rolf Kosiek; Hohenrain Verlag, 2001

Die unterwanderte Republik – Stasi im Westen; Hubertus Knabe; Ullstein Verlag, 2001

Ende des Staates – Anfang der Bürgergesellschaft; Hans Eichel, Hilmar Hoffmann (Hg.); Rowohlt Verlag, 1999

Erinnerungen an den Roten Holocaust – Der Jahrhundertverrat der Intellektuellen; Paul Rothenhäusler, Hans-Ueli Sonderegger (Hg.); Rothenhäusler Verlag, 2000

Freispruch für CO_2 – Wie ein Molekül die Phantasien von Experten gleichschaltet; Wolfgang Thüne; Edition Steinherz, 2002

Für einen neuen Gesellschaftsvertrag – Eine politische Antwort auf die globale Revolution; Joschka Fischer; Kiepenheuer & Witsch Verlag, 1998

Gerhard Schröder – Der Weg nach oben; Ansgar Graw; Dirk Lehrach Verlag, 1998

IM Sekretär – Die Gauck-Recherche und die Dokumente zum Fall Stolpe; Ralf Georg Reuth, Ullstein Verlag, 1992

Kriegsverbrechen – Die tödlichen Lügen des Bundesregierung und ihre Opfer im Kosovo-Konflikt; Jürgen Elsässer; Konkret Verlag, 2001

Liquidierung der Sozialdemokratie in Osteuropa; Laszlo Revesz; Schweizerisches Ost Institut, 1971

Tödlicher Irrtum – Die Geschichte der RAF; Butz Peters; Argon Verlag, 2004

Verführt. Manipuliert. Pervertiert. – Die Gesellschaft in der Falle modischer Irrlehren; Christa Meves; Resch Verlag, 2004

Vom Zustand der Republik; Otto Schily; Wagenbach Verlag, 1986

War by Other Means – Soviet Power, West German Resistance and the Battle of the Euromissiles; Jeffrey Herf; The Free Press, USA, 1991

We Will Bury You – The Soviet plan for the subversion of the West by the highest ranking Communist ever to defect; Jan Sejna; Sidgwick & Jackson, UK, 1982

Welt Um Welt – Gerechtigkeit und Globalisierung; Jürgen Trittin; Aufbau-Verlag, 2002

Wir sind die Wahnsinnigen – Joschka Fischer und seine Frankfurter Gang; Christian Schmidt, Econ Verlag, 1998

Quellen

1 konservativ.de, Gerhard Löwenthal, Agitation und Psychokrieg kommunistischer Diktaturen
2 Der Weg nach oben, S. 205
3 Bundesverband deutscher Landwirte e.V., Diese Politiker wollten keine Wiedervereinigung! Pressemitteilung vom 26.09.2002
4 Der Tod des Westens, S. 77 f.
5 Die Frankfurter Schule, S. 17, S. 22 f.
6 Die Frankfurter Schule, S. 16
7 Der Tod des Westens, S. 80
8 Die Frankfurter Schule, S. 17
9 Die Frankfurter Schule, S. 19 f.
10 Die Frankfurter Schule, S. 18 f.
11 Das Ostpreußenblatt, 1.4.2000, Die 68er »Kulturrevolution«, die Frankfurter Schule und die Kritische Theorie (Teil I)
12 Verführt, Manipuliert, Pervertiert, S. 151
13 Das Ostpreußenblatt, 1.4.2000, Die 68er »Kulturrevolution«, die Frankfurter Schule und die Kritische Theorie (Teil I)
14 Die Frankfurter Schule, S. 56 f
15 Die Zeit, 7/2001, Gegen den Mythos der 68er
16 Erinnerung an den Roten Holocaust, S. 311 f.
17 Der Spiegel, 2.6.1997, Vollstrecker des Weltgewissens
18 Junge Freiheit 2.2.2001, Wir sind die Rote Garde des Proletariats
19 Junge Freiheit 2.2.2001, Wir sind die Rote Garde des Proletariats
20 Junge Freiheit 2.2.2001, Wir sind die Rote Garde des Proletariats
21 Wir sind die Wahnsinnigen, S. 51
22 Wir sind die Wahnsinnigen, S. 30
23 Der BWL-Bote, 18.11.2003, Werden Deutsche bald wieder ausgebürgert?
24 Der Spiegel 29.1.2001, Salz in der grünen Suppe
25 Der Spiegel 29.1.2001, Salz in der grünen Suppe
26 Junge Freiheit, 14.1.2005, Wir waren immer eine bürgerliche Partei
27 Gerhard Schröder, Der Weg nach oben, S. 23
28 Gerhard Schröder, Der Weg nach oben, S. 47 f.
29 Gerhard Schröder, Der Weg nach oben, S. 46
30 Gerhard Schröder, Der Weg nach oben, S. 41
31 Gerhard Schröder, Der Weg nach oben, S. 26 f.
32 Gerhard Schröder, Der Weg nach oben, S. 27 f.

33 Gerhard Schröder, Der Weg nach oben, S. 27 f.
34 Gerhard Schröder, Der Weg nach oben, S. 37
35 Gerhard Schröder, Der Weg nach oben, S. 34
36 Deutsche Tabus. S. 46
37 Gerhard Schröder, Der Weg nach oben, S. 40 f.
38 Gerhard Schröder, Der Weg nach oben, S. 30
39 Gerhard Schröder, Der Weg nach oben, S. 43 f.
40 Gerhard Schröder, Der Weg nach oben, S. 30 f.
41 Gerhard Schröder, Der Weg nach oben, S. 47 f.
42 Gerhard Schröder, Der Weg nach oben, S. 38 f.
43 Gerhard Schröder, Der Weg nach oben, S. 39 f.
44 Die Frankfurter Schule, S. 62 f./Gerhard Schröder, Der Weg nach oben, S. 32
45 Gerhard Schröder, Der Weg nach oben, S. 69 f.
46 Bundesverband deutscher Landwirte e.V., Diese Politiker wollten keine Wiedervereinigung! Pressemitteilung vom 26.09.2002
47 Gerhard Schröder , Der Weg nach oben, S. 71 f. und S. 87
48 Gerhard Schröder, Der Weg nach oben, S. 219
49 Gerhard Schröder, Der Weg nach oben, S. 78 f.
50 Gerhard Schröder, Der Weg nach oben, S. 69 f.
51 Gerhard Schröder, Der Weg nach oben, S. 69 f.
52 Gerhard Schröder, Der Weg nach oben, S. 87
53 Gerhard Schröder, Der Weg nach oben, S. 84
54 Bundesverband deutscher Landwirte e.V., Diese Politiker wollten keine Wiedervereinigung! Pressemitteilung vom 26.09.2002
55 Bundesverband deutscher Landwirte e.V., Diese Politiker wollten keine Wiedervereinigung! Pressemitteilung vom 26.09.2002
56 Bundesverband deutscher Landwirte e.V., Diese Politiker wollten keine Wiedervereinigung! Pressemitteilung vom 26.09.2002
57 Gerhard Schröder, Der Weg nach oben, S. 93 f.
58 Gerhard Schröder, Der Weg nach oben, S. 93 f.
59 Gerhard Schröder, Der Weg nach oben, S. 149 f.
60 Gerhard Schröder, Der Weg nach oben, S. 47
61 Gerhard Schröder, Der Weg nach oben, S. 99 f.
62 Gerhard Schröder, Der Weg nach oben, S. 107
63 Gerhard Schröder, Der Weg nach oben, S. 107 f.
64 Gerhard Schröder, Der Weg nach oben, S. 132
65 Gerhard Schröder, Der Weg nach oben, S. 136 f.
66 Gerhard Schröder, Der Weg nach oben, S. 231 f.
67 Gerhard Schröder, Der Weg nach oben, S. 163
68 Gerhard Schröder, Der Weg nach oben, S. 13

69 Gerhard Schröder, Der Weg nach oben, S. 77 f.
70 Gerhard Schröder, Der Weg nach oben, S. 205
71 Gerhard Schröder, Der Weg nach oben, S. 252
72 Gerhard Schröder, Der Weg nach oben, S .252
73 Bauzentrale.com. 23.2.2002, Bundeskanzler Gerhard Schröder zum Antrag auf Insolvenz der Philipp Holzmann AG
74 Der Spiegel, 22.1.2001, Zorn auf die roten Jahre
75 Wir sind die Wahnsinnigen, S. 58
76 Der Spiegel, 29.1.2001, Ein Segen für dieses Land
77 Der Spiegel, 29.1.2001, Die verlorene Ehre der APO / Wir sind die Wahnsinnigen, S. 68
78 Der Spiegel, 29.1.2001, Die verlorene Ehre der APO
79 Wir sind die Wahnsinnigen, S. 64
80 Die Frankfurter Schule, S. 62 f.
81 Die Frankfurter Schule, S. 62 f./Der Spiegel, 29.1.2001, Die verlorene Ehre der APO
82 Junge Freiheit, 26.1.2001, Der Minister und der Terrorist
83 Junge Freiheit, 26.1.2001, Soll Außenminister Fischer zurücktreten?/ Der Spiegel, 29.1.2001, Die verlorene Ehre der APO
84 Junge Freiheit, 26.1.2001, Soll Außenminister Fischer zurücktreten?
85 Der Spiegel, 29.1.2001, Die verlorene Ehre der APO
86 Wir sind die Wahnsinnigen, S. 109 f.
87 Wir sind die Wahnsinnigen, S. 72 f.
88 Wir sind die Wahnsinnigen, S. 77 f.
89 Wir sind die Wahnsinnigen, S. 77 f.
90 Wir sind die Wahnsinnigen, S. 76
91 Wir sind die Wahnsinnigen, S. 79
92 Wir sind die Wahnsinnigen, S. 75
93 Wir sind die Wahnsinnigen, S. 60
94 Report aus München, 12.2.2002, Neue Vorwürfe gegen den Außenminister: Was machte Fischer auf der PLO-Propagandakonferenz?
95 ARD-Sendung »Beckmann«, 10.6.2002, Gast: Joschka Fischer
96 AFP, 16.2.2001, Staatsanwaltschaft Frankfurt ermittelt gegen Fischer
97 Report aus München, 12.2.2002, Neue Vorwürfe gegen den Außenminister: Was machte Fischer auf der PLO-Propagandakonferenz?
98 Der Spiegel, 29.1.2001, Die verlorene Ehre der APO
99 Junge Freiheit, 26.1.2001, Der Minister und der Terrorist
100 Junge Freiheit, 26.1.2001, Der Minister und der Terrorist
101 cosmopolis.ch, 22.1.2001, Joschka Fischer Biografien
102 AFP, 16.2.2001, Staatsanwaltschaft Frankfurt ermittelt gegen Fischer

[103] World Socialist Website, 23. 2. 2001, Die politische Instrumentalisierung der Justiz
[104] AFP, 16.2.2001, Staatsanwaltschaft Frankfurt ermittelt gegen Fischer
[105] AFP, 16.2.2001, Staatsanwaltschaft Frankfurt ermittelt gegen Fischer
[106] Wir sind die Wahnsinnigen, S. 93 f.
[107] AFP, 16.2.2001, Staatsanwaltschaft Frankfurt ermittelt gegen Fischer
[108] Der Spiegel, 29.1.2001, Die verlorene Ehre der APO
[109] Der Spiegel, 29.1.2001, Die verlorene Ehre der APO
[110] Wir sind die Wahnsinnigen, S. 89 f.
[111] cosmopolis.ch, 22.1.2001, Joschka Fischer Biografien/Junge Freiheit, 26.1.2001, Der Minister und der Terrorist
[112] Junge Freiheit, 26.1.2001 – Der Minister und der Terrorist
[113] Der Spiegel, 29.1.2001, Ein Segen für dieses Land
[114] Der Spiegel, 29.1.2001, Ein Segen für dieses Land
[115] Der Spiegel, 29.1.2001, Die verlorene Ehre der APO
[116] Wir sind die Wahnsinnigen, S. 90 f.
[117] Wir sind die Wahnsinnigen, S. 91
[118] Wir sind die Wahnsinnigen, S. 97
[119] Wir sind die Wahnsinnigen, S. 95
[120] Wir sind die Wahnsinnigen, S. 97
[121] Wir sind die Wahnsinnigen, S. 97
[122] Wir sind die Wahnsinnigen, S. 96
[123] Wir sind die Wahnsinnigen, S. 98 f.
[124] Wir sind die Wahnsinnigen, S. 98 f.
[125] Wir sind die Wahnsinnigen, S. 141
[126] Wir sind die Wahnsinnigen, S. 180
[127] Der Spiegel, 29.1.2001, Die verlorene Ehre der APO
[128] Junge Freiheit, 23.1.2004, Von Pol Pot zu George W. Bush
[129] Wir sind die Wahnsinnigen, S. 144
[130] Wir sind die Wahnsinnigen, S. 165
[131] Wir sind die Wahnsinnigen, S. 292
[132] Wir sind die Wahnsinnigen, S. 260
[133] Wir sind die Wahnsinnigen, S. 260 f.
[134] Bundesverband deutscher Landwirte e. V., Diese Politiker wollten keine Wiedervereinigung! Pressemitteilung vom 26.09.2002
[135] Wir sind die Wahnsinnigen, S. 260 f.
[136] Profil, Nr. 27, 30. Juni 1997
[137] Für einen neuen Gesellschaftsvertrag, S. 8 f.
[138] Marx/Engels, Das Kommunistische Manifest, Version von 1890
[139] Profil, Nr. 27, 30. Juni 1997
[140] Für einen neuen Gesellschaftsvertrag, S. 12 f.

141 ARD-Sendung »Beckmann«, 10.6.2002, Gast: Joschka Fischer
142 Focus, 21.2.2005, S. 1, Fischer hat sich nicht geändert
143 Junge Freiheit, 5.9.2003, Aggressiver Schwanengesang
144 Junge Freiheit, 5.9.2003, Aggressiver Schwanengesang
145 Wir sind die Wahnsinnigen, S. 109 f.
146 Junge Freiheit, 27.8.1999, Koenigs geht, alle sind zufrieden
147 Junge Freiheit, 5.2.1999, Eine deutsche Karriere/Junge Freiheit, 2.2.2001, Wir sind die Rote Garde des Proletariats
148 Konservativ.de, Washington, Wien und Rom – Konservative in der Offensive
149 Junge Freiheit, 13.7.2001, Telegramm an einen Massenmörder
150 Gerhard Schröder, Der Weg nach oben, S. 168 f.
151 Gerhard Schröder, Der Weg nach oben, S. 168 f.
152 Welt Um Welt, S. 55
153 Preußische Allgemeine Zeitung, 19.2.2005, Fischers zweifelhafte Ehre
154 Preußische Allgemeine Zeitung, 19.2.2005, Fischers zweifelhafte Ehre
155 Stern, 27.1.2005, S. 62, Fischers Reisebüro
156 AOL, 14.2.2005, Was ist der Volmer-Erlaß?
157 AOL, 14.2.2005, Was ist der Volmer-Erlaß?
158 AOL, 15.2.2005, Chronologie der Visa-Mißbrauchsaffäre
159 AOL, 14.3.2005, CDU wirft Fischer üblen Rechtsbruch vor
160 AOL, 23.3.2005, Visa-Affäre: Neue Vorwürfe gegen Fischer
161 AOL, 15.2.2005, Fischer soll schnell vor Visa-Ausschuß/AOL, 14.2.2005, »Trage die politische Verantwortung«
162 AOL, 4.3.2005, Visa-Affäre: Fischer erwog Rücktritt
163 AOL, 15.2.2005, Fischer soll schnell vor Visa-Ausschuß
164 Stern, 27.1.2005, S. 62, Fischers Reisebüro
165 Stern, 27.1.2005, S. 62, Fischers Reisebüro
166 Focus, 7.3.2005, S. 38, Augen zu – durchwinken!
167 Der Spiegel, 7.3.2005, S. 41 f., Krieg der Zahlen
168 Der Spiegel, 7.3.2005, S. 41 f., Krieg der Zahlen
169 Focus, 28.2.2005, S. 28, Rallye Peking-Berlin
170 Focus, 28.2.2005, S. 28, Rallye Peking-Berlin
171 Focus, 28.2.2005, S. 32, Grünes Licht für Scheichs
172 Wir sind die Wahnsinnigen, S. 32
173 Wir sind die Wahnsinnigen, S. 33 f.
174 Wir sind die Wahnsinnigen, S. 38
175 Der große Basar, S. 139–143
176 Der BWL-Bote, 26.11.2003, Michael Jackson und Daniel Cohn-Bendit, oder von den Vorrechten der politischen Kaste
177 Kurier.at, 23.1.2005, Wieder Wirbel um Buttiglione

[178] Junge Freiheit, 26.1.2001, Soll Außenminister Fischer zurücktreten?
[179] Der Spiegel, 29.1.2001, Die verlorene Ehre der APO
[180] Tödlicher Irrtum, S. 303 f.
[181] Tödlicher Irrtum, S. 329
[182] Gerhard Schröder, Der Weg nach oben, S. 48
[183] Farbiges großes Volkslexikon, 1981, Band 11, S. 278
[184] Der Spiegel, 29.1.2001, Die verlorene Ehre der APO
[185] War by other means, S. 213
[186] Vom Zustand der Republik, S. 26
[187] Junge Freiheit, 2.7.2004, Recht gegen Rechts
[188] Junge Freiheit, 2.7.2004, Recht gegen Rechts
[189] Junge Freiheit, 8.10.2004, Klick nach links
[190] Junge Freiheit, 8.10.2004, Klick nach links
[191] Junge Freiheit, 8.10.2004, Klick nach links
[192] Junge Freiheit, 8.10.2004, Klick nach links
[193] Junge Freiheit, 8.10.2004, Auf dem linken Auge blind
[194] Junge Freiheit, 8.10.2004, Auf dem linken Auge blind
[195] Der Spiegel, 16.6.1997, Am Ende des langen Marsches
[196] Gerhard Schröder, Der Weg nach oben, S. 117
[197] Junge Freiheit, 23.10.1998, Rassismus nach innen
[198] Junge Freiheit, 23.10.1998, Rassismus nach innen
[199] Der Tagesspiegel online, 20.9.2002, Hitler-Vergleich, Brief an Bush
[200] Der Tagesspiegel online, 20.9.2002, Hitler-Vergleich, Brief an Bush
[201] Der Tagesspiegel online, 20.9.2002, Hitler-Vergleich, Brief an Bush
[202] Der Tagesspiegel online, 20.9.2002, Hitler-Vergleich, Brief an Bush
[203] Der Spiegel, 27.8.2001, Und in den Herzen Asche
[204] Junge Freiheit, 21.1.2005, Axt an die Wurzel
[205] Junge Freiheit, 27.9.2002, Auf die Fresse gekriegt
[206] Junge Freiheit, 20.9.2002, Prämierte Gewaltorgien
[207] Junge Freiheit, 4.2.2005, Zum Samenspender und Zahlmeister degradiert
[208] Junge Freiheit, 25.7.2003, Ein Projekt weltfremder Bürokraten
[209] Junge Freiheit, 16.7.2004, Die totale Antidiskriminierung
[210] Junge Freiheit, 16.7.2004, Die totale Antidiskriminierung
[211] Zur Zeit, 4, 17.2.2005, S. 11, Angriff auf die Freiheit
[212] Zur Zeit, 4, 17.2.2005, S. 11, Angriff auf die Freiheit
[213] Gerhard Schröder, Der Weg nach oben, S. 79
[214] Bundesverband deutscher Landwirte e.V., Diese Politiker wollten keine Wiedervereinigung! Pressemitteilung vom 26.09.2002
[215] Die Welt online, 29. Januar 2003, Macht-Artist und Macht-Autist: Das Kabinett des Gerhard Schröder

[216] Bundesverband deutscher Landwirte e.V., Diese Politiker wollten keine Wiedervereinigung! Pressemitteilung vom 26.09.2002
[217] Spiegel online, 11.11.2004, »Schröder hat kein Verhältnis zur Wiedervereinigung«/Günter Nooke, Rede zum 3. Oktober
[218] Ende des Staates, Anfang der Bürgergesellschaft, S. 9 ff.
[219] Ende des Staates, Anfang der Bürgergesellschaft, S. 9 ff.
[220] Ende des Staates, Anfang der Bürgergesellschaft, S. 26
[221] Für einen neuen Gesellschaftsvertrag, S. 14
[222] Preußische Allgemeine Zeitung, 11.9.2004, Hoffen auf die Konjunktur
[223] MDR.de, 19.5.2003, FAKT, Eichels Täuschungen
[224] MDR.de, 19.5.2003, FAKT, Eichels Täuschungen
[225] MDR.de, 19.5.2003, FAKT, Eichels Täuschungen
[226] MDR.de, 19.5.2003, FAKT, Eichels Täuschungen
[227] MDR.de, 19.5.2003, FAKT, Eichels Täuschungen
[228] MDR.de, 19.5.2003, FAKT, Eichels Täuschungen
[229] Focus, 17.1.2005, S. 22, Täuschen und sammeln
[230] Gerhard Schröder, Der Weg nach oben, S. 186
[231] Junge Freiheit, 15.8.2003, Bilanz des Scheiterns
[232] Der Spiegel, 7.3.2005, S. 20 ff., Kanzler ohne Fortune
[233] Der Spiegel, 7.3.2005, S. 20 ff., Kanzler ohne Fortune
[234] Der Spiegel, 7.3.2005, S. 20 ff., Kanzler ohne Fortune
[235] Deutsche Tabus, S. 227
[236] Der Spiegel, 7.3.2005, S. 20 ff., Kanzler ohne Fortune
[237] Junge Freiheit, 9.7.2004, Schlüssel zum Systemwechsel?
[238] Taz, 18.12.2004, Ein Job wie jeder andere
[239] Taz, 18.12.2004, Ein Job wie jeder andere
[240] Die Zeit, 20.1.2005, Was bewegt ... Renate Künast
[241] Die Zeit, 20.1.2005, Was bewegt ... Renate Künast/MDR.de, 29.9.2003, Künast, Renate: Porträt
[242] konservativ.de, Herbert Rauter, Wie deutsch dürfen wir noch sein?/ Junge Freiheit, 20.10.2000, Die Neue Mitte wird denunziert
[243] Die Welt.de, 25.3.2005, Künast fordert Vorschulpflicht für alle Kinder
[244] Junge Freiheit, 20.10.2000, Die Neue Mitte wird denunziert
[245] Junge Freiheit, 20.10.2000, Die Neue Mitte wird denunziert
[246] Junge Freiheit, 18.1.2002, Öko-Produkte bleiben in der Nische
[247] Das Ostpreußenblatt, 25.1.2003, Künasts grüne Schnäppchen-Jagd
[248] Welt Um Welt, S. 151
[249] Das Ostpreußenblatt, 25.1.2003, Künasts grüne Schnäppchen-Jagd
[250] Junge Freiheit, 28.2.2003, Dicke Kinder staatlich verboten
[251] Monitor, Sendung vom 8.2.2001, Es begann mit einer Lüge
[252] Kriegsverbrechen, S. 13

253 Monitor, Sendung vom 8.2.2001, Es begann mit einer Lüge
254 Monitor, Sendung vom 8.2.2001, Es begann mit einer Lüge
255 Monitor, Sendung vom 8.2.2001, Es begann mit einer Lüge
256 Monitor, Sendung vom 8.2.2001, Es begann mit einer Lüge
257 Kriegsverbrechen, S. 10
258 Monitor, Sendung vom 8.2.2001, Es begann mit einer Lüge
259 World Socialist Web Site, 23.2.2001, Es begann mit einer Lüge
260 Monitor, Sendung vom 8.2.2001, Es begann mit einer Lüge
261 Monitor, Sendung vom 8.2.2001, Es begann mit einer Lüge
262 World Socialist Web Site, 23.2.2001, Es begann mit einer Lüge
263 Monitor, Sendung vom 8.2.2001, Es begann mit einer Lüge
264 Monitor, Sendung vom 8.2.2001, Es begann mit einer Lüge
265 Monitor, Sendung vom 8.2.2001, Es begann mit einer Lüge
266 Junge Freiheit, 16.2.2001, Das rot-grüne Komplott
267 Monitor, Sendung vom 8.2.2001, Es begann mit einer Lüge
268 Monitor, Sendung vom 8.2.2001, Es begann mit einer Lüge
269 Monitor, Sendung vom 8.2.2001, Es begann mit einer Lüge
270 Monitor, Sendung vom 8.2.2001, Es begann mit einer Lüge
271 Junge Freiheit, 30.6.2000, Im Gleichschritt, marsch!
272 Junge Freiheit, 14.9.2001, Himmelfahrt ins Nichts
273 dpa, Juli 2002, Die Bundeswehr wird Hunderttausende ihrer Waffen zerstören
274 rpo, 24.6.2003, Bundeswehr überläßt Polen 23 MIG-29
275 dpa, 5.12.2002, Struck: Landesverteidigung nicht mehr oberste Bundeswehr-Aufgabe
276 dpa, 5.12.2002, Struck: Landesverteidigung nicht mehr oberste Bundeswehr-Aufgabe
277 Gerhard Schröder, Der Weg nach oben, S. 142 f.
278 WorldnetDaily, 4. Juni 2002, Study: Women in combat bad idea
279 Bundesministerium für Familie, Senioren, Frauen und Jugend
280 Junge Freiheit, 20.8.1999, Streit um »käufliche Damen«
281 Der Spiegel, 14.3.2005, S. 17, Fragen Sie Ihre Apothekerin?
282 Junge Freiheit, 28.1.2005, Musik mit sozialistischen Grüßen
283 Junge Freiheit, 28.1.2005, Musik mit sozialistischen Grüßen
284 Junge Freiheit, 28.1.2005, Musik mit sozialistischen Grüßen
285 Verführt, Manipuliert, Pervertiert, S. 12
286 Verführt, Manipuliert, Pervertiert, S. 13
287 Verführt, Manipuliert, Pervertiert, S. 12
288 Die vaterlose Gesellschaft, S. 44
289 Bundesministerium für Familie, Senioren, Frauen und Jugend
290 Bundesministerium für Familie, Senioren, Frauen und Jugend

[291] Deutsche Tabus, S. 85 f.
[292] dpa, 8.10.2002, Stoiber: Kürzungen bei Ehegattensplitting »Angriff auf Familien«
[293] Verführt, Manipuliert, Pervertiert, S. 26 f.
[294] Verführt, Manipuliert, Pervertiert, S. 26 f.
[295] Verführt, Manipuliert, Pervertiert, S. 45 f.
[296] Verführt, Manipuliert, Pervertiert, S. 45 f.
[297] Verführt, Manipuliert, Pervertiert, S. 137
[298] Junge Freiheit, 5.11.2004, Großangriff auf die Familie
[299] Junge Freiheit, 5.11.2004, Großangriff auf die Familie
[300] Junge Freiheit, 5.11.2004, Großangriff auf die Familie
[301] Junge Freiheit, 5.11.2004, Großangriff auf die Familie
[302] Verführt, Manipuliert, Pervertiert, S. 17 f.
[303] Focus, 17.1.2005, S. 32, Party statt Papa
[304] Verführt, Manipuliert, Pervertiert, S. 19
[305] Die Frankfurter Schule, S. 62 f.
[306] WochenZeitung online, 11.1.2001, Ein Fischer in Zeiten von BSE
[307] Sonntag Aktuell, 26. Januar 2003
[308] Der Spiegel, 14.1.2001, Die Vergangenheit von Gesundheitsministerin Schmidt
[309] Der Spiegel, 14.1.2001, Die Vergangenheit von Gesundheitsministerin Schmidt
[310] Junge Freiheit, 21.1.2005, Mord im gesellschaftlichen Interesse
[311] Das Komplott, S. 74 f.
[312] IM Sekretär, S. 79
[313] IM Sekretär, S. 23
[314] IM Sekretär, S. 77
[315] IM Sekretär, S. 56
[316] IM Sekretär, S. 56
[317] IM Sekretär, S. 55
[318] IM Sekretär, S. 55
[319] IM Sekretär, S. 55
[320] IM Sekretär, S. 58
[321] IM Sekretär, S. 59
[322] IM Sekretär, S. 63
[323] IM Sekretär, S. 64 f.
[324] IM Sekretär, S. 64 f.
[325] IM Sekretär, S. 33
[326] IM Sekretär, S. 39 f.
[327] konservativ.de, Grüne? Nein Danke! – Wer ist Jürgen Trittin?
[328] Die Frankfurter Schule, S. 62 f.

[329] Der Spiegel, 29.1.2001, Die verlorene Ehre der APO
[330] konservativ.de, Grüne? Nein Danke! – Wer ist Jürgen Trittin?
[331] Der Spiegel, 29.1.2001, Die verlorene Ehre der APO
[332] konservativ.de, Grüne? Nein Danke! – Wer ist Jürgen Trittin?
[333] Junge Freiheit, 25.1.2001, Pressemitteilung
[334] Junge Freiheit, 25.1.2001, Pressemitteilung
[335] konservativ.de, Grüne? Nein Danke! – Wer ist Jürgen Trittin?
[336] Junge Freiheit, 2.2.2001, Wir sind die Rote Garde des Proletariats
[337] Junge Freiheit, 2.2.2001, Revolution auf leisen Sohlen
[338] Junge Freiheit, 20.10.2000, Die Neue Mitte wird denunziert
[339] Junge Freiheit, 2.2.2001, Wir sind die Rote Garde des Proletariats
[340] Junge Freiheit, 14.3.2003, Gegen Rechts ist alles recht
[341] Welt Um Welt, S. 54
[342] Frankfurter Allgemeine Sonntagszeitung, 2.1.2005, S. 6
[343] Junge Freiheit, 17.9.2004, Hand an der Hosennaht
[344] Frankfurter Allgemeine Sonntagszeitung, 2.1.2005, S. 6
[345] Stern.de, 10.2.2004, Öko-Stalinist und ehemaliger Terrorist
[346] Welt Um Welt, S. 13
[347] Welt Um Welt, S. 65 f.
[348] Freispruch für CO_2, S. 22 f.
[349] Freispruch für CO_2, S. 88
[350] Freispruch für CO_2, S. 213
[351] Freispruch für CO_2, S. 31 f.
[352] Freispruch für CO_2, S. 24 f.
[353] Freispruch für CO_2, S. 28 f.
[354] Freispruch für CO_2, S. 33
[355] Freispruch für CO_2, S. 33
[356] Freispruch für CO_2, S. 33 f.
[357] Freispruch für CO_2, S. 33 f.
[358] Apokalyse No!, S. 29
[359] Apokalyse No!, S. 34
[360] Apokalyse No!, S. 34
[361] Gerhard Schröder, Der Weg nach oben, S. 142
[362] Deutsche Tabus, S. 227
[363] Welt Um Welt, S. 38
[364] Der BWL-Bote, 28.10.2003, Wieder eine Flugaffäre, wieder die Grünen
[365] Welt Um Welt, S. 125
[366] Deutsche Tabus, S. 214
[367] Junge Freiheit, 11.6.2004, Die Atomkraft ist wieder im Gespräch
[368] Junge Freiheit, 4.3.2005, Öko-Urlaub neben den Windrädern

[369] Ausschnitte aus einer Grundsatzposition der BUNDjugend vom 2.1.1989
[370] Welt Um Welt, S. 13
[371] Apokalyse No!, S. 19
[372] Apokalyse No!, S. 22
[373] taz, 16.10.2002, Nur der Hunger stirbt nicht
[374] Welt Um Welt, S. 33
[375] Welt Um Welt, S. 15
[376] Welt Um Welt, S. 27 und 188
[377] Welt Um Welt, S. 70 f.
[378] Welt Um Welt, S. 47
[379] Welt Um Welt, S. 54
[380] Junge Freiheit, 14.12.2001, Alle jammern, nichts ändert sich
[381] Junge Freiheit, 14.12.2001, Alle jammern, nichts ändert sich
[382] Der Spiegel, 29.1.2001, Die verlorene Ehre der APO
[383] www.heidi-wieczorek-zeul.de
[384] dpa, 11.7.2003, Wieczorek-Zeul: »Armut und Hunger sind Massenvernichtungswaffen«
[385] Junge Freiheit, 28.5.2004, Man kann niemandem vertrauen
[386] Junge Freiheit, 28.5.2004, Man kann niemandem vertrauen
[387] Capital-Elite-Panel, 2.4.2001, zu Joschka Fischer und der 68er-Bewegung
[388] Der Spiegel, 2.6.1997, Vollstrecker des Weltgewissens
[389] Bund-der-Steuerzahler.de
[390] Bund-der-Steuerzahler.de
[391] Der Spiegel, 2.6.1997, Vollstrecker des Weltgewissens
[392] Schweizerzeit.ch, 16.3.2001, Bittere Früchte der Achtundsechziger
[393] Verführt, Manipuliert, Pervertiert, S. 8
[394] Der BWL-Bote, 26.11.2003, Michael Jackson und Daniel Cohn-Bendit, oder von den Vorrechten der politischen Kaste
[395] Verführt, Manipuliert, Pervertiert, S. 71 f.
[396] Verführt, Manipuliert, Pervertiert, S. 74 f.
[397] Verführt, Manipuliert, Pervertiert, S. 73 f.
[398] Verführt, Manipuliert, Pervertiert, S. 24
[399] Der Tod des Westens, S. 48 f.
[400] Focus, 17.1.2005, S. 32, Party statt Papa
[401] Der Tod des Westens, S. 24
[402] Focus, 17.1.2005, S. 32, Party statt Papa
[403] Zeit-Fragen, Nr. 46 vom 1.4.1998, Die Frau im Kommunismus
[404] Junge Freiheit, 21.1.2005, Mord im gesellschaftlichen Interesse

[405] Junge Freiheit, 6.2.2004, Jede vierte Schwangerschaft endet mit Abtreibung
[406] Der Tod des Westens, S. 23
[407] Verführt, Manipuliert, Pervertiert, S. 86
[408] Der Tod des Westens, S. 86 f.
[409] Der tägliche Ökohorror, S. 137
[410] Schweizerzeit.ch, 15.3.2002, Club der Ungedienten
[411] bundesregierung.de, 8.1.2002, Einsätze der Bundeswehr im Ausland
[412] Wir sind die Wahnsinnigen, S. 235
[413] Wir sind die Wahnsinnigen, S. 235
[414] Wir sind die Wahnsinnigen, S. 235
[415] Junge Freiheit, 14.5.2004, Ausländische Jugendliche leben nach eigenen Gesetzen
[416] Gerhard Schröder, Der Weg nach oben, S. 168 f.
[417] Junge Freiheit, 3.12.2004, Das Ende einer Lebenslüge
[418] Junge Freiheit, 3.12.2004, Das Ende einer Lebenslüge
[419] Junge Freiheit, 11.7.1997, Spuren führen nach Pankow
[420] Junge Freiheit, 11.7.1997, Spuren führen nach Pankow
[421] Die unterwanderte Republik, S. 231
[422] We will buy you, S. 106 f.
[423] Zeit-Fragen, Nr. 40 vom 1.9.1997, Agent, Einflußagent, Verräter … oder was?
[424] We will bury you, S. 117
[425] We will bury you, S. 116
[426] Liquidierung der Sozialdemokratie, S. 22 f.
[427] Die Deutsche Karte, S. 180
[428] konservativ.de, Helmut Bärwald, Lächelnde Genossen mit Pokergesichtern – Auf dem Weg zu einer neuen sozialistischen Einheitspartei?